本书为国家社科基金一般项目成果（编号：07BMZ038）
中共青海省委党校 青海省行政学院 青海省社会主义学院出版资助项目

中国藏区生态移民问题研究

桑才让 著

中国社会科学出版社

图书在版编目(CIP)数据

中国藏区生态移民问题研究/桑才让著. —北京：中国社会科学出版社，2016.10
ISBN 978 – 7 – 5161 – 9063 – 0

Ⅰ.①中⋯　Ⅱ.①桑⋯　Ⅲ.①藏族地区—移民安置—研究　Ⅳ.①D632.4

中国版本图书馆 CIP 数据核字（2016）第 241692 号

出 版 人	赵剑英
责任编辑	李炳青
责任校对	李　莉
责任印制	李寡寡

出　　版	中国社会科学出版社
社　　址	北京鼓楼西大街甲 158 号
邮　　编	100720
网　　址	http://www.csspw.cn
发 行 部	010 – 84083685
门 市 部	010 – 84029450
经　　销	新华书店及其他书店
印　　刷	北京明恒达印务有限公司
装　　订	廊坊市广阳区广增装订厂
版　　次	2016 年 10 月第 1 版
印　　次	2016 年 10 月第 1 次印刷
开　　本	710×1000　1/16
印　　张	14.75
插　　页	2
字　　数	256 千字
定　　价	58.00 元

凡购买中国社会科学出版社图书，如有质量问题请与本社营销中心联系调换
电话：010 – 84083683
版权所有　侵权必究

目 录

绪论 …………………………………………………………………（1）

上编　总报告

第一章　藏区生态移民工程实施的背景和现状 ………………（7）
第一节　背景 ………………………………………………（7）
第二节　现状 ………………………………………………（14）

第二章　选题意义、理论基础和相关研究成果 ………………（19）
第一节　选题及研究意义 …………………………………（19）
第二节　本课题研究的理论基础和相关研究成果 ………（21）

第三章　研究的问题、方法和调研区域选择 …………………（28）
第一节　研究的主要问题 …………………………………（28）
　一　藏区生态移民的补偿机制问题 ……………………（28）
　二　藏区生态移民的后续产业发展问题 ………………（28）
　三　藏区生态移民的文化调适问题 ……………………（28）
　四　藏区生态移民的社会适应性问题 …………………（29）
　五　藏区生态移民的社会保障问题 ……………………（29）
第二节　研究方法 …………………………………………（29）
第三节　典型调研区域选择 ………………………………（30）
　一　典型调研区域及选择依据 …………………………（30）

二　三江源地区概况 …………………………………（31）
　　三　三江源地区四种移民安置模式和
　　　　四个典型移民安置点 ………………………………（32）

第四章　藏区生态移民工程绩效评价 ………………………（39）
第一节　社会评价 …………………………………………（39）
　　一　"成功论" ………………………………………………（39）
　　二　"失败论" ………………………………………………（40）
　　三　"暂停论" ………………………………………………（41）
　　四　"移民不必要论" ………………………………………（41）
　　五　"骑虎难下论" …………………………………………（42）
第二节　本课题组对藏区生态移民工程绩效的
　　　　　基本看法 ……………………………………………（42）
　　一　草原牧民快速步入现代生活和文明轨道 ……………（42）
　　二　草原生态恢复效应逐渐显现 …………………………（43）
　　三　未能预料的问题层出不穷 ……………………………（44）
　　四　部分移民生活陷入困境 ………………………………（45）
　　五　移民生活生产发展前景不容乐观 ……………………（46）

第五章　本课题组的主要观点 ………………………………（48）
第一节　实施藏区生态移民工程紧迫而重要 ……………（48）
第二节　实施藏区生态移民工程总体上是可行的 ………（49）
第三节　实施藏区生态移民工程有风险的 ………………（52）
　　一　自然风险 ………………………………………………（52）
　　二　社会风险 ………………………………………………（52）
第四节　解决目前存在的问题难度很大 …………………（54）

第六章　本课题组的若干建议 ………………………………（56）
第一节　做好移民安置点的选择 …………………………（56）
第二节　坚持因地制宜的原则 ……………………………（59）

第三节　多从移民自身的优势、特点和藏区
　　　　建设所提供的机遇考虑问题……………………（60）
第四节　把藏区小城镇建设放在更加重要的位置………（61）
第五节　做好对生态移民生活生产的补偿………………（63）
第六节　建立移民社会保障制度，
　　　　构筑移民安全网…………………………………（63）
第七节　积极消除影响藏区生态
　　　　移民社会适应的因素……………………………（65）
第八节　重视移民文化调适和重建………………………（65）
第九节　高度重视对移民青少年的
　　　　文化和观念的教育………………………………（66）
第十节　把增强移民的自主发展能力
　　　　作为移民工作中的重点…………………………（68）
第十一节　切实增强生态移民技能
　　　　　培训的针对性和实效性…………………………（69）
第十二节　必须保持政策的稳定性………………………（70）
第十三节　重视法制建设层面……………………………（70）
第十四节　对生态移民进行属地管理……………………（71）

下编　分报告

第一章　藏区生态移民补偿机制研究…………………………（75）
第一节　国内外有关非自愿移民补偿的经验及政策………（76）
　一　世界银行的移民补偿政策……………………………（76）
　二　亚洲开发银行的移民补偿政策………………………（78）
　三　发达国家的移民补偿政策……………………………（79）
　四　发展中国家的移民补偿政策…………………………（79）
　五　我国非自愿移民补偿的历史和现状…………………（80）
第二节　藏区生态移民补偿现状及存在的问题……………（84）
　一　补偿现状………………………………………………（84）

二　存在的主要问题 …………………………………… （89）
　　三　原因分析 …………………………………………… （94）
　第三节　藏区生态移民补偿机制框架 ……………………… （98）
　　一　补偿原则 …………………………………………… （99）
　　二　补偿主体 …………………………………………… （100）
　　三　补偿范围 …………………………………………… （101）
　　四　补偿方式 …………………………………………… （104）
　　五　补偿标准 …………………………………………… （105）
　第四节　藏区生态移民补偿额度测算 ……………………… （107）
　　一　实物性补偿测算 …………………………………… （107）
　　二　政策性补偿办法 …………………………………… （111）
　第五节　建立藏区生态移民补偿机制的保障措施 ………… （112）
　　一　建立多元的投融资渠道，保证补偿资金的供给 … （112）
　　二　将补偿机制上升到法律层面，用法律制度保证
　　　　移民权益 ……………………………………………… （116）
　　三　以政府为主导，加强补偿机制建设的协调和
　　　　管理工作 ……………………………………………… （118）

第二章　藏区生态移民后续产业发展研究 …………………… （120）
　第一节　藏区生态移民后续产业发展的条件分析 ………… （120）
　　一　自然资源 …………………………………………… （120）
　　二　资本 ………………………………………………… （123）
　　三　市场 ………………………………………………… （124）
　　四　劳动者素质、技术人才 …………………………… （126）
　　五　制度 ………………………………………………… （127）
　第二节　藏区生态移民后续产业发展的现状与评价 ……… （128）
　　一　发展现状 …………………………………………… （128）
　　二　评价 ………………………………………………… （131）
　第三节　藏区生态移民后续产业发展中存在的
　　　　　主要问题 ………………………………………… （134）
　　一　发展规划和有关决策缺乏科学性 ………………… （134）

二　产业政策不完善,扶持力度不够 …………………… (136)
　　三　移民的培训质量和效果较差 ………………………… (137)
　　四　缺乏经营管理和技术人才 …………………………… (137)
　　五　对各种不利因素的制约还不能有效化解 ………… (138)
　第四节　推进藏区生态移民后续产业发展的总体思路与
　　　　　原则 …………………………………………………… (138)
　　一　总体思路 ……………………………………………… (138)
　　二　原则 …………………………………………………… (139)
　第五节　藏区生态移民后续产业选择和区域发展重点 … (141)
　　一　产业选择 ……………………………………………… (141)
　　二　不同安置模式的产业发展重点 …………………… (145)
　第六节　藏区生态移民后续产业发展模式 ………………… (147)
　　一　产业滚动模式 ………………………………………… (147)
　　二　大推动模式 …………………………………………… (148)
　　三　优区位开发模式 ……………………………………… (149)
　　四　增长极模式 …………………………………………… (150)
　　五　产业化模式 …………………………………………… (150)
　第七节　发展藏区生态移民后续产业的保障措施 ……… (151)
　　一　强化政府的引导和组织作用 ……………………… (151)
　　二　加大政策扶持力度 …………………………………… (152)
　　三　建立生态移民后续产业发展的社会化服务体系 … (153)
　　四　加快移民区小城镇发展 …………………………… (153)
　　五　加强对生态移民的培训和教育 …………………… (154)

第三章　藏区生态移民的文化调适研究 …………………………… (156)
　第一节　藏区生态移民的文化不适应及其对移民生计
　　　　　重建的影响 …………………………………………… (156)
　　一　文化不适应 …………………………………………… (158)
　　二　文化不适应的主要方面 …………………………… (163)

第二节 藏区生态移民文化调适的原则和思路 …………（171）
　一　原则 ……………………………………………（171）
　二　思路 ……………………………………………（174）
第三节 藏区生态移民文化调适和重建的保障措施 ……（179）
　一　高度重视移民文化调适工作 …………………（179）
　二　加强引导、协调、规范和提供各种服务 ……（180）
　三　加大资金投入 …………………………………（181）
　四　培养牧民文化人才及文化经营管理人才 ……（182）
　五　建立社会支持系统 ……………………………（182）

第四章　藏区生态移民社会适应性研究 ……………（184）
第一节 藏区生态移民社会适应状况 …………………（185）
　一　生理和环境适应 ………………………………（185）
　二　日常生活适应 …………………………………（187）
　三　生产适应 ………………………………………（189）
　四　人际适应 ………………………………………（189）
　五　心理适应 ………………………………………（190）
第二节 影响藏区生态移民社会适应的因素分析 ……（191）
　一　生产技术的不适应 ……………………………（191）
　二　职业身份的变迁 ………………………………（192）
　三　移民指向 ………………………………………（193）
　四　语言交流的困难 ………………………………（196）
　五　城市化的影响 …………………………………（197）
　六　其他原因 ………………………………………（198）
第三节 提高藏区生态移民社会适应的对策建议 ……（199）
　一　对移民进行心理辅导 …………………………（199）
　二　提高移民语言交流和文化水平 ………………（200）
　三　重视移民社会关系网的重建 …………………（200）
　四　重视个体适应对群体适应的重要示范和
　　　带动作用 ………………………………………（201）

第五章 藏区生态移民社会保障研究 …………………… （202）

第一节 建立藏区生态移民社会保障制度的必要性 …… （202）
  一 保障生态移民基本生活的需要 ………………… （202）
  二 规避社会风险的需要 …………………………… （203）
  三 移民经济发展的需要 …………………………… （204）

第二节 藏区生态移民社会保障现状和存在的问题 …… （205）
  一 最低生活保障 …………………………………… （205）
  二 五保户制度实行状况 …………………………… （206）
  三 医疗保险 ………………………………………… （206）

第三节 建立藏区生态移民社会保障的障碍 …………… （208）
  一 制度障碍 ………………………………………… （208）
  二 资金障碍 ………………………………………… （208）
  三 观念障碍 ………………………………………… （209）
  四 管理障碍 ………………………………………… （209）

第四节 藏区生态移民社会保障框架和制度设计 ……… （210）
  一 原则 ……………………………………………… （210）
  二 框架结构 ………………………………………… （211）
  三 制度设计 ………………………………………… （213）

第五节 建立藏区生态移民社会保障的对策 …………… （218）

参考文献 ………………………………………………… （223）
后记 ……………………………………………………… （227）

绪　　论

　　从移民学的角度讲，藏区生态移民属于非自愿移民范畴。而非自愿移民对于任何人来说，并非一个简单的过程。要人们脱离居住已久的社区、使原有的生产体系解体、让他们搬家以及与亲邻好友分离等都是一个异常痛苦的过程。所以一开始就对移民的困苦有充分认识并采取有效的补偿措施是非常必要的。这就要求决策者必须系统地制定移民政策与法规，并对移民提供补偿，更为重要的是帮助他们在新的居住地重建、恢复他们的生产生活能力。这样，移民过程就变成了新的发展良机。对藏区生态移民问题研究的价值或必要性，主要体现在两个方面：一是藏区生态移民工程是在青藏高原上实施的一项极具特殊性和难度的工程，要使这项工程取得成功，达到预期目的，就必须加强对其的研究，提供和建立相对完善的理论支持系统。第一，藏区生态移民工程面临较大的国际压力和人权指责。藏区作为民族地区，面临着更为复杂的国际环境和民族宗教问题，国际反华势力必然会加以阻扰破坏，使得移民工作面临的形势更复杂、遇到的困难更多。第二，藏区生态移民的安置范围小。其他地区的移民主要是从事种植业的农民，故其安置地的选择范围大，既可在本行政区内也可在全国范围内进行安置。而藏区的生态移民是从事畜牧业的牧民，必须选择水草条件好、地域广阔、气候高寒地区进行安置，故选择地域狭小。第三，藏区生态移民与其他的地区的移民相比，文化水平较低、劳动技能单一，因此，安置难度较大。第四，其他地区的移民迁入地和迁出地都使用汉语，文化背景和风俗习惯基本相同。因此，语言和文化隔阂比较小，移民容易融入新的环境。而藏区的生态移民都是藏族，大都只会讲藏语,他们迁入城镇社区以后,与迁入地的居民在语言和文化背景上表现出了很大的差异和隔阂,从而使他们适应新环境比较困难。第五,其他地区的移民一般都是农村到农村的迁移,而藏区生态移民基本上是从牧区到城镇的迁移,其生产方式和生活方式的变化都具有突变的性质。因此,与其他地区的移民相比,藏区生态移民在社会适应性、生产发展等方面面临着更大的困难。二是这项工程实施以来,在实践中出现了很多的问题,给藏区经济社会发展带来了一系列负面影响,在国际舆论上也处于不利的地位。现在有些地区把移民区看作"问题区""贫困区"。目前也有个别移民因为不能适应新的环境,加上无事可做生活困难已经返回原草场。这种状况要求对生态移民的各个方面进行深入细致的研究,找出问题,分析原因,提供解决问题的思路与对策。

本课题将三江源地区的生态移民作为重点调研对象。这是因为,一是青海三江源地区不仅是藏区最重要的生态功能区,而且是生态环境危机表现最为严重的地区,这里的环境问题已经影响到中华民族的核心利益,三江源地区的环境问题受到了党中央的高度重视和全国人民以及国际社会的广泛关注。二是藏区生态移民社区主要分布在三江源地区,目前生态移民社区达到86个。三是三江源地区实施的生态移民工程在藏区生态移民工程中具有典型性和代表性。在前期对四川、甘肃、青海藏区的调查中发现,由于存在相同的地理环境、族群、文化习俗以及经济社会发展水平等,使得藏区各个生态移民工程表现出很大的相似性和同质性。而其中三江源地区生态移民工程,无论其规模、存在的问题、遇到的困难、产生的效益,还是其影响面都具有代表性,可以说,抓住了三江源地区生态移民问题,就等于抓住了整个藏区生态移民的问题,有窥一斑而见全豹的作用。另外,走马观花的调查只是有助于建立平面性的认识,而要把研究引向深入,抓住问题的本质,还必须运用"解剖麻雀"的方法,对重点和典型地区进行深入研究。

本课题具有如下学术价值和实际意义:一是研究视角新颖,内容全面系统。本课题首次将藏区生态移民问题置于政治学、经济学、文化学、社会学、生态学等多学科视野中，突出综合性研究和系统性研究。本课题形成的主要内容：总报告、补偿问题、产业发展、文化调适、社会适应、社会保障等，内容齐全，边界清晰，各有侧重，重点突出，联系紧密，使藏区生态移民问题研究开始具有了系统性、完整性的特征，较好地克服了目前对这一问题研究的散乱性，同时在一定意义上也填补了这一研究领域中的一些空白。二是在研究方法、资料整理和应用上有较大突破。本书非常注重调查研究，重视第一手资料的掌握，突破了目前许多相关研究只限于文献排比的状况。在资料的整理与应用上，不仅注意搜集大量相关资料，而且注意梳理和甄别，因此在资料的整理和应用的广度及深度上有所突破，不仅为本课题的研究打下了坚实的基础，也为今后这方面的进一步研究积累了大量有价值的资料。在分析问题的过程中，坚持理论与实际的结合，注意运用国内外相关理论对生态移民的实践及现实问题进行归纳和提炼，注意防止从经验到经验的研究，使最终研究成果在理论提升上有新的提高。三是在内容和观点上有所创新。本课题对藏区生态移民的现状进行了深入的分析和客观的评价，回应了目前学术界以及社会上对藏区生态移民工程的种种看法，针对藏区生态移民工程中存在的问题，提出了解决的思路和对策。本课题首次提出了把藏区生态移民的就业与正在实施的青藏高原生态环境保护和建设联系起来的观点；提出了藏区生态移民的后续产业发展与区域内荒滩荒地的整理规划以及国营农牧场的改革结合起来的观点；提出了乡镇府所在地安置是现阶段藏区生态移民最理想安置模式的观点；提出了生态移民子女的教育问题以及增强生态移民自我发展是决定藏区生态移民工程能否成功的关键的观点；提出了采用发行彩票等多种方式为藏区生态移民的发展以及青藏高原生态环境保护筹措资金的观点；提出了把藏区小城镇建设作为生态移民长远发展的一个战略重点的观点；提出了藏区生态移民的文化适应是影响移民经济发展和融入新环境的重要因素的观点；提出了建立社会保障制度是保障藏区生态移民渡过难关、保持社会稳定的主要配套措施的观点，等等。四是本课题遵循研究为现实服务的原则，所探讨的内容和得出的结论以及提出的对策，对促进藏区生态移民的发展，保障生态移民工程的顺利实施，使这项工程达到预期的目的具有重要的现实指导意义。本课题最大的特点是针对性、可操作性强，有较高的实际应用价值。本课题在总报告中对藏区生态移民工程中存在的突出问题，提出了十四条具体建议；在补偿问题研究中，运用相关的方法和标准测算了生态移民的损失和应补偿的具体额度，提出建立藏区生态移民补偿机制的框架和保障措施；在后续产业发展研究中，在分析相关条件和存在问题的基础上，提出了藏区生态移民后续产业发展的方向、区域发展重点和发展模式以及保障措施；在文化调适研究中，在分析藏区生态移民文化不适应的表现及制约因素的基础上，提出了文化调适的原则和具体思路；在社会适应性研究中，提出藏区生态移民从日常生活适应到劳动生产适应再到心理归属适应的途径和思路；在社会保障研究中，通过对藏区生态移民生活和生产的考察，提出藏区生态移民社会保障机制的框架、制度设计和政策建议。此外，本书考述严谨、脉络清晰、资料翔实。

当然，在本课题的研究中也存在一些欠缺。本课题涉及的地域辽阔，研究内容繁杂，因此，突出了对在生态保护核心区为保护生态环境而集中进行安置的生态移民的研究，而对其他地区的扶贫式移民、自发性移民等涉及不多。

上编　总报告

　　非自愿移民是我国及其他发展中国家在经济与社会发展过程中遇到的一个难题。据不完全统计，在过去的50多年中，中国因水库、铁路、公路、机场、河道、城市发展等建设征地拆迁造成了4000万以上的非自愿移民。从历史经验来看，工程建设一方面带来了巨大的经济和社会效益；另一方面也给移民带来了很大的经济和社会负面影响，许多移民搬迁后生活水平严重下降，不公平地承担了工程建设带来的经济和社会成本。据初步统计，在我国1500万水库移民中，约有1/3移民重建了家园，恢复和改善了生活水平；1/3移民勉强可以维持生计；还有1/3移民处于绝对贫困之中。尽管非自愿移民问题越来越得到重视，但从总体上看，非自愿移民作为工程建设受损者，没有相应地分享发展带来的巨大效益，产生了严重的社会公平问题，对和谐社会的形成产生了非常不利的影响。①

　　为了遏制近年来青藏高原生态环境恶化日益加剧的趋势，及时修复遭到严重破坏的草地、水源以及生物多样性等，从2005年开始，国家在部分藏族地区（主要是三江源地区自然保护区）实施了大规模、集中安置的生态移民工程，一般称为"藏区生态移民"。由于藏区生态移民工程在地理环境、经济基础、社会发展、人文资源等方面的特殊性以及迁入区和迁出区之间存在的巨大差异而不同于一般性的移民工程，面临更为严峻的困难和挑战，是移民工程难题中的"难

---

① 段跃芳：《水库移民补偿理论与实证研究》，博士学位论文，华中科技大学，2004年。

题"。此外，藏区生态移民还面临着更为复杂的国际环境和民族宗教问题，使得移民工作的任务更长期、面临的形势更复杂。因此，如何预防和避免一般性移民工程中普遍存在的问题，应对更为复杂和特殊的矛盾和问题，减少移民带来的巨大社会风险，解决好广大藏区生态移民的生产和生活问题，增强他们的自我发展能力和可持续发展能力，使他们尽快融入当地社会，是摆在党和政府面前的一个严峻的课题。

第一章
藏区生态移民工程实施的背景和现状

第一节 背景

举世闻名的青藏高原,是全球海拔最高、面积最大、隆起时代最晚、地壳最厚的一个特殊区域,被世人称为"世界屋脊"或"地球第三极"。我国藏族地区就分布在这块高原及其延伸段上,在行政区划上包括西藏自治区,青海省的海北、海南、黄南、果洛、玉树藏族自治州以及海西蒙古族藏族自治州,四川的阿坝、甘孜藏族自治州和木里藏族自治县,甘肃的甘南藏族自治州和天祝藏族自治县、云南的迪庆藏族自治州等地,共1个自治区、10个自治州、下辖155个县市。面积223.74万平方公里,占全国国土面积的23.31%,总人口有700多万,其中藏族人口约520多万,占藏区总人口的69.42%。藏区是我国以及亚洲地区主要的生态功能区,其生态地位极其重要。一是藏区是亚洲乃至北半球气候形成变化的启动区之一。地球上的气候变化与大气环流关系密切,而大气环流又是地面降雨降雪最重要的生成因素。青藏高原作为耸立在亚洲大陆对流层部的"热岛"和"中流砥柱",它与强大的热力作用和动力作用,改变了北半球大气环流,形成了亚洲季风,使南起南亚次大陆、东南亚,北至中亚、西伯利亚,东至阿留申群岛、日本的广阔范围内的天气和气候都受其影响而发生巨大变化。不仅如此,在整个亚洲大陆、西太平洋、北印度洋的广阔范围,无论是控制中亚东部荒漠的蒙古高压反气旋,湿润着西部热带山地的西南季风,还是哺育着东亚亚热带常绿阔叶林的东亚季风，都是在青藏高原的隆起后建立和加强起来的。可见，高海拔的青藏高原以其自身独特的热动力学特性影响高原季风的形成与变化，是我国与东亚气候系统稳定的重要屏障，对我国旱涝分布气候格局乃至生态环境演变产生明显影响。二是藏区是全球现代冰川集中分布区，也是我国重要湿地资源分布区。藏区是我国和一些亚洲国家大江大河的主要水源地，藏区被人们称为"中华水塔""全球水塔"。在三江源地区（长江、黄河、澜沧江源区），冰川总面积达到 1812.74 平方公里。这些冰川年均融水量约 17 亿立方米，是三江源地区干支河流的重要补给水源。在三江源地区，尽属长江、黄河、澜沧江三大水系的河流就有 180 条，有大小湖泊 16337 个。总面积达到 2350.77 平方公里。据统计，黄河 49%、长江 26%、澜沧江 16% 的水量从三江源地区流出，每年经三条江河向中下游供水 600 多亿立方米。藏区水资源的变化直接影响着我国和一些亚洲国家的水资源安全，素有"三江源咳嗽，我国长江黄河流域感冒（洪涝或断流）"的说法。三是藏区是高寒生物自然种植资源库。我国藏区分布着数量众多、种类独特的高原珍稀和濒危动植物及其生物群落类型，是世界上高海拔地区生物多样性最为丰富的地区，被科学家称为"高寒生物自然种质资源库"。据不完全统计，西藏约有维管植物 6530 种，其中有特殊用途的中药材 300 多种，在西藏 348 种珍稀濒危保护植物中有 55 种为西藏特有，其中 39 种被列为国家重点保护野生植物；西藏有野生脊椎动物 900 种，其中近 200 种为西藏高原所特有；西藏有昆虫类动物 4000 多种，其中 1100 多种为西藏高原特有种。青海三江源地区有维管植物 2238 种，分属于 87 科，471 属；有两栖爬行类 14 种，鸟类 225 种，兽类 93 种（其中属于国家 1 级保护动物 8 种，2 级保护动物 17 种），鱼类 41 种。藏区丰富的生物物种、遗传基因和生态系统为人类提供了一个天然基因库。保护藏区生态环境，才能为人类留住这一座弥足珍贵的生物基因库。总之，青藏高原为 1000 多万人口提供着直接的生命支持，其生态服务系统也对具有近 20 亿人口的东亚和东南亚地区产生直接影响。据测算，青藏高原生态系统每年创造的服务价值达到近万亿元——9363.9 亿元，占全国生态系统每年服务价值的 16.7%。在青藏高原各种生态系统中，"贡献"最大的是 128 万多平方公里的天然草地。①

进入 20 世纪 80 年代，藏区的生态环境呈现出日趋恶化的态势。主要表现为，一是湖泊萎缩，冰川后退，水资源减少。据科学观察表明，青藏高原蓄水总量正在下降，在不考虑全球气候加速变暖的前提下，预计到 2050 年青藏高原冰川面积将减少 28%，到 2090 年将减少 50%。通过遥感技术监测表明，30 年来青藏高原冰川总体呈明显减少趋势，其中高原周边冰川面积消减最为明显，面积减少 10% 以上；高原腹地冰川面积减少近 5%。近 30 年来青藏高原冰川年均减少 131.4 平方公里，而且近年来有加速消减的趋势。青藏高原边部雪线退缩强烈，退缩最大距离为 350 米，一般为 100—150 米；青藏高原腹地现代湖泊和湿地出现明显扩张或新生，高原周边湖泊和湿地出现萎缩或消亡。近 20 年来，三江源地区有 1071 个湖泊萎缩。如玛多县，最严重的时期使其原有的 4000 多个湖泊中 90% 已经干涸，锐减到 300 多个。青藏高原现有湿地总面积 88715.5 平方公里，总面积减少了 8731.6 平方公里，占近 10%。冰川退缩与雪线上升为高原及周边提供了大量水资源，短期内造成部分区域河湖湿地面积的增加，但随着高原冰川大面积的减少和雪线的不断上升，青藏高原蓄水总量正在下降。近年来，曲麻莱县气象局对黄河源头地区的生态状况进行了持续监测。监测结果表明，这一地区的常年性高山积雪已经减少了 95%，导致域内 50% 的河流干涸，没有断流的河流流量下降了 50%，地下水位在 10 年间下降了 5 米。十几年前，黄河源头地区从未发生过扬尘和沙尘暴，而现在每年的扬尘天气都在 10 次以上，沙尘暴在 3—5 次之间。二是草场退化和土地沙化加剧。据青海省有关部门介绍，该省共有草地面积 5.47 亿亩，中度以上退化的草地面积达 1.16 亿亩，其中沙化面积为 4000 万亩，每年羊的饲养量减少 820 万只，年经济损失高达 10 多亿元。其中黄河源地区中度退化草场面积 380

---

① 薛三让：《神秘雪域原生态文化资源的有效维持和利用》，载《青海社会科学》2007 年第 1 期。

万公顷，占其可利用草地面积的68%；长江源地区有退化草地面积253.29万公顷，占其可利用草地面积的22.47%。黄河源地区沙漠化土地主要分布在玛多、玛沁两县境内，现在沙漠化土地面积约为126670公顷，其中流动沙丘面积约占其沙漠化土地面积的79.99%。长江源地区沙漠化土地主要分布在治多和杂多两县境内的当曲、楚马尔河、通天河沿河阶地及河滩地，现在沙漠化土地面积194221公顷，其中流动沙丘面积占24.85%—40.47%。甘南藏族自治州玛曲县天然草原牧草平均产量由80年代初的每亩400公斤左右下降到现在的300公斤，植被覆盖度降至75%左右，并呈逐年下降趋势；牧草高度下降到10厘米左右，鼠虫害面积达386万亩，"黑土滩"面积达75万亩，并呈逐年扩大趋势。三是生物多样性急剧萎缩。青藏高原部分生物及其种群数量呈锐减状态，生物多样性遭到并将持续面临巨大的破坏与威胁，生存环境破碎化、岛屿化以及多样性的丧失，使藏羚羊由原来的10万余只下降到了现在的3万余只；马麝已濒临灭绝；白唇鹿、马鹿、雪豹等国家级野生保护动物数量锐减；物种多样性面临严峻形势，目前青藏高原受到威胁的生物物种占总数的15%—20%，高于世界10%—15%的平均水平；高原生物具有强大的抗逆基因和特殊种性，随着高寒生物物种资源的灭绝与濒危，这种适应高寒生态环境的遗传基因优势也受到了威胁。

　　藏区生态环境的日趋恶化，严重影响到全国的气候和环境以及经济社会发展。1998年，长江爆发全流域特大洪水，造成经济损失3000亿元。[①] 这次特大洪水的发生与三江源地区植被破坏、地表蓄水能力下降、水土流失加剧等因素有关。黄河是中国第二大长河，是中国人的"母亲河"，但黄河从1972年首次断流以后，此后26年间有21年断流，1990—1998年，年年断流。1997年黄河断流多达7次、226天，断流河段704公里，河口300多天无水入海，仅此给山东一省造成的损失就达135亿元。据有关部门研究，1997年，仅华北地

---

① 三江源自然保护区生态保护与建设编辑委员会：《三江源自然保护区生态保护与建设》，青海人民出版社2007年版，第29页。

区各城市,因缺水造成的工农业损失就达 2000 亿元,相当于当地当年国内生产总值的 3%。黄河的连续断流,也与上游的生态环境变化有着直接关系。黄河、长江流经区域总耕地近 $3800 \times 10^4 hm^2$,是中华民族赖以生存的主要粮仓。但自 1988 年以来,在降水量波动不大的情况下,三江源地区黄河水量比正常年份减少了 23.2%,共计少来水量 $227 \times 10^8 m^3$,给中下游经济发展造成了巨大损失,给人民的生产、生活安全带来了较大威胁。生态环境对本地区的经济社会发展影响也越来越严重。

表 1　　　　生态环境破坏对青海造成的直接经济损失　　　　单位:亿元

损失原因	年损失值	过去20年累计损失值	未来损失值	总损失值
水土流失	9	180	3340	3520
土地沙漠化	68	1360	800	2160
草地退化	15	300	1667	1967
森林破坏	/	/	2028	2028
自然灾害	10	200	/	200
合计	102	2040	7835	9875

资料来源:杜青华:《青海生态环境损失分析与补偿措施初探》。

表 1 显示的是一些能够计算的经济损失,依照国际惯例,按直接经济损失与间接经济损失 1:4.5 的比例来推算,估计间接的经济损失为 44438 亿元。[1]

随着生态环境的恶化,部分藏族地区群众的生活生产受到了严重的影响,出现了许多"生态难民"。如在果洛州玛多县,由于草场退化、荒漠化,全县总数不到 1 万人的牧民中至少有 7000 多人成为"生态难民",38% 的牧民被迫迁移他乡,玛多县也由 20 世纪 80 年代最富

---

[1] 杜青华:《青海生态环境损失分析与补偿措施初探》,载《青海社会科学》2003 年第 4 期。

的县沦为现在的全国贫穷县。①在总人口不到4000人的达日县吉迈镇，以乞讨、捡破烂、替人放牧牛羊等方式维持生活的"生态难民"总数已近千人。也就是说，在吉迈镇里，平均每四个人中就有一个是"生态难民"。曲麻莱县无法放牧的黑土滩面积达1332万亩，占草场总面积的28%，每年还有100多万亩草场沙化。20世纪80年代至今，草原牧草产量由2000公斤/公顷降到了800公斤/公顷，产量最低的仅有400公斤/公顷。许多当年的富裕户都因为生态恶化变成了少畜户或者无畜户，坠入了贫困的深渊。②另外，全球气候的变化还导致了青藏高原许多地区自然灾害的频繁发生。2008年1月至4月，玛多县持续刮起9—10级大风，还出现4次沙尘暴，狂风使沙漠大面积移动，埋没很多草场，造成大批牲畜死亡，300多牧民无家可归。

对藏区生态环境恶化日益加剧的原因，现在有三种观点：第一种是自然原因说，即认为全球气温升高、水分蒸发量增大和降水量减少的结果。相当一部分专家认为，如黄河源头人烟稀少，经济发展落后，并不存在掠夺开发的问题。比如玛多县平均0.4平方公里一个人，牛羊饲养量才29万头，而恰恰是这一地区，生态恶化十分严重。他们分析，青藏高原生态环境的恶化在很大程度上受全球气候变暖的影响。第二种是人为原因说。认为近几十年来，随着区域人口的增加和人类掠夺式的生产经营活动，加速了该地区生态演化进程并使之复杂化，导致草场退化。第三种是综合原因说。认为藏区生态环境的退化是自然因素和人为因素共同作用的结果。本书倾向于第三种说法。青藏高原是中国乃至世界气候变化敏感区。近50年的气象资料分析表明，青藏高原的气候受全球变暖影响出现了显著变化。青海省气象局对青海高原有气象记录以来的数据分析表明，近50年来，青海高原年平均地表气温每10年上升0.33 ℃，其中柴达木盆地更是以每10年0.44 ℃的速率上升。西藏自治区气象局的研究也得出类似结论，西藏地区年平均地表气温大约以每10年0.3 ℃的速率上升。由于气温显著升高，近

---

① 《第一财经日报》2009年8月19日。
② 《青藏高原"生态难民"为何越来越多》，新华网，2005年8月23日。

年来青藏高原的最高气温已屡破极值。2006年，对气候极为敏感的青藏高原39个国家正式气象观测站中有13个站气温突破历史极值。2006年冬季，三江源地区平均气温 -7.9 ℃，比1971—2000年的年气温均值高出3.7 ℃，这是该地区有气象资料以来最暖的一个冬季。在西藏，2007年10月以来，西藏各地28个气象观测站中有10个站测量到日最高气温超过历史同期极值。气温的上升，导致了青藏高原冰川和积雪消融，影响了流域总蒸发量，改变了流域高山区降水形态，从而加剧了草场退化和水土流失。因此，在青藏高原生态环境恶化原因中，气候变化是不可忽视的因素。但是，人为破坏也很严重，同样不可忽视。因为人为因素加速了青藏高原生态环境的恶化，人为因素是青藏高原生态环境恶化的最主要诱因。长期以来，人类对人与自然的关系认识不清，加之受落后价值观念的影响，盲目发展畜牧业，增加了草场的负担。在牧区人们的商品意识十分淡薄，崇尚"谁家门前的牛羊多谁家就富"的价值观念，片面追求存栏数。目前三江源地区牲畜数达到2200万个羊单位，为新中国成立初期的3倍多。正常年份冬春草场超载牲畜50%—60%。西藏那曲县平均超载达到93.4%，冷季草地超载率达178.7%；玛曲县天然草原理论载畜量为166万个羊单位，实际载畜量为理论载畜量的2倍多。如果按美国的泰勒放牧法衡量，藏区草场超载在2倍以上，有的地区超载4—5倍。根据国外经验，当牲畜采食量超过地上产草量的40%—50%时，就会引起草场产草量的下降，草质会变坏。同20世纪50年代相比，藏区许多地区的产草量下降30%—80%，藏区草场长期超负荷透支，使牧草生长得不到休养生息，破坏了草场自我修复功能，造成土地裸露，植被覆盖率降低，导致草场的沙化。另外，三江源地区的草场开垦现象也比较严重，最多时草场开垦达到320万亩，由于三江源地区土壤多为沙土土质，因此大规模的开垦，也加剧了草场沙化。前几年，每年进入三江源地区采挖冬虫夏草的外来人员达到20万人。经估算，仅一天砍挖灌木作燃料就破坏灌木林地200公顷左右。要保护和建设藏区重要生态功能区环境，就要最大限度地减少人类在这个区域的各种物质生产活动，特别是要减少草场牲畜数量，实行禁牧政策。总之，从较长的历史时期和较大的空间领域观察，决定青藏高原生态环境的是自然地理条件和大的气候背景，而在20—30年较短时间和人们经常活动的范围内，影响生态环境并使其发生明显恶化的主要原因，则是人类活动加剧超出了生态环境的承载能力。

第二节 现状

藏区严峻的生态环境态势，引起了党中央和国务院的高度重视及社会各界的广泛关注。2005年1月26日国务院第79次常务会议批准了《青海三江源自然保护区生态保护和建设的总体规划》，并投入了75亿元的保护和治理资金。2009年国家环境保护部下发《关于支持青海藏区环境保护工作的意见》，提出了加强重点流域区域污染防治等五个方面的支持内容。目前青海藏区的自然保护区共有八处，面积达到206万公顷。

2009年2月，国务院审议并通过了《西藏生态安全屏障保护与建设规划（2008—2030年）》，提出用五个五年规划期，投资155亿元，实施十项生态环境保护与建设工程，到2030年，基本建成西藏生态安全屏障。西藏生态安全屏障保护与建设工程是继青海三江源自然保护区生态保护和建设工程之后，党中央、国务院决定在青藏高原实施的又一项重点生态工程，具有重要意义。截至目前，西藏已建立各类自然保护区45个，总面积达到4126万公顷。

进入21世纪后，四川、甘肃、云南藏区也加快了生态环境保护和建设的步伐。目前四川藏区共建立了61个自然保护区，面积达到584.77万公顷。云南藏区建立了6个自然保护区，面积达到63.29万公顷。甘肃藏区建立了3个自然保护区，面积达到62.27万公顷。

诚然，实施生态保护和建设工程、建立自然保护区是青藏高原生态环境得到恢复和保护的重要途径，是十分正确、非常必要的。但问题是，怎样才能保护、建设好藏区目前100多个自然保护区的生态环境呢？这又是摆在藏区各级政府以及国家面前的一个重要课题，或者说是面临的一个重大考验。改革开放后，随着人类经济活动在藏区主要生态功能区内越来越频繁,以及其给青藏高原生态环境带来的日益严重的影响,藏区各级政府经过不断的反思和研究,逐渐把自然保护区工作的焦点放在减少保护区内的人类活动上。应该说,这是青藏高原生态环境保护和建设的一种创举,摆脱了以前那种在不放弃人类活动的条件下解决藏区生态问题的思路,改变了以前那种虽然做出艰辛的努力,付出巨大的投入,但治标不治本、效果有限的局面。进入21世纪后,藏区主要生态功能区各级政府开始对自然保护区内的牧民进行整体搬迁,迁往保护区外生态条件相对较好,具有一定工业基础的州、县政府所在地,引导牧民转产,从事非牧产业。同时,选择一些条件较好的乡、镇所在地,移民迁入后,搞半舍饲畜牧业,草场实行季节性禁牧。近十年来,藏区生态移民总数约10万人。具体情况如下:

青海三江源地区生态移民:自然保护区有223090人,其中核心区43566人,缓冲区54254人,试验区125270人。按小康型消费标准进行测算,三江源保护区人口环境容量为133731人,24315户,需生态移民89358人,16129户。移民涉及范围为玉树藏族自治州的玉树县、囊谦县、称多县、治多县、杂多县、曲麻莱县,果洛藏族自治州的玛沁县、班玛县、达日县、久治县、玛多县、甘德县,海南藏族自治州的同德县、兴海县,黄南藏族自治州的泽库县、河南县,格尔木市的唐古拉山乡。共16县、1个镇。

表2　　三江源自然保护区各功能区人口、牧户情况表　　单位:户、人

区域	核心区		缓冲区		试验区		合计	
	户数	人口	户数	人口	户数	人口	户数	人口
麦秀	563	3098	1198	6590	1218	6701	2980	16389
中铁—军功	1624	8932	2385	13119	4771	26242	8781	48293
阿尼玛卿	63	349	233	1282	238	1308	534	2939
星星海	234	1287	295	1623	855	4700	1384	7610
年宝玉则	100	551	172	947	1651	9078	1923	10576
多可河	82	451	43	238	111	610	236	1299

续表

区域	核心区 户数	核心区 人口	缓冲区 户数	缓冲区 人口	试验区 户数	试验区 人口	合计 户数	合计 人口
通天河沿	1699	9343	1443	7935	3424	18831	6565	36109
东仲	183	1008	171	940	398	2190	752	4138
江西	327	1805	873	4791	5267	29625	6467	36221
白扎	210	1157	481	2645	297	1636	989	5438
昂赛	402	2212	109	597	161	885	672	3694
当曲	459	2522	148	813	0		606	3335
索加—曲麻河	690	3795	1064	5853	767	4219	2521	13867
格拉丹东	11	56	131	731	361	1326	503	2113
约古宗列	534	2938	331	1819	814	4477	1679	9234
扎陵—鄂陵湖	86	472	141	778	119	652	346	1902
果宗木查	483	2658	435	2395	1317	7244	2236	12297
玛可河	169	932	211	1158	1008	5546	1388	7636
总计	7921	43566	9864	54254	22776	125270	40562	223090

资料来源：《青海三江源自然保护区生态保护和建设总体规划》。

表3　　　　　　　自然保护区人口承载表　　　　　单位：户、人

区域	人口	户数	承载人口	承载户数	移民人口	移民户数
合计	223090	40562	133731	24315	89358	16129
麦秀	16389	2980	13602	2473	2787	507
中铁—军功	48293	8781	24899	4527	23394	4253
阿尼玛卿	2939	534	2939	534		
星星海	7610	1384	7610	1384		
年宝玉则	10576	1923	8059	1465	2517	458
多可河	1299	236	830	151	469	85
通天河沿	36109	6565	16234	2952	19875	3614
东仲	4138	752	4138	752		
江西	36221	6467	5092	926	31129	5541

续表

区域	人口	户数	承载人口	承载户数	移民人口	移民户数
白扎	5438	989	5438	989		
昂赛	3694	672	1872	340	1822	331
当曲	3335	606	3335	606		
索加—曲麻河	13867	2521	13867	2521		
格拉丹东	2113	503	2113	503		
约古宗列	9234	1679	6263	1139	2971	540
扎陵—鄂陵湖	1902	346	1902	346		
果宗木查	12297	2236	12297	2236		
玛可河	7636	1388	3242	5889	4394	799

资料来源：《青海三江源自然保护区生态保护和建设总体规划》。

截至2009年底，三江源地区共安置生态移民10579户，49631人，建立移民社区86个。其中玉树藏族自治州安置生态移民3825户，17727人；果洛藏族自治州安置生态移民2575户，11462人；海南藏族自治州安置生态移民2526户，12516人；黄南藏族自治州安置生态移民1225户，7286人；格尔木市安置生态移民128户，640人。

安置方式以城镇集中安置（占66.8%）和适度聚居（占19.8%）为主，少量有跨县安置和自主安置。

四川藏区生态移民：《甘孜州易地移民致富工程规划》中提出的总体目标是：通过9年的时间，基本完成甘孜州生态环境建设易地安居致富工程。全州共需易地安置农牧户3.65万户、约20万人。根据《阿坝州生态移民规划》，阿坝州计划利用7年时间，对全州生活在"七类区"的37920户、1万人的农牧民进行易地扶贫搬迁。

甘肃藏区生态移民：甘南州政府的统计显示，近5年来当地通过实施国家以工代赈和易地扶贫搬迁项目，生态移民1.6万人。此后甘南州计划借助甘肃甘南黄河重要水源补给生态功能区生态保护与建设项目，采取集中定居、村社定居、牧民承包草场上定居等模式，实施游牧民定居 3140 户,并力争在三年内,实现 14524 户游牧民定居。

  总之,藏区生态移民的目的,首先是以保护世界最高海拔区独有的大面积湿地和草地生态系统为主线,逐步减轻当地居民对高原脆弱的生态环境形成的压力,使青藏高原生态系统得以恢复,生物多样性得到保护;其次是通过异地或就地集中安置当地藏族等农牧民群众,改善他们的生存条件,提高他们整体生活水平,促进藏区经济社会的发展,实现人与自然生态环境和谐共处。

第二章
选题意义、理论基础和相关研究成果

第一节 选题及研究意义

对藏区生态移民问题研究的价值或必要性,主要体现在两个方面,一是藏区生态移民工程是在青藏高原上实施的一项极具特殊性和难度的工程,要是这项工程取得成功,达到预期目的,就必须加强对其的研究,提供和建立相对完善的理论支持系统。第一,藏区生态移民工程面临较大的国际压力和人权指责。藏区作为民族地区,面临着更为复杂的国际环境和民族宗教问题,国际反华势力必然会加以阻扰破坏,使得移民工作面临的形势更复杂、遇到的困难更大。第二,藏区生态移民的安置范围小。其他地区的移民主要是从事种植业的农民,故其安置地的选择范围大,既可在本行政区内也可在全国范围内进行安置。而藏区的生态移民是从事畜牧业的牧民,必须选择水草条件好、地域广阔、气候高寒之地即只能在青藏高原的藏族牧业区进行安置,故选择地域狭小。[①] 第三,藏区生态移民与其他地区的移民相比,文化水平较低、劳动技能单一,因此安置难度较大。第四,其他地区的移民迁入地和迁出地都使用汉语,文化背景和风俗习惯基本相同。因此,语言和文化隔阂比较小,移民容易融入新的环境。而藏区的生态移民都是藏族,大都只会讲藏语,他们迁入城镇社区以后,与迁入地的居民在语言和文化背景上表现出了很大的差异和隔阂,从而

---

① 景晖主编:《青海研究报告》(内部资料),2005年。

使他们适应新环境比较困难。第五，其他地区的移民一般都是农村到农村的迁移，而藏区生态移民基本上是从牧区到城镇的迁移，其生产方式和生活方式都具有突变的性质，因此，与其他地区的移民相比，藏区生态移民在社会适应性、生产发展等方面面临着更大的困难。二是这项工程实施以来，在实践中出现了很多问题，给藏区经济社会发展带来了一系列的负面影响，在国际舆论上也处于不利的地位。现在有些地区把移民区看作"问题区""贫困区"。目前也有个别移民因为不能适应新的环境，加上无事可做、生活困难已经返回原草场。这种状况要求对生态移民的各个方面进行深入细致的研究，找出问题，分析原因，提供解决问题的思路与对策。

从移民学的角度讲，藏区生态移民属于非自愿移民范畴。而非自愿移民对于任何人来说，并非一个简单的过程。要人们脱离居住已久的社区、使原有的生产体系解体、让他们搬家以及与亲邻好友分离等都是一个异常痛苦的过程。所以一开始就对移民的困苦有充分认识并采取有效的补偿措施是非常必要的。这要求决策者必须系统地制定移民政策与法规，并对移民提供补偿，更为重要的是帮助他们在新的居住地重建、恢复他们的生产生活能力。这样，移民过程就变成了新的发展良机。因此，对藏区生态移民问题进行系统的研究，给移民工程提供理论指导和咨询服务，有着重要的现实意义和长远的历史意义。

本课题研究的理论意义在于，通过建立分析藏区生态移民工程的理论模型，阐明特殊地区移民安置和发展的规律，预测特殊地区移民安置和发展的变化趋势，从而有助于丰富社会流动研究的内容与方法，如一个国家内特殊地区社会流动的组织问题。

本课题研究的实践意义在于，通过相关对策研究，总结藏区生态移民安置与发展的模式与特征，探索藏区生态移民安置与发展的途径，为政府有关部门制定相应对策提供参考依据，推动藏区生态移民的生活安置、后续产业发展、扶贫、养老、就业、教育等工作，从而确保藏区生态移民工程生态意义、经济意义的实现，避免生态移民带来的消极和负面影响。

第二节 本课题研究的理论基础和相关研究成果

人口迁移是人类自古以来就有的社会现象，并且人口迁移在一定程度上影响着社会变迁。马克思和恩格斯曾指出："正是欧洲移民，使北美的农业生产能够大大发展，这种发展通过竞争震撼着欧洲大小土地所有制的根基。此外，这种移民还使美国能够以巨大的力量和规模开发其丰富的工业资源，以至于很快就会摧毁西欧的工业垄断地位。这两种情况反过来对美国本身也起着革命作用。"[①] 正因为人口迁移如此深刻地影响着社会的变革和发展，国内外对人口迁移的研究更为关注，很多学者分别从工程学、经济学、政治学、法学、社会学、人类学、人口学以及环境生态学等方面对人口的迁移进行了深入的研究，取得了大量的成果。

本课题研究的理论基础，一是国外的人口迁移理论；二是国内的，包括近年来我国学者和机构对移民问题的一般性研究成果以及对不同类型和区域移民的专题研究成果等。

1. 国外相关理论

国际人口迁移是指跨越国界的人口流动，是一种居住地的永久性迁移。有关国际人口迁移的理论主要有世界体系理论（World systems theory）、劳动力市场分割理论（Segmented labor market theory）、新古典经济学理论（Neoclassical economics）、中心—边缘移民理论。这些理论从不同的角度揭示了国际人口迁移的动因、规律以及形式等，对本课题研究具有宏观层次的指导和帮助作用。本课题直接能够运用的国外相关理论和方法主要有：推拉理论、舒尔茨的投资—收益理论（成本—收益理论）、托达罗预期收益理论、迁移者网络理论、外部性理论、人口容量"水桶理论"、产业发展理论、恒常所得理论、生命循环储蓄理论、社会保障风险理论、庇古的福利经济学说、凯恩斯

[①] 马克思、恩格斯：《〈共产党宣言〉1890年德文版序言》，人民出版社1997年版，第15—16页。

的有效需求管理理论、贝弗里的福利国家理论、迁移决策的概念模型、移民适应性方面的"熔炉论""同化论""文化多元论"、人口流动规律研究、世界银行关于非自愿性移民的有关原则、文化变迁理论、文化适应过程理论、文化堕距理论、边缘化理论、社会排斥理论、增长极理论、梯度发展理论、优区位开发理论、产业滚动理论，等等。

2. 国内对生态移民问题的研究成果

近十年来，国内对生态移民问题的研究取得了丰硕的成果。

对生态移民的界定，葛根高娃、乌云巴图认为，生态移民是指由于生态环境恶化，导致人们的短期或长期生存利益受到损害，从而迫使人们更换生活地点，调整生活方式的一种经济行为。有的学者则强调政府行为和对生态环境保护与经济发展的双重作用。如刘学敏认为，生态移民就是从改善和保护生态环境、发展经济出发，把原来位于环境脆弱地区高度分散的人口，通过移民的方式集中起来，形成新的村镇，在生态脆弱地区达到人口、资源、环境和经济社会的协调发展。有的学者则强调生态移民的多目标性。如方兵、彭志光认为，生态移民从保护生态脆弱区的生态环境出发，既要考虑移民能致富奔小康，又不能破坏迁入地近期和长远生态环境，同时保护迁入地原居民利益不受损害，是多目标性移民。还有的学者不但强调生态移民的保护和改善生态环境的目的，而且也强调它的扶贫性质。国家发改委国土开发与地区经济研究所的综述报告也强调生态移民的多种目的。他们认为，生态移民是指为消除贫困、发展经济和保护生态环境为目的、把位于生态脆弱区或重要生态功能区的人口向其他地区迁移，从而实现经济、社会与人口、资源、环境协调发展。包智明认为，生态移民是因为生态环境恶化或为了改善和保护生态环境所发生的迁移活动，以及由此活动而产生的迁移人口。在这个定义中包括了原因和目的两个方面的含义。不论是原因，还是目的，只要与生态环境直接相关的迁移活动都可称为生态移民。

对生态移民的类型，包智明从四个角度对生态移民进行了综合分类：其一，根据是否有政府主导，分为自发性生态移民与政府主导的生态移民。其二，根据移民是否对迁移有决定权，分为自愿生态移民与非自愿生态移民，或称为非强制生态移民与强制生态移民。其三，根据迁移的社区整体性，分为整体迁移生态移民与部分迁移生态移民。其四，根据迁移后的主导产业，分为牧转农业型、舍饲养畜型、非农牧业型和产业无变化型等。其他学者，如宋建军、许德祥根据迁移距离的远近、迁入地和迁出地的类型，认为生态移民的主要类型有：（1）按迁入地的类型，生态移民可以分为就地移民（或近距离迁移）和易地移民（或远距离迁移）。（2）按迁出地的类型，生态移民分为生态脆弱区移民和重要生态区移民。李宁、龚世俊根据生态移民的主要动因认为，生态移民包括三个层面，即在生态环境变迁作用挤压下的被动人口迁移；在一定区域内单纯为保护生态资源环境的主动人口迁移；在一定区域内为促使生态系统诸要素协调发展的主动人口迁移。这种动因分析是相对于经济、社会、政治、文化、战争等因素的变迁推动的人口迁移而提出的。张力威、范治晖、朱东恺认为，根据生态移民的直接目的及其在中国的实践，可以将生态移民进一步细分，大致分为以下几种类型：一是以保护大江大河源头生态为目的的生态移民，如国家对三江源地区居住在海拔4500米以上的牧民实行生态移民；二是以防沙治沙、保护草原为目的的生态移民，如阿拉善生态移民等；三是以防洪减灾为目的的生态移民，如1998年长江中下游特大洪涝灾害过后，国家在湖北、湖南、江西、安徽四省实施的移民建镇工程等；四是因水利水电工程建设引起的生态移民，如广泛关注的怒江开发引起的生态移民和为保护水源不受污染而实施的移民等；五是以扶贫为主要目的的生态移民，如温州的下山脱贫移民等；六是以保护自然保护区或风景名胜区生态系统为目的的生态移民，如湖北神农架移民、湿地可持续利用示范区引起的移民等。

对生态移民开发模式，刘学敏、陈静等学者提出城镇化开发模式。认为在经济快速发展中，生态移民走城市化发展道路比较符合时代发展趋势。桑敏兰提出宁夏吊庄移民开发模式、宁夏扶贫扬黄工程移民开发模式，认为生态移民走城镇化道路是宁夏移民开发模式的重要路径。拜琦瑞、马文静提出生态移民与城镇化的模式相结合形成新的生态移民城镇化开发模式。梁福庆提出产业开发模式。结合移民安置与产业发展使移民不但搬得出、稳得住，而且还能逐步致富。这些安置模式共有农业安置、二三产业安置、自谋职业安置、劳务输出安置、教育培训安置五种安置模式。初春霞、孟慧君提出生态移民要量力而行、寻求多种资金筹集途径。探索生态移民与产业化结合以及与城镇化战略相结合的多维开发模式，事实上，生态移民也不可能单纯以某一种方式来推进，必须是多种路径相结合实施。在此过程中，重视"人力资本"投资，走"文化移民"道路、建立移民社会保障制度。赵成章提出移民模式不同导致移民措施呈现不同的区域特色：一是要走"文化移民"的道路。在移民村、镇的建设中，加大教育投资，注重人力资本的积累，努力提高移民的综合素质；多方位、多层次地对移民进行技术和知识培训；重视对移民子女的教育，让适龄儿童全部享受12年义务教育，从根本上提高移民的文化层次和谋生能力，使生态移民安居乐业，逐步走出贫困。二是要走"旅游移民"的道路。铁路通车后，进藏的游客必然大幅度增加，可以吸纳大量富余劳动力，成为安置生态移民的重要途径。三是要走"援助移民"道路。西藏是中国的主要欠发达区域之一，属于典型的外部投资拉动型经济，从生态脆弱区转移出来的农牧民，缺乏进行生产经营的物质基础和基本技能，甚至缺乏开创新生活的思想意识。只有加大外部的长期性专项资金扶持力度，在解决生态移民生存问题的前提下，逐步增强他们的自我发展能力。

对生态移民政策，刘学敏、陈静认为，西北地区经济和生态恶化的一个重要原因是人口布局不合理，因而有必要实现农牧业人口在牧区之间、城乡之间的合理流动，使之与生态承受能力和产业结构调整相适应。在政府的引导下，鼓励企业参与移民开发，通过社会各界的共同努力，引导人口由农牧区向城镇进行自发移民。葛根高娃根据内蒙古生态移民的实践，对生态移民中出现的政策问题做了总结，认为生态移民政策的目标出现了偏移，主要表现为政策制定过程中的偏移和政策实施过程中的偏移两个方面。在政策制定过程中出现的偏移主要表现为缺乏全面、深刻、科学、负责任的调查论证，有为移民而移民的倾向,把明显违背草原生态规律的禁牧、植树及明显不利于当地民族经济社会文化发展的定居、农耕生业模式作为生态移民的最终目标,从而偏离了既保护草原生态环境又能实现民族社会可持续发展这一正确目标;而政策实施过程中出现的偏移主要表现为违规操作、带有强制意味的搬迁、低劣的工程质量、劳民伤财、不切实际的发展计划等,这样一些做法同样背离生态移民的目标。生态移民作为一项实际涉及范围非常广泛的具有系统性特点的社会政策,不应该仅以想当然的草原保护及一厢情愿的移民为目标,而应该是对草原的科学保护与少数民族牧民经济社会文化协调发展的有机结合。

对生态移民补偿,有些学者认为,生态补偿应有双重内涵:第一,某些区域的生态环境因为经济建设而遭到破坏,在当地难以完全恢复,采取适当措施在其他地方加强生态环境保护,对前一类地区生态环境起到某种补偿作用,有助于从总体上保持生态平衡。第二,某些区域为保护生态环境做出了贡献和牺牲,国家通过转移支付等手段对这些地方给予经济补偿。这双重内涵反映了两种不同的生态补偿,对具有不同主体功能的生态区和经济区都是适用的。对生态补偿机制建立的原则,有些学者提出:1.有利于可持续发展原则;2.责、权、利相统一原则;3.分类解决原则;4.公平合理原则;5.政府主导原则。关于补偿中存在的问题,有学者提出,由于机制不完善,补偿不能完全依理、依法进行。部门行政色彩浓,导致了补偿不到位,或者补偿受益者与需要补偿者相脱节的问题。另外,我国已出台的与生态补偿相关的政策大多是针对单一工程项目的补助政策,其他相关行业和部门的生态环境保护投入得不到补助。上游地区地方财政减收得不到补贴,在一定程度上影响了上游地区保护生态环境的积极性。为此,国家需要建立完善的、统一的生态环境补偿机制,才能确保在公平、合理、高效的原则下,实现生态环境保护与建设的制度化、规范化、市场化。有的学者认为,生态补偿是个政治问题,必须明确补偿的主体、找准补偿渠道,确保补偿资金来源,确定补偿项目与标准。建立的生态补偿机制必须协调好经济发展与环境保护的关系,还要关注社会公平问题和社会性别问题。

不同的学科和研究视角对生态移民效果及过程的研究。郝时远认为，生态移民由于其动因被定位于生态环境及其所引起的问题上，因此属于移民研究中的特殊类型。同时，生态移民研究又与其他学科相交叉，任何单一学科的学者都很难对其做出全面科学的阐释，因而它属于一个交叉的综合性研究课题。导致生态移民的主要动因有：生存条件恶化；生态环境与环境治理，如自然保护区内生物的多样性；自然资源利用和开发，如水利、电力资源的开发；古迹文物保护等。侯东民从人口学的角度考察了草原治理与生态移民问题。他认为，在草原人口持续增长、人口生态压力持续增大的态势下，移民治理方式相对于其他治理方式，在效果和财政成本上可能是最节俭、有效的。并且认为，在草原地区实行经济诱导式生态移民工程，合理安排现有生态治理资金，调节移民政策，如设立若干年跨度的移民社会保障制度，以国家政策引导、而非强制方式进行生态移民将会使草原生态治理产生积极的成果。闫秋源、包智明从环境社会学的视角对生态移民整体性的功能分析，认为生态移民中贫困问题及其解决途径等经济性因素是最主要的原因和目标，而生态环境建设及其他的社会目标是一种附属的功能。对社会影响估计的不充分也可能使其最终丧失生态环境建设的功能。环境社会学更关注的是移民行为对生态移民社区成员和家庭带来的影响，以及居民对这种断裂的应对或适应。因而，从环境社会学的视角来看，生态移民及其社区构建在实践中需要体现持续性，即加强后续工作，进一步为社区构建提供有利的条件。于存海认为生态移民不仅仅是反贫困的一种策略，它也是反贫困过程中的一种社区运动过程，它涉及社区重组、社区组合和社区嵌入；在生态移民过程中，社区运动存在着社区冲突，社区冲突既可能是制度性因素导致的，也可能是非制度性因素导致的，它影响到生态移民的稳定性。要解决生态移民过程的社区冲突，就需要采取多种手段促进生态移民过程中的社区整合：一是通过制度化渠道合理安排生态移民过程，降低生态移民社区的内在差异性；二是在生态移民社区通过非制度化渠道促进社区整合。生态移民非制度化社区整合手段是在制度化整合策略作用引导下的社区积极变迁过程，形成生态移民过程中的非制度化整合，即社区组织整合、社区文化整合和社区教育整合。

包智明从社会变迁的视角对生态移民与"文化保护"的关系进行了探讨，认为在生态移民过程中，要避免在政府等外力强制作用下的生态移民和文化改变。"文化保护"的含义是指反对那些违背文化承载者意愿的、外部强制作用下的文化改变。文化承载者自己选择的文化变迁并不违背"文化保护"的宗旨。这就涉及移民参与的问题。在生态移民中要防止政府包办，要让移民参与政策和计划的制定，让他们自己选择和主导发展方向。因此，在生态移民中，尽量采用自愿的生态移民形式。即便在不得已的情况下采用非自愿的形式，也要通过移民参与和更大的经济补偿，把形式上的"非自愿"生态移民变成事实上的自愿生态移民。伴随社会文化变迁，会随之带来社会适应、社会关系和组织缺失与重建等问题。因此，为了相对减小变化幅度，尽量采取对社会文化变迁影响较小的迁移方式，即如果能采取整体迁移，就不采取部分迁移的形式；如果能采取近距离迁移，就不采取远距离迁移的形式。在迁移后的主导产业方面，也应选择变化较小的类型。高春凤、朱启臻运用自组织理论对移民村庄的自组织现象的成因进行了分析，认为生态移民是反贫困过程中的一种村庄结构重组的过程，在此过程中，自组织现象是移民村庄具有活力的前提，有利于村庄形成有序的结构和村庄稳定、可持续的发展。原因在于：搬迁后的农民不仅生产、生活地域发生变化，而且扩大了与外界的交流，保持了系统的开放性；搬迁过程中显示出的村民差异，形成了一种从无序到有序的熵流，是产生自组织现象的重要动力来源，可以通过移民地区选择和移民构成的控制保持一种势差，以保持系统的平衡性；移民成员间的非线性关系呈现出非独立的相干性，可以通过移民要素的配置，促成非线性成员的关系。

第三章
研究的问题、方法和调研区域选择

第一节　研究的主要问题

一　藏区生态移民的补偿机制问题

根据国际上有关移民补偿的经验与做法，结合藏族地区和生态移民的实际以及生态服务价值，阐述建立藏区生态移民补偿机制的必要性；全面分析目前藏区生态移民补偿中存在的问题及其原因；研究藏区生态移民补偿机制中补偿主体、补偿标准、补偿范围和补偿方式；根据有关通用的标准测算生态移民的物质损失、搬迁成本等，为建立补偿机制提供依据；提出生态移民补偿的政策建议；明确建立藏区生态移民补偿机制的保障措施。

二　藏区生态移民的后续产业发展问题

运用区域经济学的理论，分析藏区生态移民后续产业发展的相关条件；评价和分析藏区生态移民后续产业发展的现状和存在的问题；研究生态移民后续产业发展的方向和区域发展的重点；探索藏区生态移民后续产业发展的模式；提出藏区生态移民后续产业发展的各项保障措施。

三　藏区生态移民的文化调适问题

阐述文化问题在生态移民发展中的重要地位；根据文化变迁理论和相关文化理论，分析藏区生态移民文化不适应的表现和具体内容以及其对移民融入当地社会和生计重建的影响；研究提出藏区生态移民文化调适的原则和思路；明确文化调适的各项保障措施。

四　藏区生态移民的社会适应性问题

分析影响藏区生态移民社会适应的因素以及社会适应的难度；研究藏区生态移民在社会适应过程中所面临的风险；研究藏区生态移民在社会适应过程中如何尽快实现从日常生活适应到劳动生产适应再到心理归属适应的跨越问题；研究藏区生态移民社会支持网络的重建问题。

五　藏区生态移民的社会保障问题

阐述建立藏区生态移民社会保障的意义；评价和分析藏区生态移民社会保障现状和存在的问题；探讨藏区生态移民社会保障机制的框架；研究建立藏区生态移民社会保障的制度设计并提出政策建议；提出建立藏区生态移民社会保障的对策。

第二节　研究方法

本书以人文主义方法论为主。主要采用的研究方法，一是定性分析和定量分析相结合。定性分析和定量分析是社会科学研究中两种相辅相成的方法。定性分析只有建立在定量分析的基础上，才能揭示事物的本质和特征，定量分析是定性分析的基础和前提。本课题对基本理论、原则思路、对策建议、发展模式等以定性分析为主，而对发展现状、存在的问题、有关具体政策设计等以定量分析为主。二是规范分析和实证分析相统一。规范分析和实证分析是社会科学研究中主要的方法。规范分析主要通过对一些基本理论、基本观点进行规定性分析，为研究提供规范基础。实证分析主要通过对具体现象的分析研究，深化对理论观点的认识。本课题对藏区生态移民一方面进行规范性分析，同时以藏区各生态移民区特别是三江源地区生态移民安置区的实践为例，对藏区生态移民工作的创新实践作实证分析，提出符合实际的政策建议。三是比较分析法。本课题将藏区各个地区生态移民的安置状况、发展模式、政策制度等进行对比研究，研究探讨藏区生态移民在不同地区的差异和共同面临的问题以及一般的发展规律。四是问卷调查法。问卷调查是随机或有意识地选择若干调查单位，发出问卷，要求被调查者在规定时间内反馈信息，借此对调查对象总体做出估计。本课题，第一，对无法在各分报告中体现或者带有全局性特征的，并且适宜采用问卷法的问题开展综合性问卷调查；第二，对各分报告中的有关具体问题，并且适宜采用问卷法的问题开展专门的问卷调查。五是访谈法。访谈法通过派调查员对被调查者询问、采访及相互交谈的方式，提出所要了解的问题，借此搜集资料。本课题的访谈法主要分为两个层次：一是关键人物访谈，主要的访谈对象为省、州、县生态移民管理部门官员和当地牧委会的官员，通过对他们的访谈，了解生态移民政策制定的过程、政策措施以及政策实施的过程；二是移民层面的访谈，访谈对象是普通移民，通过访谈，了解不同类型移民户的生计状况和他们对生态移民的感受。此外，本课题的研究还采用了观察法、文献研究、参与式农村评估（PRA）等方法。

第三节 典型调研区域选择

一 典型调研区域及选择依据

本课题的调查地区主要在青海三江源地区。虽然本课题组成员先后到四川、甘肃、西藏地区调查了当地生态移民情况，但是最终选择重点调查区域的时候，则确定为三江源地区的生态移民。这是因为，一是青海三江源地区不仅是藏区最重要的生态功能区，而且是生态环境危机表现最为严重的地区，这里的环境问题已经影响到中华民族的核心利益，三江源地区的环境问题受到了党中央的高度重视和全国人民以及国际社会的广泛关注。二是目前三江源地区的生态移民社区达86个，占整个藏区生态移民社区的80%。三是三江源地区实施的生态移民工程在藏区生态移民工程中具有典型性和代表性。在前期对四川、甘肃、青海藏区的调查中发现，由于存在着相同的地理环境、族群、文化习俗以及经济社会发展水平等，使得藏区各个生态移民工程表现出很大的相似性和同质性。而其中三江源地区生态移民工程，无论其规模、存在的问题、遇到的困难、产生的效益,还是其影响面都具有代表性,可以说,抓住了三江源地区的生态移民问题,就等于抓住了整个藏区生态移民的问题,有窥一斑而见全豹的作用。另外,走马观花式的调查只有助于建立平面性的认识,而要把研究引向深入,抓住问题的本质,还必须运用"解剖麻雀"的方法,对重点和典型地区进行深入研究。

二 三江源地区概况

三江源地区地处青藏高原腹地,是长江、黄河和澜沧江的源头汇水区,海拔在3335—6564米。区内长江、黄河和澜沧江干流长度分别为1217公里、1959公里和448公里,分别占三条河流干流全长的19%、36%和10%。区内河流密布、湖泊沼泽众多、雪山冰川广布,湿地面积7.33万平方公里,占总面积的20.2%。水资源蕴藏量超过2000亿立方米,长江、黄河和澜沧江干流总水量的25%、49%和15%来自三江源地区,素有"中华水塔"之称,是全国最为重要的生态功能区之一。

三江源地区位于青海省南部,行政区域涉及省内玉树、果洛、海南和黄南4个藏族自治州的16个县和格尔木市的唐古拉乡。区域面积36.3万平方公里,约占青海省国土总面积的50.4%;三江源地区总人口达65.1万,占青海省总人口的10.5%,藏族人口占90.2%以上,汉族、回族、蒙古族、撒拉族等人口约占9.8%。牧业人口占2/3以上;人口密度小于2人/平方公里。有128个乡镇,679个行政村,其中牧业乡镇占84.8%。其国内生产总值构成呈"一、三、二"的产业格局。全区16个县中有14个为国家扶贫工作重点县,贫困人口占人口总量的70%以上。经济以草地畜牧业为主,现有牲畜2224万羊单位。2009年玉树州、果洛州农牧民人均纯收入分别为2176.59元、2291.15元,均低于青海省(3346.15元)和全国(5153元)农民人均纯收入的平均水平。

三江源地区自然条件恶劣,生态环境脆弱。近年来,由于超载放牧、乱采滥挖等人类不合理活动的影响,三江源地区荒漠化、水土流失、鼠害面积不断扩大,生态环境日益恶化。目前区内90%的草地出现了不同程度的退化,中度退化的草场面积达1.87亿亩,占可利用草地面积的58%。中度以上水土流失面积9.62万平方公里,占土地总面积的26.5%。三江源地区冰川退缩、湖泊和湿地萎缩、地下水位下降等现象不断加重,源头产水量逐年减少。原始粗放的牧业生产方式与草地、水等资源环境的关系不断恶化,人地矛盾日益突出。

三江源国家级自然保护区是由三江源地区内相对完整的六个区域组成,保护区总面积15.23万平方公里,总人口20万人左右,是我国面积最大的国家级自然保护区,占三江源地区总面积的42%,青海省土地总面积的21%。

三江源自然保护区核心区面积31218平方公里,占自然保护区总面积的20.5%,涉及人口4万多人,禁止一切开发利用活动;缓冲区面积39242平方公里,占自然保护区总面积的25.8%,涉及人口5万多人,生产方式以限牧轮牧为主;试验区面积81882平方公里,占自然保护区总面积的53.7%,涉及人口12万多人,允许适度发展生态旅游等特色产业。2005年国务院批准《青海三江源自然保护区生态保护与建设总体规划》,启动了三江源自然保护区的生态保护和建设工作。[①]

三 三江源地区四种移民安置模式和四个典型移民安置点

1. 四种移民安置模式

由于各地情况不同,移民安置的模式也各不相同。例如,西北干旱和半干旱地区实施的扶贫性移民,采取了三种模式:一是插户移民,即由贫困户自行投亲靠友,分散安置,政府给予一定补助;二是政府建移民开发基地安置移民;三是吊庄移民,即采取搬迁初期两头有家的形式,待移民点得到开发,生产、生活基本稳定后再完全搬迁。上述三种模式实际上也可归结为集体迁移和分散迁移两种形式。

[①] 国家发展改革委国土开发与地区经济研究所课题组,载《宏观经济研究》2008年第1期。

从迁移者的生计方式上看，主要还是农业型的迁移。喀斯特地区和云南高寒山区的移民，从生计方式上看，主要有"城市化移民""农工结合型移民""农业移民"三种。我国藏区的情况特殊，自然在安置模式上有自己的特色。根据对三江源地区移民社区的调查和分析，藏区现有的生态移民模式，从移入区的特点看，可分为"城市安置模式""县城安置模式"和"乡镇政府所在地模式"。而从移民是否跨越行政区来看，可分为"本区内安置模式"和"跨区安置模式"。

　　城市安置模式，是指牧民从草原搬迁到城市边缘地带而形成移民社区的安置方式。这种模式的优点是，移民通过利用城市的带动和辐射作用，促进自己的发展。缺点是移民与新环境在经济、文化等方面的巨大差异和跨度，使得移民难以融入新的环境。但是由于藏区的城市数量少，在实践中移往城市的移民不多，因此属于这种模式的移民社区所占比重较小。目前，这种安置模式的典型社区是格尔木市唐古拉山生态移民社区和格尔木市曲麻莱生态移民社区。

　　县城安置模式，是指牧民从草原搬迁到牧区州府所在地和一般的县城，在县城周边地区形成相对独立的移民小区的安置方式。这种模式的优点是一方面移民能够利用城镇的有关资源使自己得到发展，而另一方面避免了移民生活的大跨越和大变化，有利于移民的社会适应。但缺点是由于藏区城镇发展滞后，因此城镇对移民产业等方面促进作用很有限。从而使移民由于远离草场，既不能利用以前的各种资源，又不能从城镇中得到足够的发展资源，处于既"够不着天"又"够不着地"的悬空状态。在藏区生态移民中，绝大多数安置方式属于这种模式。如青海果洛州玛沁县大武镇的沁源村移民社区、达日县吉迈镇特合土生态移民社区、甘德县柯曲镇达协塘生态移民社区、班玛县赛来塘镇生态移民社区、久治县智青松多镇生态移民社区；玉树州结古镇家吉娘生态移民社区、杂多县的萨乎腾镇塔那滩生态移民社区、囊谦县香达镇香达移民新村、治多县加吉博洛镇移民社区、曲麻莱县约改滩镇移民社区；海南州同德县尕巴松多镇科加滩生态移民社区、兴海县子科滩镇青根河生态移民社区；黄南州泽库县城生态移民社区、河南县优干宁镇生态移民社区；甘肃甘南州玛曲县扎西乐民移民新村，等等。

乡镇政府所在地安置模式，是指牧民从草场搬迁到其所属的乡镇政府所在地，纳入乡镇所在管理的安置模式。这种模式的优点很突出，由于搬迁距离小，移民既可以继续利用自己草场上的冬虫夏草等中药材资源增加收入，又可改善居住和医疗、教育等条件，同时移民社会适应方面的阻力小，容易融入当地社会。实践证明，目前在藏区生态移民各模式中，这种模式最成功。属于这种模式的社区有：达日县的莫坝乡生态移民社区；甘德县上贡麻乡生态移民社区、青珍乡青珍滩生态移民社区；久治县索乎日麻乡生态移民区、白玉乡生态移民社区、哇赛乡生态移民社区、哇尔依生态移民社区、门堂乡生态移民社区；班玛县的吉卡生态移民社区；称多县歇武镇生态移民社区、清水河镇生态移民社区、珍秦镇生态移民社区、扎朵镇生态移民社区，泽库县和日村生态移民社区、索乃亥镇生态移民社区；河南县宁木特乡生态移民社区，兴海县温泉乡长水村生态移民社区。

本区内安置模式和异地跨区安置模式，这是根据生态移民搬迁是否跨越地区级以上行政区划为标准划分的。三江源地区的生态移民基本上都属于本区内安置，他们的搬迁，大多数是在本乡、本县、本州内的搬迁，没有跨越州界。而属于异地安置模式的目前只有海南州同德巴滩移民社区和格尔木市曲麻莱移民社区。巴滩社区的移民来自果洛州，格尔木市曲麻莱移民社区的移民来自玉树州。目前对异地跨区安置的移民仍采取属地管理的方式。

2. 四个典型移民社区的概况

（1）格尔木生态移民社区——从牧区到城市模式

格尔木生态移民社区，包括长江源移民村和曲麻莱移民村。位于格尔木市南郊，国道109线东西两侧的一片沙滩上（东为曲麻莱移民村，西为长江源移民村），距格尔木市区7公里。社区海拔2780米，周边皆为戈壁滩。社区内有零星的新植的沙棘、柳条、杨树等，房屋布局整齐并体现藏式风格，道路宽敞笔直，水泥路通至每户门前。每户房屋上有经幡飘动，小区内有卫生所、学校、商店、篮球场、室外台球桌，有牧民开办的"朗玛厅"（歌舞厅），小区附近有中国移动信号发射塔。儿童入学率达到100%。社区内没有宗教寺院。109国道上，过往车辆穿梭，为方便孩子上学、村民往来，在位于社区中部的109国道上修建有一条过路天桥。格尔木市4路公交车终点站在移民区路口，每10分钟发一辆车。

长江源村的移民，来自海拔4700米的格尔木唐古拉山镇，现有128户，420人，其中男性212人，女性208人，青壮年劳动力196人，享受农村低保89户，255人，五保户14人，残疾人23人。成年移民多为文盲。长江源村总占地面积525亩，每户占地面积300平方米，其中建筑面积62.26平方米。每户移民每年领到国家生态移民饲料粮补助6000元，燃料补助1000元。该村在市政府的资助下，先后发展了玛尼石雕刻、民族风情园、畜产品加工业、藏毯厂等产业。2008年劳务输出517人次，累计收入达31.97万元。有5户人家从事汽车运输行业，往来于格尔木和沱沱河之间。牧民大都经过了由市政府组织的各种培训，一般有三个以上的技术培训证书，培训内容涉及烹饪、织毯、摩托车修理、电焊等。由于格尔木市的财政状况较好，各个部门针对移民开展的救济和扶贫项目较多，2005—2009年支持资金达20多万元。2009年，市政府在离移民小区30公里处划拨700亩土地，用于移民从事农业种植。目前在市政府的帮助下，正在进行土地整理、通水电路等基础工程，2010年可以种植。在劳动就业方面，市政府也给予了大力支持，目前经过市政府联系，有12人被吸收为青藏铁路协警员，有13人被吸收为守矿警。有些移民也在政府的联系下，到铁路机场建筑工地打工。有些移民特别是年轻人则回到原居住地替人放牧、干活，换回牛羊肉、酥油等。从对不同地区的调查中表明，格尔木唐古拉山移民区的安置在藏区生态移民安置中属于最好的。这里的移民生活虽然也有很多困难，社会适应的问题也比较突出，后续产业发展还面临许多问题，但是移民们得到的实惠较多，他们感激共产党、感激政府，对政府的各种安置措施比较满意，并且对未来充满信心。

(2) 家吉娘生态移民社区——从牧区到城镇模式

家吉娘移民社区，在玉树县结古镇家吉娘沟的一块缓坡上。这是一个生态移民搬迁到县城的典型案例。社区内共有219户牧民,总人口827人。本社区的居民是2004年11月从距此近100公里的玉树县上拉秀乡搬迁到这里的。社区总面积289亩,社区每户占地0.6亩。社区距玉树州最大城镇——结古镇有3公里。社区共有房屋219套,其中60平方米的210套,80平方米的9套(占地面积相同)。社区内219户中,有草原使用证的83户,无证户136户,无证户每户国家给建设费补助3万元,有证户每户补助4万元。建设实施中统一了建房标准,国家总投资740万元。共计投资997.92万元,其中自筹257.92万元。该社区的人口构成:男性403人,女性424人;7—12岁学龄儿童120人,18—45岁育龄妇女169人;低收入户138户,贫困户66户,富裕户15户;劳动力341人。社区建筑布局整齐划一,房屋依坡而建,每户房屋面积60平方米,房屋外部体现藏族建筑特色。社区内道路四通八达,均为水泥路面。社区已通电,通信便利、电视普及。水源为山泉水,有九个取水点,夏天使用金属管道,冬天为皮管(防止气温过低冻住水管而不能取水)。本社区有一座医务室,移民开办的小型商店有6个。没有学校,孩子上学要到邻近的村庄,步行需要40分钟。居民都信仰藏传佛教,但社区内没有正规寺院,只建有一座佛塔。国家一年给每户饲料粮补助6000元,燃料补助1000元。移民中的中老年人多为文盲,没有上学经历。目前儿童入学率达到100%。移民在迁入区,没有草场牛羊、没有耕地,多数主要靠国家发给的饲料粮补助费生活。受自身技能、环境变化等的影响,移民外出务工者甚少,目前,外出打工的只有2人,做买卖的29人,跑运输的6人,制作民族工艺品的2人。在政府的帮助下,该社区曾建了一个藏毯厂,安排了57个织毯工人,但经营时间不长就关闭了。接受政府有关部门就业技能培训的有153人,内容为汽车驾驶、摩托车修理、电脑打字、裁缝等。

(3)索乎日麻乡生态移民社区——从原居住地到乡镇政府所在地模式

索乎日麻乡生态移民点位于久治县境中西部,距县府驻地75公里。人口0.3万,以藏族为主,占总人口的99%。面积1985平方公里。辖索乎日麻、尖木、章达、扎拉四个牧委会。地处山原、河谷地带。矿藏有煤、铅、锌等。以畜牧业为主，畜种有藏系绵羊、牦牛、河曲马。境内野生动植物资源丰富，产贝母、冬虫夏草、秦艽、羌活、甘松、大黄等名贵药材。青（海）川（四川）公路穿境而过。2005年6月在索乎日麻乡政府所在地开工建设生态移民点，2006年7月完工，新建房屋113套，总投资452万元。现入住移民113户，565人。移民来自本乡，共减畜28198个羊单位，实现草场禁牧38.52万亩。每户投资标准是4万元，占地面积300平方米，其中房屋面积60多平方米，储藏室面积12平方米。每家打井一口。户均5口人。社区内通路通电，道路为沙石路面，有移民开办的商店，社区内没有学校、卫生院。孩子上学、移民看病到乡学校、卫生院。儿童入学率为100%。移民和迁入区的居民都信仰藏传佛教。社区附近有藏传佛教寺院。成年移民大多为文盲。每户移民一年领到国家生态移民饲料粮补助费6000元，燃料补助费1000元。除此之外，移民的主要收入来自采集业，主要是采挖虫草和贝母的收入。每户每年收入约5000元。移民中有3户从事运输业。此外，移民没有其他收入来源。移民培训的内容为摩托车修理、庭院蔬菜种植、烹饪技术等，培训费11万元，已支付4.56万元，支付率42%，余额6.44万元。

（4）巴滩生态移民社区（果洛新村）——异地跨区模式

巴滩生态移民社区地处同德巴滩省牧草良种繁殖场，海拔3300米，位于同德县城东部，距同德县22公里，距果洛大武镇180公里，距玛多县400公里，距西宁260公里。全村规划面积551.67亩，实际用地499.68亩，规划发展用地52亩。现有189户731人，劳动力313人，移民全部来自果洛州玛多县黑河、黄河两乡。目前享受农村低保的有319人，五保户1人；适龄儿童入学率为98%，在104名适龄儿童中，在校学生102名（有残疾儿童2名）。青壮年文盲22人。牧户参加农村牧区新型合作医疗率达到100%。2008年全村人均收入为342元（不包括政策性补助资金）。建有养畜户161户，户均占地1.8亩，住房面积63.15平方米，畜棚100平方米，储藏室30平方米；商铺户28户，户均占地0.5亩，住房面积75平方米，储藏室30

平方米。189户户均投资8万元,总投资1512万元。水、电、路、学校等配套设施建设投资491万元,由同德县负责实施。搬迁户每户每年享受8000元的饲料粮变现补助。先后实施了三江源地区移民技能培训项目、"阳光工程"培训项目、"雨露计划"培训项目等,已完成170人的养殖业技术培训、119人的种植及农机操作培训、22人的汽车驾驶员培训、60人次的民族歌舞培训、160人的石刻艺术培训、50人的烹饪培训、44人的裁缝培训、200人的动物养殖和农作物种植培训等,同时与贵南牧场联系协调,前往过马营农场完成了60人的牛羊育肥培训。

第四章
藏区生态移民工程绩效评价

第一节 社会评价

在调查中发现,目前社会各界对藏区生态移民工程绩效的评价并不一致。根据我们的归纳,主要有以下四种:

一 "成功论"

持"成功论"者,主要是政府高层和媒体以及少数移民。他们认为,藏区生态移民工程从总体而言,是富有成效的,正在实现各项预期目标。青海省副省长邓本太认为,"随着一系列生态工程的稳步实施,三江源地区广大干部和牧民群众思想观念也发生了巨大转变,在生态保护中发展、在发展中保护生态的理念开始深入人心"。三江源地区办公室主任李晓南说:"总投资75亿元的三江源生态保护和建设工程实施五年来,已经取得初步成效。三江源地区生态退化趋势明显缓解,水源涵养功能初步恢复,农牧民生活条件明显改善。"在青海省三江源地区办公室提供的一份资料中反映:截至2009年,在小城镇建设项目上,已完成投资约3.2亿元,完成86个移民社区的水、电、路、学校、环卫等基础设施建设,方便了搬迁牧民的就医和子女上学,移民子女入学率达95%以上;在能源建设项目上,已完成投资1.86亿元,使4.5万多户牧民群众用上了太阳能;在人畜饮水项目上,已完成投资3000多万元,使1.7万名当地牧民喝上了放心水。在有关媒体上正面的报道也较多。例如,记者任晓刚的题为

《三江源近5万名生态移民得到了安置》中写道：记者从青海省人民政府获悉，目前青海三江源生态保护和建设工程已初见成效，已有近5万名生态移民得到了安置。据了解，2008年，受国家发改委委托，中国国际工程咨询公司就三江源地区生态工程阶段性建设进行了评估。评估认为，这项工程对于保护青藏高原生态环境，维护长江、黄河、澜沧江流域的生态平衡，促进人与自然和谐可持续发展具有重要意义，对于转变青海藏区牧民的思想观念和生活方式，改善牧民的生活条件，带动牧民增加收入等都具有重要意义。三江源地区生态保护项目区生态环境有一定程度的改善，生态防护体系和检测网络初步建立。调查显示，三江源地区生态保护和建设工程实施区植被覆盖度明显提高，水源涵养功能初步恢复（《青海日报》2009年4月15日）。类似的报道还有：《三江源地区近5万名藏族牧民融入城镇生活》（新华社，2009年12月29日）、《生态保护让三江源区再次成为"野生动物乐园"》（新华社，2009年12月25日）、《三江源地区生态环境逐渐改善 工程完成投资27亿》（新华社，2009年11月17日）、《我国最大生态保护工程使三江源重现碧水蓝天》（新华网，2010年1月8日）。少数移民也认为，自己的生活比以前有很大的提高和改善。本课题组调研时，在一个移民社区有10%的调查对象，对移民工程持肯定态度。

二 "失败论"

在生态移民工程问题的评价上，牧区乡镇干部和城镇居民的看法与成功论者大不相同。他们对移民的前途十分担忧，他们认为虽然移民工程对移民也带来了一些好处，但从总体上看，各种预期目标没有达到，并且出现了大量基层政府和移民自身无法克服的困难和问题。在调查中，藏区有些负责移民工程的干部说："我们在移民的后续产业方面，搞了很多项目，但是没有一个是成功的。"在一次学习讨论中，有些牧区干部反映："移民搬出后草场的管理上问题很多，移民搬出草场后，有些采挖沙金、中草药的人乘虚而入，对草场的破坏更大。"有些移民区的居民说："移民的生活困难，他们中的有些人常到迁入区的城镇偷盗滋事,成为牧区新的不稳定因素。"负责移民社区的有些干部说:"因为移民是政府动员过来的,因此很多移民认为政府应该把他们的生活全部管下来,有些移民家里的茶叶用完后也要跑到干部家里要,工作难度较大。"在移民的培训方面,也有人反映:"效果差,大多数学几天就跑回去了。"有些地区干部反映:"个别移民因为不适应新环境,生活困难,已返回草场重操旧业了。"也有一些干部反映:"减畜只是表面现象,实际上有些地区的牲畜并没有减少。"在藏区对生态移民问题进行调研时,常常听到两种不同的声音和评价:看报道,听领导讲话,使人感到前途充满光明;而接触实际工作者,听他们的反映,则感到形势严峻,问题很多。

三 "暂停论"

在调研中,我们发现牧区有些干部对移民工程怀有高度的责任感,他们根据移民工程目前面临的形势和问题,认为藏区的移民工程应暂停一段时间,待有些问题消化后,找到解决问题的良策后,再继续实施。有些移民区县级干部反映,移民工程有成效,但问题也不少,特别是有些问题以前没有预料到,从目前的情况看,移民带来的问题很多,移民工程应该循序渐进,总结经验寻找规律,真正探索出符合牧区实际,又符合移民实际,同时反映现代生产要求和市场发展形势的产业发展的路子,不宜操之过急。负责移民的有些基层干部也反映:"现在在移民工程方面,问题较多,例如,补偿标准低、后续产业发展难度很大,移民生活改善缓慢等。现在有些工作已经陷入困境,如果按规划继续实施大规模搬迁,我们不知道怎么办?当务之急就是解决现有的突出问题,否则,后果难以预料。"

四 "移民不必要论"

一些学者和基层实际工作者则对生态移民工程提出了根本性的质疑,他们认为,藏区的生态环境尚未达到非大规模搬迁不可的程度,草原退化问题只是局部问题,只要做到严格意义上的以草定畜,国家再进行必要的补贴,让牧民既成为经营者同时又成为保护者就可以起到保护草场生态的作用。他们认为移民工程涉及多方面的问题，非常复杂，应谨慎从事。有些学者观点更激进，认为禁牧是违背草原生态系统规律的。就青藏高原这一特殊的生态系统来说，经过长期的演化，人、畜、草已形成不可分割的统一体。牲畜的采食与践踏有利于牧草种子的传播和生长。牲畜对牧草的采食高度只占牧草高度的1/3，而这一比例恰恰最有利于刺激牧草的生长。牲畜的粪便是牧草生长最好的有机肥料。他们认为，如果实行彻底禁牧，那么牧草就失去了最好的生长帮助因素，草之于畜的关系就被破坏，从而整个草原的生态系统的平衡也就会被打破。

五 "骑虎难下论"

在调查中，也发现有一部分抱有无奈情绪的基层干部，他们没有更多的言论和评价。他们只是认为，生态移民工程问题较多，但又不得不继续搞下去。大量的移民已经产生，你不得不管。另外，政府也不会轻易改变这样重大的战略。这些干部寄希望于国家的投入和政策。一位主管移民区的干部说："由于情况比较特殊，我们也没有更多的办法，现在上面说干啥我们就干啥，国家把生态移民的生活整个管起来最好。"

第二节 本课题组对藏区生态移民工程绩效的基本看法

本课题组根据课题的内容和要求，对课题所涉及的对象进行了比较全面和深入的调查，基本掌握和了解了藏区生态移民工程实施中取得的成绩以及存在的问题。因此，对上述社会评价，在有些方面持相同的意见，但在有些方面也有自己不同的看法。

一 草原牧民快速步入现代生活和文明轨道

生态移民生活中最积极的变化，就是他们从草原深处来到城镇居住，开始享受现代科技和文明带来的成果。从调查看，移民区大多地处偏远，交通不便，教育、医疗条件极差，现代文明的辐射非常薄弱。牧民中文盲者居多，而且患有风湿病、心脏病等病的人非常普遍。大部分牧民仍然过着游牧的生活，远离现代文明。然而，移民搬迁则有力地改变了这一切，由于向城镇的搬迁，移民的教育、医疗、文化状况发生了根本性的变化。不管在哪个移民社区，只要谈到移民给他带来的好处，都不约而同地说到了教育、医疗条件以及文化生活的改善。牧民为这些变化感到由衷的高兴和满意，并且观念也发生了很大的变化，以前因为教学条件差、医疗落后，牧民不愿送孩子上学，生病后一般也不去看医生。我们在调查中了解到有的地区还有这样的事：有些家长把送孩子上学完全当作完成任务，家里劳动力紧张的时候，就把自己的孩子从学校里领回来，把一些家里还没有到上学年龄的孩子或闲散人送到学校充人数，顶上几天。有的地方还出现过一些富裕家庭出钱雇用别人的孩子去顶替自己的孩子上学的现象。这在其他地区是不可思议的。但是现在不同，家长们不但送孩子上学的积极性很高，而且过问、关心师资的状况。在一个移民区，移民小区组长希望通过我们向上反映一下他们对改善本移民区教学质量的要求。在格尔木移民区，本来在牧区没有上学的大龄孩子，也开始上学。我们了解到有许多15岁左右的孩子在一年级班里读书。这些变化使我们看到了一种希望，确切地感觉到一种缓慢而又充满力量的变化。

二 草原生态恢复效应逐渐显现

藏区生态移民工程的主要目的就是要恢复高原草场生态环境，因此，草场生态的恢复状况必然是衡量此项工程是否成功最重要的指标。截至2008年，长江、黄河、澜沧江源头地区3900万亩草原实现了退牧还草。[①] 根据三江源地区16个牧草地面监测站和卫星遥感数据显示，实施生态移民工程以来，三江源地区中、高覆盖度草地面积呈逐年增加趋势。与2003—2004年相比，2005—2008年，三江源地

---

① 何伟：《西海都市报》，2009年10月5日。

区低覆盖度草地面积增加23050平方公里，中覆盖度草地面积增加6746平方公里，高覆盖度草地面积增加了22.3%。同时，产草量小于200公斤/亩的低等级草地面积减少，200—600公斤/亩的中、高产量草地面积明显增加，大于600公斤/亩的草地面积增加了1倍。①青海省气象科学研究所所长李凤霞介绍，退牧还草工程对三江源地区的植被恢复起到了良好的作用，调查显示，草地覆盖度提高了10%，平均亩产量增长了40多公斤。卫星遥感还显示，有着黄河源头"姊妹湖"之称的扎陵湖和鄂陵湖，湖泊面积呈明显增大趋势，面积分别增加了34.05平方公里和46.32平方公里。玛多县素有"千湖之县"的美誉，曾有大小湖泊4000余个。随着生态环境的恶化，90%的湖泊干涸消失，但近七年来，这个县曾经大批消失的湖泊又重现高原，有关部门调查显示已经恢复到了3800余个。②

随着自然环境的改善，野生动物数量迅速增多。现在在草原上，可看到成群结队的藏原羚、藏野驴在草地上觅食。青海省玉树藏族自治州治多县索加乡乡长多才仁说："可以明显地感觉到，野生动物的数量大大地增加了。"当地群众认为，三江源地区已经成为名副其实的"野生动物乐园"。

以上资料和情况表明，近10年来在藏区实施的生态移民等工程对生态环境的恢复和保护是富有成效的，应该充分肯定和继续坚持。

三 未能预料的问题层出不穷

在一项比较复杂的工程中出现一些不可预见性的问题，本是很正常的事，这也符合人们认识的规律。但是，在藏区生态移民特别是三江源生态移民过程中，却存在着比较多的应该预见而没有预见到的问题，这是令人不解的。很多基层具体负责实施移民工程的干部对此深有体会。这种现象的存在，反映了这项工程的实施缺乏细致论证、深入研究和周密规划，存在着一定的盲目性和急躁情绪。在实施移民过

---

① 姜辰蓉、王雁霖：《探访三江源生态治理工程》，青海新闻网，2009年4月30日。
② 任晓刚、杨寿德：《黄河源头大批消失湖泊重现高原》，新华网，2006年9月29日。

程的初期，对有些问题虽然也做了预见，但思维过于简单，盲目乐观，没有充分认识到问题本身的特殊性、复杂性和困难。如在后续产业发展上，设想让移民进入城镇后依靠城镇资源和发展机会自行创业，解决生活和发展问题。而现实是，由于受牧区的经济环境和牧民自身素质的影响，牧民根本不可能自主解决后续产业问题，藏区的城镇也不具备带动发展方面的优势。如在定居点的建设上，规划和设想过于理想，与实际差距很大。在玉树州结古镇，土地存量很有限，征地要价（市场实际价）10万—15万元/亩，而州下拨的移民征地补偿费为1.8万元/亩，两者相差太大。在移民房屋建设中，每户房屋建设投资不足600元/平方米，而结古镇建设此标准房屋造价均在1000元左右。在有些地区生态移民得不到当地人的理解支持和帮助，移民的许多活动受到限制：有的当地牧民对生态移民在其草原上临时搭个帐篷，迎接活佛念经，都要收租金；有的地区移民建房到河滩采砂，虽然对当地没有什么影响，但当地居民还是不让采砂。以上是一种情况，而一些问题则根本没有进入过工程实施者的思维和决策范围内，如由于移民迁入而导致的迁入区的社会治安和稳定问题、移民在新的环境中文化心理上的适应性问题、在移民补偿中的物价变化因素、移民进入新地方后的宗教信仰场合问题，等等。从调查中看到，正是这些没有遇见的严重问题成为制约移民工作发展最主要的因素。由于考虑不周，没有预案和准备，一些问题出现后，政府感到措手不及和束手无策。另外，牧民从草场退出后，对草场的管理方面也存在较大的问题。调查中了解到，近几年，许多外地人，乘牧民退出、草场无人管理之际，深入草原深处，大肆布点开矿或采挖虫草，对草原造成了新的危害。

四 部分移民生活陷入困境

藏区生态移民脱离了传统的生产方式，但并没能很快地放弃传统生存模式和观念而融入新的环境中，因而，成为游离于两者之间的新的牧区社会群体。目前，这一群体面临的主要问题是：经济发展困境重重，实际生活水平与搬迁前相比有所下降，逐渐沦为城镇新的弱势群体。目前除少部分移民通过劳务输出和采挖虫草等方式解决了暂时的收入来源问题外，绝大部分移民的基本生活来源，是国家每年发放给移民户均3000—6000元的饲料补助款，若无其他收入，一个五口之家，仅靠此是难以维持城镇最基本的生活需求的，更不要说喝牛奶、吃牛羊肉。调查了解，移民家庭仅买牛粪一项一年最少得支出2000元，有些地区高达3000元。移民反映："这两年什么都在涨，一袋牛粪都从3块涨到了8块、10块，一斤酥油由12块涨到20多块……就是国家发给我们的补贴不见涨。"这些牧民原以为搬到城镇能过上好日子，对政府的期望值非常高，没料想，不仅原有的生活习惯被打破，而且出现了"四难"（吃肉难、喝奶难、喝酥油茶难、用燃料难），就此而言，他们的生活水平与迁出前相比普遍降低，与当地城镇居民的生活水平相比，差距也非常大。目前，果洛地区城镇居民与迁入城镇的生态移民收入比接近5∶1。基层干部认为，如果移民的生活得不到根本上改善，随时都可能诱发社会问题，也极易被国际敌对势力或其他破坏势力利用而大做文章。现在，把牧民从生态保护区迁出，我们的确做到了，但要稳得住、留得住，绝非易事。如何解决牧区及搬迁人口基本生活保障问题，直接影响到生态保护与建设工程的民心所向和国际社会的评价。[①]

五 移民生活生产发展前景不容乐观

针对移民生活遇到的困难，目前移民区各级政府除积极争取国家的进一步支持和帮助外，都在全力抓后续产业建设，设想通过发展生产来解决移民的现实困难和长远发展问题。无论从哪个方面看，应该说这个思路和方向都是非常正确的。但是在实践中，由于受到当地经济环境、基础设施、资金技术力量以及移民文化技能素质等不利的影响，政府近几年来在这方面的努力几乎全部以失败而告终。例如，在玉树州家吉娘移民社区，政府建了一个地毯厂，想解决移民就业问题，政府也组织移民进行了技术培训，但是生产半年后，由于产品运

---

① 关桂霞：《青海党校研究报告》（内部资料），2008年。

输成本高（半成品原料购买地、产品销售地都在西宁，而此地距西宁有 800 多公里）、资金匮乏等原因，没有市场优势，产品滞销，现在地毯厂已经关闭，移民工人全部回家了。格尔木移民社区曾办了一个玛尼石雕刻厂，本来想卖给游客的，可一来游客稀少，二来石头相对笨重，结果大多数也都滞销。该移民区移民还投资建设了几个旅游帐篷，从移民中招收了一些青少年当服务员，唱歌跳舞给客人表演，但开业之后游客很少，也半途而废，没有办下去。在很多移民安置点随便走上几步就会遇上一个小卖部，毕竟这是最不需要特殊技能的谋生手段了，但生意都十分清冷，继续维持下去很难。目前，移民区的干部和移民本人对生产发展问题都十分着急，他们感觉无计可施，许多家庭全家成天在家闲着，找不到工作。家吉娘移民社区的一个移民说：自己刻了一些玛尼石，摆在家门口准备换点钱，但他说，根本没人要他的货，至今他连一分钱都没有换到。他说，自己渴望能有一份工作，只要有收入让他干什么都行，可目前这只是他心中的一个愿望而已。有时，他说他曾有过出去乞讨的想法，但是如果他外出了，又担心自己有病的老伴会出什么事情，想到这里他还是不敢出去。现在有些移民实在找不到出路，就回到了原来的地方，替没有搬迁的人放牧，一年也能得到一部分收入。更令人担忧的是，目前相当多的移民社区还没有找到符合藏区和移民实际，适应市场需求变化的产业发展路子，移民区干部群众还没有从失败中走出来，缺乏产业发展的勇气和信心。

第五章
本课题组的主要观点

第一节 实施藏区生态移民工程紧迫而重要

中国藏区的生态移民必然性和必要性问题，无论是在实施此项工程之前还是之后，在学术界和实际工作者那里，都是一个有争论的问题，有些人，主要是一些学者和基层干部，他们认为藏区生态环境变化的主因是自然原因，是世界性气候和青藏高原气候变化的结果，具有客观必然性。生态移民虽然有助于改变这种趋势，但不能根本上解决问题，另外藏区处于危机状况的生态环境是一些局部地区，大部分地区的生态环境处于良好状态，因此还未到非移民不可的地步。同时，有些人对生态移民对新环境的适应以及新产业的开创表示担忧。此外，国外一些势力出于不同的目的对藏区生态移民提出了种种质疑；但也有一些人，主要是一部分学者和藏区较高层干部，他们认为人类活动是藏区生态环境危机的主要成因，他们从保护环境和扶贫救困双层意义上，力主生态移民。笔者认为，对这两种观点不能简单肯定或否定，因为这两种观点里都包含着一些合理的因素。第一种观点对生态环境变化的成因以及对目前藏区生态环境状况的判断，是比较符合实际，也比较符合科学结论的，他们对生态移民难度的考虑也是值得重视的，但是他们忽视了引起生态环境变化的自然因素和人为因素之间的关系，单纯强调了自然原因，同时也忽略了藏区高寒区牧民的生活状况需要根本性改变的问题。第二种观点的优点是考虑问题的周全性，他们统筹考虑了环境保护和改善群众生活两个问题，比较适应藏区发展战略要求。笔者倾向于第二种观点，但同时觉得必须扬弃第一种观点。

本课题组之所以赞同和坚持移民工程有益论和必要论的观点，主要基于以下理由：

1. 藏区是我国重要的生态功能地区，其生态地位极其重要，同时藏区又是环境敏感区和脆弱区，目前藏区部分地区的生态环境出现空前危机。

2. 人类经济活动的影响是藏区部分地区生态环境恶化的重要原因之一，只有生态移民，才能缓解生态压力，促进生态环境的自我修复和恢复，遏制生态环境恶化趋势。

3. 移民区自然灾害频繁，生产发展困难，牧民在原地区实现脱贫难度很大，人口迁移是唯一出路。

4. 移民区往往海拔高，高寒缺氧，气候恶劣，不适宜人类居住。

5. 草原牧民居住分散，基础设施和社会事业建设的成本大，见效慢。只有移民搬迁，集中安置，改善和提高广大散居牧民的生活水平和条件才能变为可能。

总之，实施生态移民工程，关系到青藏高原以及中国、全球的生态安全问题，关系到牧区群众根本摆脱贫困，融入现代社会生活中最终实现现代化的问题。因此，实施生态移民工程不是一个要不要的问题，而是一个上升到何种高度去开展的问题。牧区各级政府对此要有清醒的认识，必须建立藏区发展的战略性认识，不再纠缠于生态移民必要性问题的争论，应以积极的心态，认真解决出现的问题，扎实推进生态移民工程。

第二节 实施藏区生态移民工程总体上是可行的

对于藏区生态移民工程的可行性许多人存有怀疑。他们认为除了生态移民难以适应新环境特别是难以适应城镇生活环境外，生计重建是个大问题。本课题则认为无论是从内部动因还是外部支持看，藏区生态移民有着很大的可行性和可能性。

第一，藏区生态移民所涉及的人口数量少，人口异地迁移安置难度相对较小。移民人口数量的多少是决定移民项目能否成功的重要因素。新中国成立以来，政府主导的非自愿生态移民工程所涉及的人口数量都比较多，如三峡移民人口达到120万。相比之下，藏区生态脆弱区的人口分布较少，移民压力相对较小，政府在物力、财力方面可以承受，例如藏区生态危机最严重的青海三江源地区需要生态移民的也只有89358人，16129户。

第二，牧民的合作度强，工程阻力相对较小。与其他地区的移民不同，藏区生态移民除了有政府主导的非自愿移民外，移民自身也有很强的搬迁愿望。在藏区有的人在政府实施移民工程前，就已经自发地搬迁到城镇里。牧民这种愿望的产生与三个方面有很大关系：一是生存环境恶化，生态难民多，原环境的外推力大。二是在牧区存在一批无畜户，他们靠为别人放牧为生，生活比较困难，一旦遇到生存改变机会，就会积极响应。三是藏区草原深处的牧民对现代生活的关注和追求比以前有所提高，他们也越来越注重对孩子的教育。随着人们生活中的现代因素的逐渐增长和城镇生活价值的认同，使得他们特别是家境比较富裕的人自身产生迁入城镇生活的愿望。由于牧民自身有较强的搬迁愿望，因此，容易认同政府的移民设想和规划，并且积极配合移民工程的实施，从而使移民工程的阻力小，得到群众支持。

第三，移民生计重建的路子较广泛，在"移出来"后"稳得住"方面有很多有利条件。从目前以及长远发展的情况看，在藏区有着解决牧民生计的诸多有利条件。其一，草原生态环境建设的劳动力缺口较大，有利于消化移民劳动力就业压力。在藏区生态建设和保护中，不仅需要大量的资金投入、技术支持，而且需要生态建设者。如三江源地区生态环境保护和建设投资75亿元，建设内容包括治理沙化草地、鼠害防治、草原设施建设等。这些大工程都需要大量的劳动力。有意识地使生态移民从放牧者变为草原建设者，从而解决生态移民的就业和生计问题。其二，目前藏区尚有一定数量的水土资源条件可用于安置草原生态移民。例如青海共和盆地塔拉滩总面积为2958平方公里（443万亩）。分一、二、三塔拉，由东向西，由低到高，呈梯级分布，其中一塔拉面积105万亩，二塔拉面积204万亩，三塔拉面积134万亩。黄河由西南入境，经龙羊峡奔流东去，将共和盆地切割成两大块，西北为塔拉滩，东南为木格滩。塔拉滩海拔2600—3200米。目前塔拉滩的最大问题就是缺水，因为缺水基本闲置。但是，从理论上看，其土地资源和水资源还是比较有潜力。一是土地相对平坦，有一定厚度，并且光热条件好，可以用来发展草业、林业以及适度的种植业。二是离黄河近，从黄河（龙羊峡水库）提水，技术上可行，缺水问题可以得到解决。因此，从长远看，塔拉滩可以作为青海省战略后备土地资源，同时也可以成为省内草原生态移民的基地。除此之外，藏区还有很多农场可作为移民安置基地。如同德牧场面积约为26万亩，其中耕地6万余亩，安置移民的空间较大。最近青海省通过了《青海东部黄河谷地百万亩土地开发整理重大项目公伯峡北岸片规划设计报告》，该项目由拉西瓦、李家峡、公伯峡和积石峡四大项目片组成，项目区土地总面积为114.33万亩，建设规模61.92万亩，预计新增耕地20.29万亩，粮食产能增加2.5亿斤，可供养16万人。该项目的实施，对统筹提升黄河沿岸土地资源的综合利用，有效解决三江源地区生态工程和国家西电东送骨干工程的移民安置，实现水资源的合理配置，保护生态环境，促进人与自然和谐具有举足轻重的作用。[①] 生态移民在政府的帮助下，利用生态移民的畜牧业生产经验，可以在以上土地资源上发展粮食种植业和草业。其三，生态移民可以参与高原民族风情、宗教文化旅游业发展，组织他们开发民族工艺品加工产业，等等。

　　第四，党和政府以及全社会高度重视藏区生态保护和建设，移民的外部支持系统强大。近年来，新修订的《中华人民共和国草原法》《中华人民共和国水土保持法》与《中华人民共和国防沙治沙法》的出台，为实施草原生态移民提供了法律依据。天然林保护、退耕还林还草、退牧还草等国家重点生态工程的实施，为生态移民提供了经济与技术支持。西部地区大开发加快了西部城镇工业化和市场化的步

---

① 《西海都市报》2010年5月30日。

伐，为生态脆弱区人口撤出后迁入城镇和居民集中区创造了条件。

第三节　实施藏区生态移民工程是有风险的

生态移民作为一项人类调整与自然环境关系的行为，其可能给移民个人和社会带来损失后果如何，是我们不得不考虑的问题。无论如何，生态移民这一涉及数以万计人口的生产生活与生存状况的重大社会现象，考验着政府的执政能力，考验着社会的适应力和应变力，更考验着各民族共同繁荣目标是否能实现及实现程度。实施藏区生态移民工程的风险有：

一　自然风险

认识生态移民风险，问题的起点当然是人与自然之间的关系，或者说首先要认识生态移民这一人类行动将从哪些方面影响人与自然之间的关系。生态移民移出地将因为生态移民行为而减少自然环境恶化的风险，而移入地则由于人口的增加相应地增加了环境恶化的风险。在有风险的前提下，生态移民前期的科学规划便显得十分重要，没有对具体地区相关资源容量的科学测定和计量，没有合理的详细的规划就对这些地区进行生态移民，那么可能的结果就是人们要移了再移，自然环境也将一再恶化。因此，当移民从一个生态脆弱区向外迁移时，应对迁入地进行自然风险辨识，通过对迁入地现有的自然生态状况、承载力的分析，评估人口迁入后对迁入区自然生态造成的压力程度及减压途径，判断迁入区是否可以提供一个可持续发展的条件。

二　社会风险

藏区生态移民要充分考虑社会稳定和社会成本风险，换言之，即由于进行生态移民而引发的社会分配不公、政府施政失效、失业人口增加等社会关系紧张，最终将影响社会正常运转，从而使社会付出较高的代价。这些社会风险可从生态移民的社会行动过程来认识，也可以从生态移民群体本身的状况来认识。

如果从生态移民社会行动过程来看,由于最主要的组织者是政府,那么政府在组织过程中有可能施政失效或不规范而引发社会风险。首先是投资有效性风险。如果政府对这一过程组织不力或者出现失误,就会出现投资有效性风险,具体来说,牧民作为生态移民移出后,移出区生态并未发生重要改善,反而成为一些对当地生态危害更大的行业竞争之地,还有一些移民由于不适应移入地的生活,自行回迁,这无疑造成政府部分投资失效,导致生态移民的自然期待和社会期待目标均落空。其次是腐败风险。生态移民过程是一个复杂的资金运作过程,这个过程任何环节都可能滋生腐败,使地方政府干部队伍面临风险,而且也使投入目标实现面临风险。比如,在移民村建设中,如果监管不力,不仅会滋生腐败,还会直接损害移民利益。

假如从生态移民群体面临的风险来看,世界银行的经验表明,由于各种风险的存在,一些旨在发展的项目中的非自愿移民常常不会因为迁移而缓解经济、社会和环境风险,而是相反。从国内目前进行的生态移民来看,一些成功的案例已经产生,但是失败的案例也的确可以证明风险是存在的。

第一,失业风险。这种风险主要存在于那些由粗放农业生产转型为精细农业,或牧业转型为种植业或定居舍饲,或直接进入小城镇从事第二产业的生态移民。这部分生态移民原本所赖以生存的生产体系解体,由于他们难以适应新的生产体系,并在适应期内缺少应有的有针对性的培训,因此大大增加了他们失业的风险。

第二,贫困风险。由于传统的生产体系解体,移民常常失去生产资料,甚至失去生存手段。虽然补偿款在短期内一定程度上能够解决移民生活中的一些困难,但是,长期转产不成功将会使他们陷入贫困。

第三,边缘化风险。许多家庭由于失去经济能力,从而开始向地位低的社会阶层变动,而许多人在新的安置区无法使用他们以前所掌握的生产生活技能,原来的技术丧失或变得消极和无用。于是,在经济边缘化不期而至的同时,还常常伴随着社会和心理的边缘化,表现为社会地位的下降,对社会和自身没有信心、不公平感以及极端脆弱。

第四，生活缺乏保障。生态移民外迁以后，不从事原来的行业，很容易造成粮食供应不足，使生活缺乏保障。与此同时，分散居住的牧民集中居住后，如果污水、垃圾处理等系统不健全，防病措施不及时，容易导致疾病的爆发，因此，移民社会行为习惯的转变也常常成为生态移民面临的挑战。

第五，原有社区解体，社会关系产生了更多不确定性。生态移民大多采取集中搬迁，分散安置，也有一些属分散搬迁，集中安置，无论如何，迁移都造成了其原有社区样式和社会生活内容的重大变化，一种情况是一些移民在原来集中居住的社区样式中长期形成的居住社区和相关设施被拆散，亲朋好友相互分离，社会关系网络被迫解体，一些当地的社会组织以及一些自发的服务团体也被拆散；而另一种情况是原来居住分散，无论是其行为规范还是生活方式更加个性化，但是，在进入新的社区后，增加了他们构建新的社会关系的不确定性，特别是由于行为习惯与新社区差距过大造成的压力，也可能影响移民的心理健康。

此外，藏区农牧民大多是世居的信教藏族，如果没有足够的财力支持，农牧民生活没有保障，特别是藏区经济社会得不到应有的发展，极易与民族、宗教问题搅在一起导致社会不稳定。生态移民工程实施后，地方财政的收入大大减少，当地政府也很难在短时期内调整生产结构和培植新的财源，如果没有长期、足够的财力保障，政府的正常运转就会出现严重困难。

第四节　解决目前存在的问题难度很大

藏区高山牧民进入城镇，表面上看，是由牧区到城镇的生活空间的变化，但实际上这牵涉牧民生活方式、生产方式、价值观念、社会组织形式等众多内容的系统变化，这一变化具有很强的"突变性"。一个民族从几千年的生存环境，突然间走向一个新的环境，而且从事他们不熟悉的生活生产活动，其适应的过程必将是漫长的、艰难的，也必将是一个产生"剧烈的阵痛"的过程。清楚地认识到这种适应过程中存在的种种困境和问题，才能有效地解决生态移民生存与发展中出现的问题，才能确保生态移民"稳得住"。由于藏区生态移民与别的地区相比，有着很大的特殊性。因此，解决藏区生态移民问题，搞好生态移民工程，不能运用常规的、一般性的经验和做法，必须要有新思维、新方法。必须从实际出发，探索出一条适合青藏高原牧业区移民发展的道路。例如，在解决藏区生态保护和建设资金方面，除了国家的支持外，可以采取发行彩票、基金的方法解决。在移民的补偿方面，可建立收益地区横向补偿等多元的补偿机制。在解决移民的后续发展和就业方面，要树立移民也是人力资源的观念，可让移民由原来的放牧者变成草原的保护建设者。另外，依据藏族丰富和悠久的民族历史文化资源和高原独特的自然风光，组织生态移民发展旅游业，增加收入，解决就业问题。在移民的长远发展方面，把藏区小城镇建设作为一个战略重点；在移民的管理方面，对城镇附近的移民点采取属地化管理的方式；在利用社会资源方面，鼓励企业参与牧民转移，等等。

第六章
本课题组的若干建议

第一节 做好移民安置点的选择

移民安置点的选择是一个极其重要的问题，它不仅关系到移民的发展，而且也关系到迁入区的发展，进而影响到整个地区经济社会的发展。生态移民成败的关键在于安置区的科学选择与搬迁移民的生计恢复和发展。条件较好的基础设施和公共设施、充沛的土地与草场资源、相对熟悉的生活环境与生产方式、相近的风俗习惯和心理认同等因素对移民快速适应安置地生产生活环境、实现生计的恢复和发展具有良好的促进作用。从目前藏区生态移民安置点选择的情况看，有一些对移民发展极为不利，有些移民安置点虽属于城镇，但其所依的这个城镇经济社会发展严重滞后，自身问题很多，对移民缺乏有力的带动和安置能力；有的移民安置点选在牧区，但给移民没有任何土地、草场配套，发展生计缺乏条件，与当地牧民形成了鲜明的对比，如巴滩移民安置点；有的移民安置点，地理位置存在很大隐患，如在三江源地区就有八个移民点建在山谷沟口，遇到洪水暴发，移民的生命就有危险。而要修建防洪设施约需投资5600万元，仅此便超过了3600万元的全部安置建设预算；有的移民安置点在选址中未考虑移民的饮用水源问题，使得移民入住后用水就成了很大的问题，如家吉娘移民安置点；有的移民点建在黄沙滩上，移民发展农业畜牧业都受到很大制约，如格尔木市曲麻莱移民安置点，等等。从生态移民工程的规划看，藏区生态移民的任务仍然繁重，需要移民的牧民还比较多。本课题建议，要总结经验教训，科学选择移民安置点。建议在移民安置点的选择方面，建立优化选择指标体系。指标内容与类别可分为生产条件、基础设施、公共设施、生态环境和社会环境五大类。

第一，生产条件。优越的生产条件是生态移民搬迁、稳定和可持续发展的根本前提。考虑到生态移民本身特点，生态移民安置区选择过程中，既要考虑移民传统生产经营方式的传承性，也要考虑新生产经营方式的替代性。对于原来以牧业为主要收入来源的移民，在安置区要给予一定数量的草场，使其延续传统放牧经营形式以保证基本生存需要；同时，要给予一定数量的土地等其他资源，以推动其经营形式的多样性和替代性，真正实现生态环境保护目标的达成。

第二，基础设施。先进的基础设施能够有力地推动移民从原有居住地搬迁出来，而且还能够为移民生产发展和生计的可持续提供有力支撑。基础设施包括水源、电力、道路和通信等。

第三，公共设施。公共设施包括医院、学校、宗教活动场所、娱乐休闲设施等。

第四，生态环境。生态环境的恶化是生态移民的根本动因。在生态移民安置区优选过程中，要充分考虑安置地生态环境承载力，确保移民迁入不对安置地造成新的生态破坏。生态环境包括森林覆盖情况、水环境、大气情况等。

第五，社会环境。社会条件是生态移民搬迁后，与安置地居民和谐共处，迅速融入安置地社会环境的重要影响因素。社会环境包括语言风俗、生产习惯、宗教信仰和民族文化等指标。[①]

[①] 赵宏利等：《生态移民后续产业发展模式研究——以三江源国家级自然保护区为例》，载《生态经济》2009年第7期。

表4　　　　　　　　　　生态移民安置区优化选择指标体系

目标层	准则层		指标层	
	优选指标	权重	优选指标	权重
生态移民安置区优化选择	生产条件	0.27	拥有耕地资源	0.31
			耕地质量	0.18
			拥有草场资源	0.26
			生产设施条件	0.25
	基础设施	0.19	道路设施状况	0.25
			安全用水状况	0.27
			安全用电状况	0.25
			通信条件	0.23
	公共设施	0.18	距乡镇医院距离	0.30
			距学校距离	0.27
			宗教设施条件	0.28
			休闲设施条件	0.15
	生态环境	0.23	森林草场覆盖率	0.42
			水污染状况	0.33
			大气污染状况	0.25
	社会环境	0.13	语言风俗	0.23
			生产习惯	0.21
			宗教信仰	0.29
			民族文化	0.27

依本课题组的看法，藏区的情况特殊，移民安置点的选择，一是尽量选在本区域内，尤其是在本乡内，以减少移民异地搬迁的不适应性，同时在不破坏生态环境的前提下可继续从事一些非牧经济，增加收入；二是移民如果确需异地搬迁，除了迁往发展基础较好的城镇之外，还可以考虑土地、水资源条件较好的农业区或者牧业区，有利于牧民在较短时期内恢复生计，如在三江源地区的移民，可以迁往藏区有些发展条件较好、生态状况良好的国有农场、国营牧场。

第二节　坚持因地制宜的原则

美国学者斯考尔提出，只有意识到继续在原居地会对生态环境产生破坏，造成严重后果，才会产生生态移民。复旦大学教授葛剑雄指出，生态移民的目的是保护生态环境，所以主要的、唯一的标准就是被迁移者在原居地是否已经造成了对生态环境的破坏，或者已经构成潜在的威胁。至于这些人的生活状况或者生产方式如何，不应该成为启动生态移民的主要原因。因为判断一种生产或生活方式是否合适，除了衣、食、住、行这类客观标准外，还有个人的主观意愿，包括民族、宗教、文化、社会、传统、心理等多方面的因素，在不违反法律、不影响他人、不破坏环境的前提下，每个人都有选择的自由，任何人无权强制。政府和他人不能强制他们接受自以为先进的生产和生活方式。中央民族大学教授包智明也指出，确定生态移民，应遵循四个基本原则：第一，迁出地的生态环境已经恶化到了非移民不可的地步；第二，迁出后迁出地的生态环境能够得到明显改善；第三，不会对迁入地造成新的生态环境问题；第四，迁入地的发展具有可持续性。他指出，生态移民不是解决生态环境问题的优先方案。如果能通过其他方式解决生态环境问题，最好不要移民。本课题组认为，藏区生态移民区和移民数量的确定，也应该分不同的情况和不同的地区，要从藏区各个地区生态现状和趋势出发，应该移民的并且有条件移民的地方进行移民，不需要或者目前还不需要移民，抑或目前还没有足够好的条件移民的地方不移民，或者说暂不移民。建议对藏区生态移民工程从生态、文化、经济、教育、宗教等方面进行全方位评估。藏区生态移民是否继续进行、如何进行，需要在充分调研、评估的基础上重新决策和选择。

在安置方面，根据多畜户和少畜户、无畜户的情况，区别对待。对于多畜户，采取"移到乡镇，根留草原"的方式，即多畜户在以草定畜减少多余牲畜的基础上，搬到乡镇居住，享受生态移民有关政策，使他们既能就近关照牧业，同时他们的教育和卫生状况得到极大改善，逐渐适应和融入现代社会的发展。而对于少畜户和无畜户，则采取"居住城镇，非牧发展"的方式。这种方式，使本来没有多少家业，生活相对困难的人，在政府的帮助和扶持下，利用城镇就业机会相对较多的特点，逐步发展和投身于非牧产业，直接享受城镇以及较大城市的教育、卫生等公共资源，纳入城镇居民社会保障体系，最终实现从"牧民"到"城里人"的转变，进而解决贫困问题。[①]

第三节　多从移民自身的优势、特点和藏区建设所提供的机遇考虑问题

由于源区生态移民的劳动技能单一，适应能力弱，不少移民迁出后无事可做，反而成为不稳定因素。积极培育后续产业是安排好移民生活问题之后的关键环节，只有后续产业得到充分发展并能及时见到收益时，移民才能真正迁得出、稳得住。目前，三江源地区生态移民后续产业发展遇到严重的困难，很多产业已陷入困境。分析其原因，除了与选择产业、项目有关系，主要是技术人才缺乏，成本高，移民不懂得经营。就三江源地区生态移民的实际情况看，安置初期以发展畜牧业为主、二三产业或外出务工为辅较稳妥，有利于与原有产业对接，使移民尽快融入当地经济。在以草为本、大畜牧业安置为主的原则下，围绕舍饲圈养的养殖业进行多元化选择，发展草业、乳业、中藏药、高原旅游业等。而当移民的产业有了一定的发展后，可以根据情况调整发展思路。

在安排移民就业方面，根据藏区生态建设的任务和移民的特点，本课题组特别建议，将生态移民从草场的经营者变为草场的保护者和建设者。藏区的生态移民工程虽然不同于水库移民工程，直接从工程收益中得到补偿，但是在生态保护和建设中同样存在着发展的空间和机会。例如，在三江源地区草原的建设方面，国家投资的 75 亿元中，

[①] 索端智：《三江源生态移民的城镇化安置及其适应性研究》，载《青海民族学院学报》2009 年第 2 期。

生态保护与建设项目的投资49.25亿元，占总投资的65.6%。给移民带来很多务工和就业机遇。牧民可参与种草、育林、黑土滩治理、湿地保护、鼠害防治、水土保持、野生动物保护、网围栏建设、森林草原防火等。据测算，这些工程的实施，可以解决三江源地区生态移民中18—45岁的青壮年劳动力务工和就业问题。另外，由于藏区草场面积大，管理范围广，因此其管护也需要大量的工作人员，仅此一项解决移民就业十分可观。藏区高海拔区自然环境的特殊性，是不适宜通过从外部大量移民的方式实施开发和保护的，从人的生理特点及对自然环境的适应程度看，本土劳动者具有不可替代性。这就要求认真做好有关方面的协调工作，转变移民身份，使他们从原来的草场使用者转变为草场的建设者和保护者，将他们的工资纳入财政预算中。

此外，自2006年9月以来，青海省三江源国家自然保护管理局与保护国际组织合作在措池村进行的协议保护项目值得研究推广。协议保护模式与目前移民保护模式有三个根本区别：一是协议保护把当地的牧民看成是生态保护主体，尊重与充分发挥牧民文化对保护的积极作用，而移民工程则把牧民看成是生态保护的对立面。二是协议保护是基于机制与文化建设，希望建立生态保护的长效机制。三是协议保护是由管理局、国际组织、科学家与当地牧民共同参与的多家组织合作的保护模式，而移民保护模式则由政府全部包揽。

目前藏区生态保护是一个政府全包、过度强调资金投入的项目工程，是带有运动色彩的保护。建议借鉴协议保护模式的经验，走出政府全包的误区，建立一个以牧民、社会组织、政府组织与科学家共同参与的有效保护模式。建议在藏区保护投资中，加大用于组织建设、机制建设与监测评估的专项投资。走出政府全包、工程导向的保护思路，探索多元组织参加、机制主导的长效保护模式。

第四节　把藏区小城镇建设放在更加重要的位置

城镇化是人类社会发展的自然历史过程，伴随着城镇化进程，不仅可以使位于生态脆弱区的牧民转移出来，使高度分散的牧民集中起来，从而减轻草地生态系统的压力,更可以扩大公共产品的覆盖度,消除由于自然环境造成的社会不公平,提高牧民素质,加快牧区社会结构转型。因此,生态移民应与城镇化进程紧密结合。牧民定居与小城镇建设互为条件,互相促进,牧民定居为小城镇建设提供人口、资金等要素的聚集,小城镇的发展则为定居牧民创造良好的生活环境和发展空间。

从调查了解到,藏区大多数生态移民搬到了藏区的小城镇中,如三江源地区生态移民的迁入地基本上安置在24个县城镇和乡级建制镇,这就意味着小城镇的发展和带动能力对移民能否成功安置具有决定性的意义。但是现在面临的一个最大问题是,目前藏区小城镇的发展非常滞后,移民安置方面表现出来的问题很多与小城镇的规模小、基础差、发展能力不足有直接的关系。如三江源地区移民移入的城镇,虽然交通条件,道路、供水供电设施相对较好,但基础设施尚不完善,尤其是城镇规模小,大部分人口在10000人以下;其中5 000人以下的占1/3。第二、第三产业不发达,基本上是商贸型城镇,加工业很少,虽然生态文化旅游业发展条件较好,但现阶段开发利用不足。就业机会少,难度大,社会保障支撑力低,接纳生态移民的数量有限。迁入地的拉力不大。如曲麻莱县城所在地约改镇,目前城镇人口3000人左右,加上生态移民3000人,共6000人左右,如何解决就业问题,是个大问题。因此,牧区小城镇建设对于移民的安置和发展来说,是一项艰巨而紧迫的任务。加快城镇化进程。一要对藏区的城镇,尤其是县城建设进行重新定位和规划,根据藏区县城不同的历史背景、民俗、民风、文化渊源和经济社会发展特点,因地制宜,合理规划,明确各城镇的功能分区。二要挖掘原有城镇的人文资源及其周边的自然资源,完善城镇服务体系,提高城镇的建设品位,发挥城镇作为一定区域的政治、经济和文化中心作用。三要创新发展思路,改变传统的建设模式和经营管理方式,积极与重点项目建设、经济结构调整、主导产业培育等相结合,依托资源优势,在畜产品深加工和市场流通上下功夫,提高畜产品附加值,走特色城镇经济之路。四要加大城镇公共基础设施建设投入力度,将城镇培育成带动源区经济的龙头,为移民提供更多的发展机会和空间。

第五节　做好对生态移民生活生产的补偿

国家实施生态移民以此来保护草原，将牧民从从事多年畜牧业的草原上转移到其他暂时不能完全适应的区域，牧民要重新安排其生产和经营，存在着很大的风险。由于牧民的文化素质不高和经济不富裕，其搬迁成本相当高。另外，我们知道，草原的保护，其享受的对象不仅仅是当地牧民，从草原的生态功能来看，更多的受益者是整个社会成员，特别是水源流域地区，因此，生态移民是一项具有正外部性经济活动。无论从生态移民的损失，还是他们所做的社会贡献来看，他们应该得到相应的补偿。藏区实施生态移民工程以来，对移民在某些方面给予了一定补偿，但在调查中了解到现在的补偿随意性大，不科学，不规范。最主要的是补偿标准过低，补偿内容不完整，移民的合法权益没有得到充分的体现和保障，影响了移民的发展，也给社会带来了不稳定的因素。同时，对即将要进行搬迁的牧民造成了消极影响。

建立生态移民补偿机制就是政府以及社会对生态受益人在合法利用自然资源过程中，对生态保护付出代价者支付相应的费用，包括对损失给予补偿、恢复以及对因环境保护而丧失发展机会进行的资金、技术和实物上的补偿等。当前建立生态移民的补偿机制中最重要的问题：一是在科学测算生态移民因搬迁而造成的各种损失以及生态移民为生态环境保护和建设所做的重要贡献的基础上，参照国际和国内通行的政策制定一个合理的补偿标准和补偿范围以及补偿的年限；二是建立多元化补偿资金筹集机制，使生态移民的补偿有充足的资金保障。（以上两个问题在本课题中均做了探讨，第一章）

第六节　建立移民社会保障制度，构筑移民安全网

生态移民是因保护生态环境而引起的较大数量的、有组织的人口

迁移和社会重建活动。移民迁移工程包含着移民迁移、社会系统重建和收入恢复的过程。在社会系统重建和收入恢复过程中，移民可能因为土地过少、收入过低、移民内部收入差距过大、移民同当地居民的社会整合效果差等原因而引发社会风险。而生态移民社会保障是国家、地方及社会对移民，特别是对暂时或永久丧失劳动能力、失去土地和工作机会或遭受灾祸的移民，在经济和社会生活方面提供帮助、照顾、保护和保证，以调节社会关系、促进社会公平和稳定的社会制度。由于生态工程建设活动引起的非自愿移民，不仅应享有作为中华人民共和国公民应获得的社会保障权利，作为受工程建设直接的、负面影响的群体，还应当享有因失去草场、房屋和工作遇到的风险和困难而应获得的可靠的"安全网"。

藏区生态移民是一个非常脆弱的群体，搬迁后他们的生活、生产将面临巨大的风险和困难。因此，解决移民安置中存在的问题，保证移民目标的顺利实现，除了有关部门的移民安置政策外，要从根本上长久地保持移民生活安定，就必须为移民设置一道"安全网"。目前藏区生态移民的社会保障总体处在起步阶段，同时还存在诸多的不合理和问题。一是目前的保障中把移民简单等同于一般的农牧区群众，没有考虑移民的特殊困难。无论在社会救助方面、社会保险方面，还是在社会福利方面，都缺乏有较强针对性地体现移民特色的内容和项目，因此，在保障生态移民的生活等方面没有起到应有的作用。二是保障水平较低，不能起到完全保障的作用。三是保障内容不够全面，有些需要尽快建立的项目还没有起色。从生态移民的情况看，目前建立养老保险、失业保险、疾病社会救助也很迫切。但在调查中了解到，政府受农牧区社会保障总进展的影响，对生态移民上述保障的建立比较迟缓。

藏区生态移民是一个具有特殊性的群体，因此在建立针对他们的社会保障制度时，一方面要遵循国家现行社会保障特别是农村社会保障的制度框架；另一方面，还要照顾藏区生态移民的实际和特殊性，体现自己的特色。本课题组经过广泛深入的调研，结合国家的规划、发展目标和有关政策动态，认为应该以普遍保障、特殊保障、发展保障三个方面为支柱，搭建藏区生态移民社会保障制度框架，制定有关政策（详细内容见本书第五章）。

第七节 积极消除影响藏区生态移民社会适应的因素

社会适应问题是各种类型移民都会遇到的一个问题，不同的是藏区生态移民在这方面表现的问题更加明显、更加突出。藏区生态移民从原居地搬迁进入到新的安置地——城镇，是一个剧烈的生活转型过程。这一过程必然导致了移民对新的环境的种种不适应性。人们原有的生产技能变得没有用武之地，原有的生活经验和习惯不适应新的生活环境，原有的价值观念遇到了严峻的挑战，在新居住地因为不懂汉语，对外语言上的交流也困难重重，甚至很多老年人刚开始吃蔬菜时出现拉肚子的现象，等等。种种不适应虽然是必然不可避免的，但必须引起高度重视并给予引导，因为这种不适应性的长期存在就会使移民逐渐失去在新的环境扎根的信心，导致有的移民可能回迁草原，重操旧业，也有的移民开始酗酒、赌博，甚至出现偷盗等违法犯罪的现象。目前以上的这种可能性，已经在藏区各移民安置点有不同程度的出现，对移民工程以及对当地社会稳定等造成不利影响。作为政府应充分发挥主导力量，采取相关政策和措施，为生态移民的适应进程提供一种推动力，帮助生态移民提高适应能力。包括通过提供较完备的生活基础设施，改变移民的居住、饮食、卫生、教育等传统生活方式；多途径、多渠道实现生态移民的顺利转产，为移民适应能力的提高提供物质基础；通过与城镇居民生活方式的比较和效仿，引导和激励移民追求现代生活方式；抓好移民子女的九年义务教育，争取使移民后代基本转变生活方式，等等（详细内容见分报告）。

第八节 重视移民文化调适和重建

对藏区来讲，生态移民是一项全新的工程，面临着许多新的问题和新的矛盾，而移民的文化变迁和文化不适应就是其中较主要的一个方面。在调查中看到，由于移民搬迁前后环境的巨大变化，使藏区移民的原有文化发生了较为严重的震荡，移民身上所表现的文化震惊和文化上的不适非常明显，成为目前影响实现移民"搬下来、稳得住、能致富"目标的主要因素之一。而令人不安的是，藏区移民区的干部对上述问题没有得到应有的重视，有些地区没有把移民的文化建设当作一回事，既没有设想和规划，也没有文化建设的具体行动，没有认真考虑移民的文化重建诉求。有的地方政府甚至站到了移民文化诉求和渴望的对立面，不是积极给移民以文化方面的关心和理解，而是阻止移民正常的文化建设活动。这种情况不但未能给移民适应新环境提供帮助，反而导致了移民对政府的怨言，人为增加了移民工程的难度和风险。目前的总体情况是，各个地区移民的文化重建工作比较滞后，文化方面所出现的问题也越来越突出。从某种意义上而言，文化重建和文化适应是藏区生态移民的最终目的。移民区各级党委政府要深刻认识移民文化重建对移民适应新生活新环境，实现"搬得出，稳得住，能发展"中的重要作用及其深远意义。把移民文化重建工作列入政府重要议事日程，将移民社区文化建设列入相关部门干部目标责任制考核，将移民文化建设的资金纳入移民工程资金的总预算中。（关于藏区生态移民文化重建的设想和有关探讨，详细内容见下编分报告第三章）。

第九节　高度重视对移民青少年的文化和观念的教育

随着藏区生态移民工程的实施，随之而来的移民子女的教育问题日趋突出。目前藏区移民中的青少年约有 2 万人。移民最终能否融入城市社会，移民工程的成败，在一定程度上取决于对移民青少年的教育如何。因此，移民工程有必要把对藏区生态移民的教育问题置于一种战略高度上去认识。坚持把青少年关爱工作放在突出地位，优先发展。从对格尔木市的移民定居新村调查看出，人口相对多一点的家庭生活很困难，不利于青少年的健康成长，通过调查了解，江河源学校400多名学生可以说都是贫困生；藏、汉语言不通，青年群众的语言障碍严重制约就业。语言的学习问题、技能的培训虽然在不断地抓，但这不是一两年能解决的，眼前所遇到的困难是比较大的。有些移民群众较难适应城市生活，有几户就举家又迁回牧区放牧去了，造成了适龄儿童的辍学、退学，不利于儿童的成长。多数移民户由于教育观念认同上的差异，对子女的教育重视不够，致使家庭、学校、社会教育链条出现问题，难以形成合力。移民村、学校离市区4公里，相对偏僻，加之生产、生活设施不够健全，比如学生和群众的洗澡等问题就是个头疼事，尤其是冬季上、下水存在问题。加强移民青少年的教育工作，一是加大教育投入，从娃娃抓起，筑牢基础。移民家庭由于就业难，生活都比较困难。政府要加大教育投入，在全面免除学杂费的基础上，要给学校足够的经费投入，让学校开办食堂、建学生寄宿楼，以满足牧区未搬迁牧民子女的就学需求，目前有不少学龄儿童寄宿在移民的亲戚家中。在学校或村里建设一些配套生活设施，如澡堂等关系移民学生生活的基本设施。提高教师待遇，稳定和充实教师队伍，强化师资质量，提高教育水平。开办家长学校，动员和引导家长共同管理、关心教育学生，努力使广大学生在和谐、温馨、健康、进步的环境中成长。二是加大移民青年的技能培训力度。结合青年实际，政府要提供高质量的免费技能培训，增强移民青年的工作技能，努力适应工作需求。三是广开就业渠道。政府要大力支持移民村创办适合自身发展的实业。创办一些具有民族特色有竞争优势的产业安排就业。为有种植设想的生态移民户划拨一些土地种植青稞和青草，为山上没有搬迁的牧户提供粮草。就业部门继续加大劳务输出力度等等，通过就业促进群众增收，提高移民群众的生活信心。四是加强关工委自身建设。村、校关工委要把老模范、老教师等尽量地吸纳到组织中，通过开展丰富多彩的活动，开展工作。尤其是把青少年的健康成长、对他们的关心放在关工委工作的重要位置，确保青少年成长有人管、有人问。

第十节　把增强移民的自主发展能力
　　　　　作为移民工作中的重点

对生态移民的帮助和扶持是政府义不容辞的责任，但是如何扶持又是值得思考的问题。如果政府事无巨细都大包大揽，过多的搞简单给予性的扶持，那么久而久之就会使移民产生依赖思想，缺乏"自力更生、勤劳致富、发展创业"的精神，而最终反而害了他们。三峡移民初期，重庆市政府就曾包揽包办过一些移民自己能办的事，如在房屋复建问题上政府进行了整齐划一的规划和组织建设，但结果不尽如人意。因为政府的大包大揽，反而助长了移民的观望、等待和依赖心理，认为既然是政府要他们搬迁，安置就是政府的事，某些要求和意愿一旦没有满足，这种观望和依赖极易转化为与政府的对立，影响了社会稳定。可见，在政府推动下，还需引入一定的市场机制，适当激励移民主动投身到后续发展中。目前藏区生态移民的扶持基本属于输血型的。由于藏区情况特殊，在一定时期内对移民进行必要的直接扶持是可以理解的，也是有必要的，但是长此以往，就会助长移民"等、靠、要"的观念。现在在藏区生态移民中部分人已经形成较严重的依赖思想，什么事情都找政府，有的移民连家里的茶叶用完了也要理所当然地到干部家里要，何况其他事情。这种现象值得重视，对移民自己和国家都非常不利。建议：在藏区生态移民工程中要充分尊重移民的知情权、自主权，让移民也参与补偿方式和安置计划的讨论，充分调动移民在建设、生产和生活中的自主性和主动性，鼓励移民自行安置或投亲靠友，政府则将更多的精力放在公共基础设施等硬环境和软环境的建设上，最终取得政府目标和移民意愿的趋同。同时后期扶持重点应放在全面提高移民素质上，通过后期扶持的方式对移民进行职业培训、技能培训、就业择业观念的培训，增强市场观念能力，解决等靠要思想，鼓励移民自主择业、发展产业，从而实现移民的全面发展。

第十一节　切实增强生态移民技能培训的针对性和实效性

总体来说，近年来政府在藏区生态移民的技能培训上给予了巨大的投入，下了很大的功夫，成效还是比较明显。但是也有不足，主要是培训项目过多，重点不突出，针对性不强，并且培训时间短，存在走过场的现象。例如，在格尔木长江源牧民新村调研时，移民妇女才吉给我们拿出了她的九项技术培训合格证，有电焊、中式烹调、无害饲养、疫病诊治、良种繁育、肉毛加工监控、舍饲与饲养、地毯编制、经营管理。她说："这些培训时间有的2—3天，有的4—5天，较长的十多天。有些培训对我们不适用，有点装模作样。"这种情况影响了移民技能培训的质量，进而影响了移民就业。培训是手段，就业是目的。要注重培训的质量和效果，不能走过场。对每期参训人数、培训内容、培训时间、教学质量、就业去向、学员就业率和工资水平等情况要进行全程监督和评估。在专业设置上，要以市场需求为导向，有针对性地开展培训，提高移民就业率，确保培训发挥最大效益。改进培训方法，搞好"四个结合"：一是输出地培训与输入地培训结合。输出地培训针对性较强，要按照订单要求，需要什么培训什么，输入地培训应更多注重对急需人才和致富带头人的培训，提高学员对现代农业专业化、产业化的认识，培养"有文化、懂技术、会经营"的新型农民和发展高效生态农业、特色经济带头人；二是短期培训与长期培训结合。在普遍开展短期培训的同时，对具有初、高中文化程度以上的移民，除了参加中职教育外，可适当选派他们到有关大专院校深造学习，接受更高层次的培训，回来后继续服务当地，带动一方移民致富；三是外出务工与就地安置培训结合。在加强外出务工人员培训的同时，还应抓好移民就地安置培训，特别是符合产业结构调整的人才培训和农牧业产业发展致富带头人培训，增强移民就业竞争能力和稳定致富能力，服务移民经济；四是技能培训与素质培训结合。技能培训教会移民谋生的手段，素质培训教会移民如何适应城镇生存,做一名合格的城市人。此外要整合培训资源,提高培训效率。要彻底改变移民生活现状,单靠移民部门培训只是杯水车薪,只能是解决一时之缺,解决不了一世之痛,政府要强化培训调控力度,整合培训资源,把移民培训、农村劳动力转移培训、阳光工程培训、下岗职工再就业培训等结合起来,统一规划,分部门实施,只有充分利用现有培训资源,加快移民培训进程,全面提高移民素质,才能实现移民充分就业和谐稳定。

第十二节　必须保持政策的稳定性

藏区主要生态功能区实施禁牧搬迁工程以来,草场退化、生态破坏的趋势已得到初步遏制,但是生态建设是一项长期的、艰巨的任务,如三江源地区生态退化的现象有所缓和,但是生态退化的趋势没有改变。根据一些学者对黄土高原生态环境的研究,要使生态系统实现良性循环,至少需要15年,对于自然和气候条件恶劣的青藏高原而言,则至少需要25年的时间。[①] 如果国家过早地停止生态保护和建设的补偿,牧民没有了预期的收益,势必会出现"回迁"现象。因此建议政策调整分几步走:第一,按规划继续推进禁牧搬迁工程,对生态移民的补偿期限延长到15—20年。第二,完善"项目支持"的形式,重点发展生态环境保护地区生态移民的替代产业政府有关部门出台有关产业扶持政策,有计划、分步骤地在环境重点建设地区加强项目投资力度。积极发展生态移民后续产业,增强移民的自我发展能力,当移民已经完全能够依靠非牧产业求得生存时,可以酌情终止这项政策。

第十三节　重视法制建设层面

藏区生态移民关系重大,国家投入大量资金,应加强移民管理法

[①] 穆兴天、苏海红:《三江源生态补偿机制研究》,载《青海经济研究》2007年第2期。

规制度的研究，有必要制定和出台生态移民生活生产规划、项目计划、工程质量、资金财务、监督审计等一系列详细的规范性文件，使移民工作有法可依、有章可循，规范操作层面行为。因此，建议政府加快研究制定《藏区生态移民条例》《移民档案管理办法》《移民资金管理办法》《移民安置管理办法》等地方性法规。

第十四节　对生态移民进行属地管理

在移民搬迁的初期，以迁出地管理为主是必要的，但移民稳定后就要及时移交属地管理，否则后遗症很多。目前，在对移民安置点的管理仍然实行由原居住地政府管理的办法。这种管理办法，已在实践中表现出很多的弊端：不利于当地政府对移民的安置发展进行统筹安排，移民安置和发展得不到当地政府的支持和帮助；也不利于实现生态移民融入当地社会的目标，另外，在原居住地的管理较疏松的情况下，对移民社区社会治安、计划生育等方面的管理也成为难题。再者，移民虽然离开了草场，来到城镇居住，但目前在身份上他们仍然是牧民，而不是城镇居民。移民身份的模糊性，对于移民适应新环境，享受国家有关政策等带来不利的影响。因此，在对移民的管理上有必要尽快由原居住地管理变为属地化管理，并将移民纳入城镇户籍的范围。

下编 分报告

第一章
藏区生态移民补偿机制研究

  生态移民补偿机制是政府制定的生态受益人在合法利用自然资源过程中，对生态保护付出代价者——生态移民支付相应费用的制度。其目标是改善生态环境，恢复其生态价值和生态功能，包括对生态环境损失给予补偿、恢复、综合治理，以及对因环境保护而丧失发展机会的区域内的居民进行的资金、技术和实物补偿等制度。

  在当今，非自愿移民的补偿问题是一个世界性的课题。据估计，在世界范围内，每年由于工程建设而引发的非自愿移民大约为1000万。由于非自愿移民会导致移民生产性资产的丧失和移民生活网络的破坏，给移民带来贫困的风险，因此对非自愿移民的补偿问题得到了普遍的关注和重视。

  近年来，藏区实施的旨在保护青藏高原生态环境的非自愿移民工程，给搬迁到异地的牧民造成了经济、文化、社会等多方面的损失，使他们的生活生产陷入了自身难以克服的困难，需要尽快建立相应的补偿机制，帮助他们渡过难关恢复生产。另外，藏区生态移民工程具有明显的外部性特征，根据国际惯例，生态保护成果的受益者支付相应的费用，使生态环境提供者——藏区生态移民受益，以消除生态环境中的外部性，解决生态环境这一特殊公共产品消费中的"搭便车"现象，激励人们从事生态保护投资并使生态资本增值。

  藏区生态移民工程实施以来，政府根据财力和有关政策，在移民初期以及后来的安置中，给予广大生态移民一定的资金补偿，在一定程度上解决了生态移民生活中遇到的困难，对维持移民生计、稳定移民情绪、帮助移民渡过难关产生了积极的作用。但是，也不可否认，目前所给予的补偿还不是科学、规范意义上的补偿，现行的补偿无论在补偿的标准、范围、时间上，还是在补偿的方式、补偿的资金筹集上以及在补偿的体系和机制方面都存在许多不完善之处，甚至存在较严重的问题。补偿机制的不完善不健全，不但影响着移民的发展以及移民合法权益的体现和保护，而且影响着生态移民工程的顺利实施，对此，有关方面应引起足够的重视并加以研究和解决。

第一节 国内外有关非自愿移民补偿的经验及政策

国外非自愿移民的补偿政策，可分为两个阶段：20世纪80年代以前为第一阶段。移民政策为单纯补偿和经济政策，不鼓励移民自食其力，是完全依赖政府补偿的依赖性政策，各国按本国制定的政策进行移民安置。20世纪80年代以后为第二阶段。世界银行于1980年制定了"世界银行资助项目中处理非自愿移民的政策"，提出鼓励移民重建生产生活基地的开发性政策。各国政府为获得世界银行贷款，逐渐遵循世界银行的基本原则来处理移民安置。

一 世界银行的移民补偿政策

自1979年以后，世界银行在27个国家援建了水利水电和农业开发项目，移民总人口超过70万。20世纪70—80年代，非自愿的强制性人口迁移导致了一连串事件，尤其是世界银行援助的巴西索布兰迪尼奥堤坝工程、菲律宾奇科河水坝工程和印度拉马达河上的撒达撒罗瓦水电站出现的移民问题。因此1980年以后，世界银行建立了一整套有关非自愿移民的政策，并在不断总结经验教训的基础上分别在1985年、1990年和2000年进行了修订，从而形成了较为完善的指导工程项目移民安置从计划到实施的业务指南——《非自愿性移民单独条款OP4.12》（以下简称4.12条款）。世界银行移民安置政策的目标是保证因工程项目引起的移民能从项目中受益，使移民的收入和生活不低于搬迁前的标准。其遵循的主要原则为：①项目设计之初就要充分考虑移民问题，采用最佳方案以尽可能减少由于项目的移民带来的问题；②所有的非自愿移民安置都应作为开发项目来构想和实施，要为移民提供资金和从工程项目中受益的机会；③在实际搬迁之前移民应获得能够补偿他们损失的全部重置费用，而非折旧费用；④项目影响区的居民无论是违法的或合法的，只要是长期居住在该地区的都应该同等对待；⑤应该鼓励移民群众参与项目移民安置的规划和实施过程。

"4.12条款"规定，由于工程建设不可避免地产生非自愿移民时：①必须要编制一份移民安置规划或移民安置政策框架，包括明确移民的权利，按全部重置费用，获得迅速有效的补偿，以抵消由项目造成的直接财产损失，在搬迁期间获得帮助，在搬迁后的过渡期内获得帮助，提供就业培训帮助；②编制一份世界银行认可的程序框架，说明移民参与过程，包括制定并实施项目的具体组成部分、确定符合移民资格的标准、明确相应措施，帮助移民努力改善其生活，或者至少恢复到以前的水平（按实际价值计算），同时要确保移民搬迁后的可持续发展、解决与移民有关的潜在冲突；③特别关注移民中弱势群体的需要，尤其是那些处于贫困线以下的人、没有土地的人、老年人、妇女、儿童、土著人群、少数民族，或是可能不会受到国家土地补偿法规保护的人；④对于依附于土地的土著人群，制定移民规划时要充分考虑其文化和生活习俗；⑤对移民的补偿要在搬迁前到位；⑥对于以土地为生的移民，如条件允许，应当优先考虑依靠土地安置的策略等。

世界银行在具体的移民补偿资格确认、补偿标准等方面的做法是：如果被征用的土地和其他财产拥有正式合法权利的人，就要对他们失去的土地进行补偿，同时，还应对失去的资产进行补偿，要提供其他资助。对移民财产损失应按完全重置成本进行及时、足够的补偿。对于农业用地，其重置成本是工程开工之前或移民搬迁之前位于淹没区附近的具有相同生产潜力的土地的市场价值，加上将这些土地改造成与淹没土地具有相同的土地生产率的成本，加上土地的任何注册费用和转让税；对于房屋和其他建筑物来讲，其重置成本是用来建造在面积上和质量相似或更优于被征用房屋或建筑物的新房屋和建筑物或修理受到部分影响的建筑物的建筑材料的市场价值，加上将建筑材料运送到建筑工地的成本、劳动力成本和承包商的费用，加上任何登记和转移费用。如果项目兴建需要移民搬迁到其他地方，则应通过制定移民安置规划确保移民搬迁过程中得到帮助（如搬迁补助），为移民提供住房、宅基地。在对移民进行生产安置时，优先的移民安置策略应是给那些本来以土地为生的移民提供土地。不管是将移民安置在公共土地上，还是通过购买所获得的私人土地上，必须保证土地的生产潜力、地理位置以及其他条件不比被征用的土地差；如果受影响的人群不希望通过土地进行安置，或以土地为基础进行安置会影响移民安置区的可持续发展，或不能以合理的价格获得足够的土地时，则应该采取非土地安置的方式如为移民提供就业机会和移民自我就业。在移民安置区，还必须恢复和改善基础设施和公共服务，对于移民所丧失的公共资源如放牧区、捕鱼区、薪炭林等损失应通过提供类似的资源进行补偿。

　　为了实现移民安置目标，应在移民搬迁后，在对恢复移民的生活水平所需要的过渡期进行合理估计的基础上，在过渡期对移民给予扶植；除了对移民的直接财产损失按完全重置成本进行补偿外，还应为移民提供促进其发展的资助，如土地改良、信贷支持、就业机会、分享工程的发电、灌溉等效益。对于移民住房与基础设施重建，世行要求，关于新房重建地点要与移民协商，要给他们一个挑选的机会。要给移民至少四个月的建造新房时间，以及至少三个月的搬迁期限。不要在规定时期强迫他们搬迁。在进行住房、基础设施和社会服务设施的规划时应考虑人口自然增长情况，为基础设施和社会服务设施分配充足的财力和物力。

二　亚洲开发银行的移民补偿政策

　　亚洲银行的移民安置政策的目标是保证因工程发生的移民能从工程中受益，具体政策主要包括：①在可行的范围内尽可能避免非自愿移民或使之减少到最低限度；②在移民不可避免时，必须要制定移民安置规划。亚洲银行的政策目标是帮助移民努力改善或至少恢复至他们以前的生活水平；③移民应得到财产损失的补偿，给予分享项目利益的机会，并在搬迁过程中和在安置区的过渡时期内应获得帮助；④在提高或至少恢复他们以前的生活标准、收入能力和生产水平方面得到扶持；⑤应特别注意脆弱群体移民的特殊需求；⑥在规划和实施移民安置过程中鼓励公众参与；⑦移民应在社会上和经济上与安置区居民融为一体；⑧应向受到工程影响的农民提供土地、房屋、基础设施和其他补偿。

亚洲开发银行特别强调移民工作中的公众参与，要求在整个项目的准备、实施过程及搬迁以后的生产恢复、生活复建阶段，都需要公众参与，获得安置区居民和移民的合作、参与及反馈意见；在制定移民安置规划时就要向移民介绍他们所拥有的权利和可以选择的方案。亚行认为，成功的移民安置应及时将移民责任从安置机构转交给移民本身。

三 发达国家的移民补偿政策

在西方国家，居民具有较大的流动性，政府主管部门虽受理赔偿事宜，但并不负责安置工作。通常支付给移民一定的款项后，由移民自己决定去从；或在别处购地从事农业，或以此作资本，另谋生计。有些国家，如法国、日本、西班牙、希腊等，给予移民购买新灌区土地的优惠权利。美国在田纳西流域水库建设中采用过协助移民寻找和经营新农场的措施；德国在建设奥凯尔水库时，也采取了为移民规划建造新农场的做法；日本群马县道平川大坝水库中采用"年付金方式"，向移民支付赔偿，亦称"协力感谢金"，协定每年向每户移民支付50万日元，30年还清。这种年付金方式的费用是从受益部门收入中提取的红利，这种赔偿方式可消除移民担心"一次领取巨款必然造成资金浪费"的疑虑。

四 发展中国家的移民补偿政策

发展中国家的情况各有不同，差别亦极大。如埃及阿斯旺大坝，其土地分配根据移来前是否从事农业生产而定。如原来有土地并以农业为生的，每户分配 5 费丹（1 费丹约为 4200 平方米）；如原来无土地，也不是进行农业生产的，则分配 2 费丹。巴基斯坦的曼格拉水库建造时，也为移民划出了大片新垦土地，每户可得 0.2 平方公里水田或 1.6 平方公里旱地。对于水利水电工程建设用地，泰国《土地法》规定："政府应对所占土地实行补偿并负责新居住地建设，补偿费用包括土地费、房屋修缮费和粮食作物损失费等。"印度特里坝农业安置方案中规定，分给每户 0.9 平方公里完全开发的农耕地，即使他们原有的土地不足这些，对无地的劳动者也同样对待。墨西哥对水库移民可提供 10—11 平方公里土地，但需付款（通常并不便宜，达 1000 比索/平方公里），唯一的优惠条件是允许分期付款，第一次付 10%，其余部分在以后的 10 年内还清。菲律宾马加特工程中，采用如下方法分配农用地和宅基地：①根据以前农民地产的分类、土地的生产率和其他关键因素将移民分成小组；②为每个组指定一块与他们先前持有的条件大体相同的土地；③对每个成员的地块分配，通过抽签进行。

大规模移民的工作经验表明，只给现金补偿通常是远远不够的。世界银行的政策要求补偿应包括因迁移而蒙受的一切损失（包括住宅及其他不动产、失业和丧失各种生产劳动机会）。补偿应做到公平合理，真正反映市场价格和补偿物的价值，并足以重建社会生活，保证移民在农业或其他部门谋求生计。因为补偿的现金一般不是生产性投资，另外，这种补偿往往不足。如果不给移民土地或找不到带来收入的机会，则最后可能导致移民强占土地，或破坏其他工程设施。例如，在渠道堤岸上耕种、侵占流域区的土地，或过度放牧。在补偿费用完以后，移民就陷入贫困。世界银行坚定支持贷款者"以土地补偿土地"，并希望这一方法能一贯地加以实施。

五　我国非自愿移民补偿的历史和现状

新中国成立以来，我国大规模的经济建设导致了 5400 万人以上的非自愿移民。修建水库、铁路、公路、机场、河道，城市扩大与改造、开发区建设、生态保护等造成了大量的人口迁移。经过多年的摸索，在非自愿移民的补偿方面积累了较丰富的经验，逐步走向规范化、科学化的轨道。

我国对非自愿移民的补偿，在不同的时期有不同的政策。在计划经济下，主要采用的是经济性补偿。1958—1976年，国家兴建了一大批大中型水电项目，水库移民规模剧增。移民安置主要靠行政手段，以划拨耕地、插队分田或开荒造田方式安置，有的水库移民的动迁忽视了安置环境的容量，带有一定的盲目性，缺乏必要的基础设施，补偿标准低，移民直接所得的补偿费只有100—200元，无其他生产生活的扶助措施。移民重迁、返迁严重，遗留问题突出。第三个阶段为1977—1992年，水库移民工作走上法制化、规范化。国家相继出台了《中华人民共和国土地管理法》《关于抓紧处理水库移民问题的通知》《关于加强水库移民工作的通知》《水利水电工程水库淹没处理设计规范》《大中型水利水电工程建设征地补偿和移民安置条例》。移民安置为适应农村联产承包，减少人多地少的矛盾，遵循开发性移民方针，实行以土地为依托结合第二、第三产业的多渠道安置方式。移民补偿吸取过去的教训，实事求是，兼顾需要与可能两个方面，采取前期补偿和后期扶持的方式，移民补偿标准也逐步提高，水库淹没处理补偿投资占整个工程的比重从20世纪80年代的10%—20%到90年代的30%左右。

20世纪90年代以来，随着社会主义市场经济体制的建立和完善，依据我国现行法律法规和有关行业标准，按照市场价格来确定水库的淹没处理补偿经费，将水库移民补偿机制与国际接轨，实行赔偿机制。主要的做法如下：①以发电为主的项目。电站为企业带来可观的经济效益，作为项目法人的企业可以根据自己的经济实力，一是采用全赔偿的投资方式，按项目的工程进度分期拨付到位。二是采取部分补偿和部分股份相结合的办法，项目法人前期拿出部分资金来确保移民搬迁的基本生产生活需要，余下的资金作为移民的股份在以后的发电收入中分成。②以灌溉和防洪为主的项目。主要以社会效益为主。本着谁受益谁负责的原则，采取国家补偿和受益区出资的方式来确保移民的生产生活水平不降低或有所提高。③综合效益的水电项目。按效益分摊原则，以发电、防洪、灌溉等受益比例来承担水库淹没处理费用。

1986年7月，国务院制定中国水库移民工作方针：水库移民工作必须从单纯的安置补偿的传统中解脱出来，改消极赔偿为积极创业，变"救济型""输血型"补助为"造血型"扶持，将移民安置与库区建设结合起来，合理使用移民经费，提高投资效益，走开发性移民路子。这标志着我国开发性移民政策的正式实施，也标志着政策性补偿理论开始得以实践。国家和各级地方政府提供国家有关政策给移民以相应的补偿，这其中包括国家的产业政策、投资比例的倾斜政策和税收减免政策等方式。

最具代表性的是对三峡库区移民进行的政策性补偿。三峡库区是贫困山区，抵御自然灾害能力差，经济落后。为使这一地区经济尽快发展起来，国家实行了多项扶持、优惠政策安置移民。号召19个省、自治区、直辖市，10个大中城市以及国务院各有关部、委、局对口支援三峡水库移民，原则上一个省（区、市）对口支援库区一个县。这一政策的实施，极大地促进了库区经济的发展。

农村移民搬迁与安置是三峡水库移民中的重点和难点。为了扶持农村移民，国家实行了多项优惠政策：第一，三峡水库移民工程按纳税额40%征收的耕地占用税，由国家全部返还给湖北省、重庆市的移民管理部门，用于农村移民搬迁与安置；第二，国家每年拨付1亿元水利水电专项资金，用于三峡库区与农村移民安置直接相关的水利水电基础设施建设；第三，为了保护库区的生态环境，防止毁林开荒、陡坡种植，鼓励和引导12.15万名农村移民外迁到本省农村、长江中下游和沿海经济较发达省市，在原有补偿金的基础上，国家另外给外迁的农村移民补助；第四，国家号召农村移民积极进行农业生产结构调整，发展高效生态农业，在科技开发、组建龙头企业等方面给予照顾和扶持；第五，为了改变三峡库区农村交通的落后面貌，扩大农村移民安置环境容量，国家支持修建乡村山区公路1300公里；第六，为支持农村移民开发土地，在征收农业税、农业特产税方面规定在3—5年内给予免税或减税优惠。

为了鼓励搬迁的工矿企业实行结构调整，搞活一批好的企业，依法破产、关闭一批污染严重、资不抵债、产品无市场的中小企业。国家实行了三项扶持优惠政策：一是将仅限国有企业兼并国有企业的优惠政策，适用于对口支援的搬迁国有、集体工矿企业；二是将仅限于全国试点城市国有企业破产或关闭的优惠政策，适用于三峡库区的搬迁国有或个体工矿企业；三是对因工矿企业破产或关闭而使地方财政的收入减少，减少部分由财政、税务等部门核定数额后，按照中央和地方共同负担的原则，由中央财政采取转移支付的办法予以补助，时限四年。上述三项优惠政策是国家专为鼓励三峡库区加大搬迁工矿企业结构调整力度而制定的。为了使移民致富，国家做出了很大的努力。国家还将三峡库区受淹并有水能资源的县、区，列为农村水电初级电气化县，对其水力发电和农村电气化建设予以扶持。

三峡库区范围内的市、县，享受沿海经济开放区、沿区和沿江开放城市的优惠政策，实行对外经济开放，鼓励外国企业和商人兴办合资或独资企业。

从上述的分析比较中，可以得出如下结论：经济性补偿有利于在短期内安置和稳定移民，政策性补偿有利于库区中、长期发展（可持续发展）；经济性补偿是移民的基础，政策性补偿是移民发展的根本保证；经济性补偿适用于计划经济体制，政策性补偿更适用于计划经济体制向市场经济体制过渡，是社会主义市场经济体制的需要。

进入21世纪后，移民补偿方式应该创新和发展，综合性补偿方式是成功的选择，以前移民补偿方式单一，经费来源狭小，对大规模移民安置来说具有很大的局限性。现在采取多样化的移民补偿方式，取得了较好的成效。如三峡库区移民补偿。由国家发行三峡债券募集资金，三峡淹没区土地出让金，土地使用费和耕地占用税收入多种渠道，将移民补偿经费交于有移民任务的重庆市和湖北省实行"双包干"。中外历史上较为成功的移民政策有一个共同点：人口稠密之地向人口稀少之地迁移；经济发达地区向相对落后地方迁移。水库移民可以借鉴历史经验，以市场机制调节为主，在公开、公平、自愿的基础上，国家采取财政、金融等优惠政策，鼓励百姓迁移到人口稀少、需要开发的地区。国家采取财政、金融等优惠政策，除了给移民提供几年口粮、基本生活费和修建住房补助费外，还可根据安置区的自然经济条件，提供相应的税收减免和信贷优惠政策。对西部地区移民，除享受上述优惠政策外，在经济所有权、计划生育、教育及就业、社会保障等方面享受当地少数民族优惠政策。在税收、信贷优惠上，对西部地区移民减免税费时间可延长到 20 年以上，或提供 10 年以上无息生产经费贷款。在经济所有权方面，可允许西部地区移民在统一规划下开垦宜农荒地，开采矿产资源，从事水利水电、道路、电力、通信、进出口贸易等生产经营，保证其私营经济所有权不受侵犯。

从我国现行生态补偿相关的各项政策中可以清晰地看出，生态补偿政策主要是一些部门性的政策或在一些部门性的政策中零星、分散地纳入生态补偿的概念。归纳起来看，我国已经实施的与生态补偿相关的政策主要有：20 世纪 80 年代开始的生态环境补偿费政策，20 世纪 90 年代末实施的退耕还林（草）工程、天然林资源保护工程和退牧还草工程的经济补助政策，2001 年开始试点的生态公益林补偿金政策，扶贫政策中的生态补偿政策、生态移民政策，矿产资源开发的有关补偿政策，耕地占用的有关补偿政策，三江源保护工程经济补助政策以及流域治理与水土保持补助政策等。从立法角度看，我国 1998 年的《森林法》修正案中第一次明确规定"国家设立森林生态效益补偿基金"，但是这项立法至今还没有全面实施。从严格意义上说，上述与生态补偿相关的政策还不能称为生态补偿政策，确切地说应当是针对单一要素或单一工程项目的补助政策。尽管如此，这些生态补偿相关政策在保护生态环境、调节生态保护相关方经济利益的关系上发挥了积极作用，对于完善我国生态补偿机制具有重要参考价值。

第二节 藏区生态移民补偿现状及存在的问题

一 补偿现状

中央财政转移支付资金为西部地区生态补偿提供了良好的基础，

对藏区因保护生态环境而影响经济发展的机会成本，或承受历史遗留的生态环境问题给予了一定的补偿。目前对藏区生态移民的补偿主要有以下几个方面：

1. 安置费。安置费是移民搬迁到异地后为了解决住房问题所给予的补偿。目前国家对藏区生态移民的政策是有草原使用证的每户补偿4万元，无草原使用证的每户补偿3万元。根据各地的情况看，这一部分资金落实情况比较好。具体做法是资金不发给移民个人，由政府征地后统一建好房屋分给移民居住。人均住房面积约为12平方米。在调查中发现，凡是按照政府组织的牧民搬迁户，到新地方都有一套60平方米左右的房屋和200平方米左右的庭院（每个地区由于地价和建筑材料的价格不同，相应的房屋的建筑面积也有所不同）。有的地区如青海格尔木移民区还给每户配了电视机、太阳能灶。

表5　　果洛州沁源村151户生态移民房屋安置情况

搬迁户	标准	房屋建筑面积（平方米）	庭院面积（平方米）
80	A型户（有证户）	62.5	272
55	B型户（无证户）	46.7	72
6	C型户（临街铺面）	50	
10	D型户（样板房）	56	200

表6　　玉树州家吉娘社区219户生态移民房屋安置情况

搬迁户	标准	房屋建筑面积（平方米）	庭院面积（平方米）
9	A型户	80	310
210	B型户	60	310

2. 饲料粮补助。饲料粮补助是政府为了帮助移民发展畜牧业生产而给予的补偿。现行的政策是对牧户每亩草场每年给予5.5斤饲料粮补助，折合现金2.48元。为了便于操作，国家每年对有草原使用证的生态移民每户饲料粮补偿6000元，对没有草原使用证的每户饲

料粮补偿 3000 元。

表 7　　果洛州沁源村 151 户生态移民饲料粮补偿情况

户数	是否持有草原使用证	享受补偿资金（年）	占总户数比例（%）
80	有证	6000	47
71	无证	3000	53

表 8　　玉树州家吉娘社区 219 户生态移民饲料粮补偿情况

户数	是否持有草原使用证	享受补偿资金（年）	占总户数比例（%）
83	有证	6000	38
136	无证	3000	62

3. 生活困难补助。生活困难补助是政府为解决生态移民生活困难问题，保障生态移民的基本生活而给予的补偿。如从 2009 年开始，青海省财政每年安排一定规模的资金，对在实施三江地区源生态保护工程中形成的生活困难生态移民，以现行生态移民饲料粮补助额达不到上年全省农牧民人均纯收入水平的 55 周岁以上和 16 周岁以下（除超生子女）的家庭成员按不足部分发放生活困难补助。生活困难补助资金的发放由县农牧部门和县发改部门将核定确认后的享受补助人员情况报县财政部门，县财政部门依据享受困难补助人员花名册将资金拨付到乡级人民政府；乡级人民政府会同各移民社区管委会负责发放到享受困难补助的个人，并建立完整的发放登记手续。困难补助的发放对象为三江源自然保护区生态移民和退牧还草工程的生态移民户。补助标准为：玉树、果洛和格尔木市唐古拉山镇生态移民人均 1600 元，海南、黄南生态移民人均 2300 元。2009 年 9 月，省财政厅已下达 2009 年度三江源地区困难群众生活困难补助资金 3908 万元。

4. 取暖及生活燃料补助。取暖及生活燃料补助是政府为了解决牧民的冬季取暖及平常生活燃料问题而给予的补偿。在三江源地区，移民开始是每户每年补助 500—1000 元。由于藏区冬季采暖时间长，移民搬迁后取暖及生活燃料缺乏以及现行燃料补助标准较低的实际，2009年提高了生态移民户取暖及生活燃料补助标准。如玉树、果洛地区生态移民户每户每年取暖及生活燃料补助从1000元提高到2000元；黄南、海南地区生态移民户每户每年取暖及生活燃料补助从500元提高到800元。

5. 基础设施和社会事业建设。基础设施和社会事业建设投资虽然没有直接发给移民个人，但也是对移民的一种补偿。生态移民工程实施以来，各生态移民区都重视基础设施建设，投入了大量的资金，极大地改善了移民的生活条件，在移民安置区实现了通电、通路、通水、通电话，修建了学校和卫生室。生态移民普遍反映：家里有水井，拉了电，村庄道路宽阔通畅，能看电视打电话，生活很方便。如处于生态移民核心区的果洛州久治县索乎日麻移民社区2005—2007年共投资204万元，打井113口，修建防洪沟2600米，社区道路2610米。移民区普遍修建了设施相对齐全、功能比较完善的学校和卫生院。如沁源新村移民安置区，配套及基础设施有自来水、供电设施、校舍扩建、医务室、排水设施、小区道路硬化、管理活动中心、亮化设施等，总建筑面积620平方米，其中学校280平方米，医务室50平方米，管理中心240平方米，工程总造价579.71万元。

6. 生态移民的技能培训。生态移民技能培训是针对三江源地区生态移民中16—30周岁具有转移就业愿望、技能培训需求和劳动能力提升的人员而开展的一项培训。三江源地区生态移民技能培训的规划是：2004—2008年，每年培训1万人，培训费人均1000元。截至目前，已经有7916名移民接受了农机具修理、暖棚蔬菜种植、民族歌舞、汽车驾驶、藏民族工艺雕刻及绘画、藏毯编织等方面的技能培训。这些培训有效提高了移民群众的生产技能和经营水平，拓宽了移民就业和致富的门路，为他们在走出草原后实现转产创造了条件。2009年青海省将开展生态移民技能培训等四项培训项目列入省级重点培训计划，生态移民技能培训实行学制两年补贴一年、学制三年补贴两年的就业培训补贴办法，完成学业后参加技能鉴定，并给予技能鉴定补贴。2009年青海省财政已一次性安排生态移民就业培训补助资金 900 万元，实行省级管理，计划培训 1000 人。目前，正在实施更高层次的移民技能培训项目，对三江源移民安置区符合条件的劳动者将在省内 18 所职业院校、技校开始 1—3 年的学制技能培训。该项目的实施必将帮助三江源地区生态移民通过技能培训，逐步实现转移就业，从而进一步改善生活。

7. 优惠政策。政府为了扶持生态移民工程项目区移民从事个体私营经济，促进移民在禁牧期间的后续产业发展，对从事个体私营经济和劳务的生态移民提供以下优惠政策：①对生态移民进城从事个体工商业或创办私营企业的牧民只登记造册备案，免于工商注册；放宽经营范围，国家法律未禁入的行业一律允许经营；五年内免收工商行政管理行政性收费；当地工商部门积极为牧民群众提供针对性、实用性、有效性的农牧民产品信息，免费培训牧民经纪人，鼓励其从事农畜产品的加工、贩运，调整农牧产业结构。②从 2004 年 12 月 1 日起对生态移民在当地从事增值应税项目的个体经营活动，五年内视同达不到规定的增值税起征点，免征增值税。③对生态移民从事个体经营（国家限制的行业除外）经济，雇工人数在七人（含七人）以下的，自领取税务证之日起，五年内免征营业税、城市维护建设税、教育费附加和所得税，免收税务登记证工本费；雇工人数在七人以上的，除免收税务登记证工本费外，按生态移民占所雇佣总人数的比例减征营业税、城市维护建设税、教育费附加和所得税；生态移民占雇工人数的比例每增加 1%，减征应纳税额的 3%；生态移民人数占雇工人数的比例在 30% 以上的，五年内免征营业税、城建税、教育费附加和个人所得税。④凡在三江源地区实施的基础设施建设项目，各项目建设单位在制定工程施工投标文件中必须明确规定吸纳 20% 以上生态移民作为普通工，各项目建设单位应对其进行适当的一般性安全技术培训后再参与项目建设。⑤各级劳动保障部门的公共职业介绍机构应免费为生态移民提供介绍服务。⑥对自愿参加科技培训、学习的生态移民，各主办单位应一律免收培训费和资料费。⑦生态移民从事个体经营，可持《生态移民证》、个人身份证、营业执照向当地主管税务机关申请享受免税政策，税务机关根据当地退牧办提供的生态移民花名册，对申报材料进行审查核实后办理减免税手续。

二 存在的主要问题

1. 补偿标准偏低，不能完全保障移民基本生活需求

世界银行关于非自愿移民补偿的一个重要原则是，移民生活水平不能因为搬迁而下降，至少要恢复到以前的水平。目前执行的藏区生态移民的补偿标准偏低，补偿金额不能满足牧民基本生活生产需要，移民生活较前有所下降。例如，据计算三江源地区生态移民的后续生产生活成本28亿—45亿元，[①] 但在总投资75亿元的三江源地区生态保护与建设项目中，生态移民工程的预算仅为6.3亿元，很显然，资金需求和供给安排差距太大。具体而言，一是在移民房屋建设每户4万元的补偿中，没有考虑材料的市场价格上涨因素和藏区建房的高成本。如钢材价格，2003年每吨为2800元，2007年涨至4150元，2008年上半年达到6400元。一块砖从西宁拉运到果洛大武镇，其价格就达近1元，再运到施工点，一块砖的价格达到1.8元。玉树州每吨钢材的成本要比西宁高100%，水泥每吨成本要高60%。玉树州下拨的征地补偿费每亩为1.8万元，而当地的实际征地市场价每亩为10元—15万元，两者相差太大。由于资金严重不足，很难保证房屋的质量。移民住房基本上是用空心砖建成的，房屋的抗震、抗压、保温等远不及红砖，一旦遇上大地震，全部有可能倒塌。工程造价过低，这给招标等工作也带来了困难，影响了工程的按期保质完成。在工程施工中，经常发生民工逃工现象。基层干部普遍反映，既定的工程项目根本无法完成，出现豆腐渣工程在所难免。另外，据调查，虽然移民的住房比从前大有改善，许多牧民第一次告别帐篷住上了房子，但作为一个继续要从事一定生产劳动的群体，每户60平方米的房子显然有点紧张，尤其是人口多的家庭在居住方面还存在更大的困难。值得注意的是，现在许多家庭的孩子到了结婚年龄，但住房是个大问题。许多移民在这方面深感焦虑，就他们目前的生活水平和收入

[①] 青海省副省长徐福顺在中加可持续发展国际学术研讨会上的讲话，2007年。

状况，在短期内无力改善住房困难，因此他们迫切希望政府给予重视和帮助。二是在生活补偿中没有区分农村和牧区的差别，补偿的额度过低，达不到当地城镇居民最低生活保障标准。以户为单位每年6000元饲料粮补助现被当作生活补助。如果按每户5人计算，平均每人每月只有100元。移民原均为游牧者，饮食以肉奶为主。移居到城镇，生活习惯难以在短时间内改变。牧民以肉类为主要食物，其生活成本远远高于农民。按市场价计算1公斤粮食的价格为1.5元左右，而1公斤牛羊肉的价格在30元左右。食物的价格差距如此之大。据计算，如果饮食仍然以肉奶为主，维持最低的生存需要，至少人均月需要500元，户均月需要2500元，年户均需要30000多元。每户年6000元的饲料补助费无法保证移民正常的生活开支，不得不用卖了牛羊的钱补贴生活。有一位移民说："6000元的补助太低。我家5口人，每人一顿吃1碗面的话，一天就要吃15碗面，最少要30元，一年吃饭就要10800元，加上其他开支，饲料补助款根本不够用。另外按户给补助也不公平，因为每户人口不一样多。我们希望能像退耕还林一样，按我们原有的草场亩数给补贴。"移民普遍反映说，以前自家饲养牛羊，可以经常吃肉，喝牛奶。现在根本舍不得吃肉，现在吃的、用的，所有的一切都需要花钱买，政府的补助款根本不够用。调查表明，无论在生活安排还是在生产发展上，藏区生态移民所表现出的资金缺口都较大。这必然影响移民生产活动的效果，进而影响移民安置效果，导致移民的次生贫困。另外，移民的生活生产恢复有一定的最佳期。如果错过这个最佳期，再要发展，就需要投入更多的资金，从而导致移民安置的长期成本加大。三是在移民的燃料费补偿方面，尽管政府提高了标准，但从移民的实际需要看，还有一定的差距。移民一年要在燃料费上需要3000—4000元。但目前的补助最多的地区也只有2000元，少的地区仅800元。另外，给移民技能培训落实的资金也偏少，许多干部反映，移民培训任务很重，培训难度大，而目前的培训经费无法保证移民培训的质量。

2. 补偿不全面，存在许多漏项和缺项

在对藏区生态移民现行的补偿中，许多应该补偿的项目未被列入和考虑。主要有以下几方面：

（1）生活补偿。在目前的补偿中没有直接针对移民生活的补偿，这是移民生活陷入困境的主要原因。牧民进入城镇以后生活成本大大提高，以前牧民生活所需的肉、奶、燃料等主要物品靠自己养畜解决，而现在这些生活品全部需要到市场上购买，这就需要给他们相应的解决生活问题的补偿。在调查中我们了解到，在对移民的所有补偿中没有生活补偿这一项，使牧民进入城镇后基本生活遇到很大的困难。目前，大部分移民把政府给的用于发展生产的户均每年6000元饲料粮补偿费用于生活开支。

表9　三江源地区生态移民搬迁前和搬迁后主要生活品来源状况

移民安置点	牧民搬迁前					牧民搬迁后				
	粮食	羊肉	牛奶	酥油	燃料	粮食	羊肉	牛奶	酥油	燃料
长江源村的移民（128户）	购买	自产	自产	自产	自产	购买	购买	购买	购买	购买
家吉娘移民社区（219户）	购买	自产	自产	自产	自产	购买	购买	购买	购买	购买
索乎日麻乡生态移民区（113户）	购买	自产	自产	自产	自产	购买	购买	购买	购买	购买
巴滩生态移民社区（189户）	购买	自产	自产	自产	自产	购买	购买	购买	购买	购买

（2）机会成本补偿。搬迁之前，牧民除了畜牧业的收入，还可以通过搞采集业等增加收入。而且在有些地区后者的收入超过了前者。如果洛州、玉树州每户牧民搬迁前每年仅采挖虫草的收入就达到1万—2万元，部分地区达到3万—5万元，甚至更多。但是他们退出草场后这些收入减少甚至没有了。这是许多地区移民搬迁后收入减少，生活水平下降的主要原因。目前对这一部分机会成本的丧失没有列入补偿范围内。

（3）宗教设施重建补偿。藏区生态移民信仰佛教，移民在原居住地有自己的寺院和佛塔等，宗教设施相对比较齐全。但是搬到城镇后，有些地区根本没有寺院，移民无处朝拜，需要重建寺院。据了解，由于建筑材料价格上涨和施工费用的增加，现在建一座寺院需要几十万元资金，建一座佛塔也需要8万—10万元。如果这部分资金全部由移民自己承担，势必会增加他们的经济负担，从而影响他们的生活和生产。事实上，宗教设施的重建费用完全是由于搬迁而产生的，因此，政府理应对移民宗教设施新建给予一定的补偿。但是目前移民安置区宗教设施建设的费用都是移民自筹的，政府没有任何补偿，移民经济负担较重。而有的移民区出现一些内地"老板"出资建寺的现象，这种情况虽然对减轻移民经济负担有利，但是又对政府管理宗教场所带来一定的难度。

（4）政策补偿。目前政府虽然在生态移民后续产业发展、移民培训等方面出台了一些优惠政策。但是在生态移民社会保障、子女上高中大学以及就业方面还没有相关的优惠政策，而对后续产业发展等方面的优惠政策幅度也比较小，这在某种程度上也制约着移民的进一步发展。

（5）其他补偿。如交通等方面的补偿。

3. "项目工程"的补偿方式导致生态政策缺乏长期性和稳定性

建立藏区生态移民补偿的出发点，都是希望通过对为生态保护做出牺牲和贡献的牧民等直接利益相关者进行经济补偿而实现保护和改善生态环境的目的。但是这些政策是以项目、工程的方式组织实施，因而也都有明确的时限，导致政策的延续性不强，给实施效果带来较大的变数和风险。从目前实施的移民补偿相关政策来看，很多都是短期性的，缺乏一种持续和有效的补偿政策。如三江源地区生态移民的补偿期限刚开始为5年，后来调整为10年。在政策的实施期限内，由于牧民为保护和改善生态环境所牺牲的经济利益能够得到一定的补偿，他们会限制自己的生产和开发活动，从而达到保护生态环境的目的。同时，在这10年内，移民需要完成生产活动的转移，不再依附于草场开展畜牧业生产。但从目前的政策实施效果看牧民能够成功实现转产的很少。因此，当期限过后他们的利益得不到补偿的时候，为了基本的生活和发展需求，他们就不会再从保护生态环境的角度去限制自己的生产和开发，从而又对当地的生态环境形成压力，可能造成更为严重的生态破坏或生态灾难。许多基层干部担心,当政策实施期结束后,如果没有很好的补偿机制,牧民为了生存,不可避免地重返草原,又会进行新一轮的生态破坏。从目前来看,国家还没有建立专项财政转移支付用于藏区移民的补偿,现有的补偿是根据工程项目的一个阶段性投入,之后能否继续投入、投入的规模有多大等都存在不确定性。地方政府也缺乏足够的资金配套能力。对于今后的新生活,移民区干部群众无不担忧。移民更噶说:"政府对我很好,给我找了一份临时工作,一天给我25元,但以后这个工作能不能继续干下去我也不知道。如果这个干不下去,政府又停发补助,那我们只能回到原来的草场谋生。"久治县主管生态移民工作的副县长尕藏尖参也说:"补助期短,草原生态在短时期内难以恢复,停止补贴后,移民可能重返草原,致使生态治理前功尽弃。"农业部发展计划司巡视员张天佐认为,三江源草原生态系统比较脆弱,草原退化区要形成相对稳定的植被群落需要10—25年,典型草原区需要10—20年,荒漠和草原荒漠区则需要20—40年。这表明目前规定的饲料粮补助年限与草场恢复需要的时间相差较大。要继续巩固草原保护和建设成果,必须重新考虑补偿年限。

4. 注重对经济损失的补偿,而对非经济性损失的补偿有所忽视

生态移民工程给移民造成的损失既有直接的也有间接的,既有有形的也有无形的。生态移民因保护生态环境损失了草地、房屋、生产资料和设施等有形的物质资本,因而必须给予合理的"经济补偿";但他们同样也失去或削弱了在原迁出地世代相沿的语言文化、风俗观念、生产技能、生活习惯和社会网络等无形的社会资本,加大了他们将来生活和生产发展的机会成本,因而同样必须同时给予合理的"社会补偿"。但是,在目前的补偿中突出了经济性补偿,而对非经济性补偿考虑甚少。如三江源地区生态移民的"补偿"是以有形的财产(土地、房屋、树木、设施等)和搬迁重建中的有形物耗为基础计算的。而"生计"则是该地牧民世代奋斗而来的生存机会——是最为稀缺的资源。但"补偿"没有考虑这些"无形"的损失:已与环境相适应移民的劳动力资本的损失、文化技能与经营资本损失、

社会网络损失等；也没有考虑潜在机会的损失（即机会成本），如旅游业、矿产业、林业等发展的大好前途。生计是就业，是这些人世代的血汗和投入积累的生存发展的能力、权利和希望。因此必须在补偿中得到很好的体现。

5. 补偿主体单一，缺乏多元化的补偿机制，中央财政压力较大

目前，在对藏区生态移民的补偿中，只有纵向的补偿，没有区域之间、流域上下游之间、不同社会群体之间的横向补偿。同时，也没有形成市场补偿，没有争取到国际补偿。在藏区生态移民补偿中国家唱独角戏，如对三江源地区生态移民工程开支的费用6.3亿元，全部来自中央专项资金，这是补偿不足的主要原因之一。对比来看，在欧盟等其他地区，实际上非政府组织和地方政府在生态移民补偿中发挥着更大的作用，企业与地方政府、企业与农场主之间为保护环境而达成的诸多契约构成了生态移民补偿的基本框架。例如，在德国巴伐利亚州的Mittelfranken地区，环境保护的政策措施及资金来源是由一个农民协会来负责；法国的Perrier公司为了能获得持续的清洁水源，给上游地区的森林所有者提供了一定数量的补偿金。类似的补偿方式在哥斯达黎加、哥伦比亚、澳大利亚、美国、巴西等国家的地区均广泛实施。这种多元化的补偿方式使得补偿资金不再单纯由政府承担，既减轻了政府的财政压力，又体现了社会公平。

三 原因分析

1. 生态补偿的理论和认识滞后

本调查组就"为什么要给补偿"访问一些相关人员，他们有的回答："移民生活困难，所以要补偿。"有的说："移民失去了草场应该补偿。"有的说："政府给我们答应了，就应该补。""我们给国家做了贡献，国家把我们的生活应该管起来。"调查组在玉树调研时曾听到这样的事，有的移民家里茶叶用完了、钱用完了，都要到负责移民的干部家里去要，认为这是应该的。由此看来，无论是干部还是移民本身，对为什么要给予补偿这个问题存在着种种误解。

目前，我国的生态补偿研究和实践尚处于起步阶段，由于前期社

会发展过程中问题和矛盾的累积,使我们的研究面临诸多问题和困难,许多清晰的问题在实际操作过程中往往会遇到不可逾越的障碍,在我们设计的补偿机制的各个环节尚存在许多制度性缺陷。从补偿主体来看,由于尚未在全国范围内形成统一规范的生态资源管理体系,缺乏对生态资源产权关系的明确界定,因而补偿主体在某些地区难以界定;从补偿强度来看,由于没有制定科学的生态补偿标准,加之监督工作存在空位,可能会导致在实际操作过程中的主观性和随意性;从生态补偿途径来看,像生态补偿税、转移支付以及押金退款制度等的建立涉及整个国家的法律财政以及资源管理制度的修改往往也会是一个漫长的过程,因而当前生态补偿途径存在单一化、小范围的局限。

在现行税制中目前也只有少量的税收措施零散地存在于增值税、消费税等税种中。针对生态环保的主体税种不到位,相关的税收措施也比较少,并且规定过粗,这些税种在设计之初对生态环保考虑得很不充分,缺乏系统性和前瞻性。生态补偿费没有依据自然环境资源的价值以及开发活动的损失为基础制定收费费率,缺少科学依据,标准偏低,难以刺激开发者珍惜生态资源,保护生态环境,生态保护收费缺少协调,各个部门与生态资源有关的收费,有的互相之间重复;有的缺乏法律依据;没有得到明确的授权,弱化了生态环境资源收费的效率和效益。特别是有些下游地区在缴纳的水资源费中已经包含了对上游生态环境保护的补偿,但是由于收费和使用是以部门或行业为界,其他相关行业和部门的生态环境保护投入得不到补助,上游地区地方财政减收得不到补贴,在一定程度上影响了上游地区保护生态环境的积极性,这也不符合价值规律,容易导致部门垄断。我国的生态补偿融资渠道主要有财政转移支付和专项基金两种方式,其中财政转移支付是最为主要的资金来源。从目前我国生态补偿的财政转移支付方式看,纵向转移支付占绝对主导地位,即中央对地方的转移支付为主;而区域之间、流域上下游之间、不同社会群体之间的转移支付微乎其微。这种完全由中央政府买单的方式显然与"受益者付费"的原则不协调,导致中央财政压力过大,需要中央财政拿出巨额的资金来实行补偿。

补多少才能达到维护、改善或恢复生态服务功能的目标，才能有效矫正生态环境保护领域相关的环境及其经济利益分配关系，是生态补偿的依据和标准。理论上讲，生态服务功能的市场价值是确定补偿的真正依据和标准。但在现实中，具体实施生态补偿的技术难度很大，生态系统包括空气、水源、土壤等，具有产品提供、调节空气和水源、文化多样性、生境支持等多项服务功能。目前，在生态系统的服务价值估算方面还存在诸多困惑，包括宏观信息的不确定性；有些研究机械地搬用国外的标准，与我国社会经济现状脱节；非市场部分价值的难以测算；指标选取的任意性，计算方法的不可比。在生态评估问题上，目前还存在几笔错账：资源、环境的代价没有合理扣除，生态破坏和环境污染的旧账没有还清，生态系统功能的非市场部分也缺乏科学估算。总的来看，我国在生态系统服务价值评估方面还缺乏战略安排。正是缺乏科学有效的评估与补偿体系，致使生态补偿在实践操作中出现不公，造成了补偿实践效果不明显、大批生态难民无家可归等现实问题，成为健全三江源地区生态移民补偿机制的难点。

2. 现有生态补偿机制没有明确界定生态效益提供者和受益者

我国生态服务的提供者大多集中在西部地区，而生态服务的受益者大多集中在东中部地区，生态服务提供者和受益者在地理范围上的不对应，导致西部地区生态服务提供者无法得到合理补偿，形成"少数人负担，多数人受益""上游地区负担，下游地区受益""贫困地区负担，富裕地区受益"的不合理局面，这是生态环境补偿机制不健全的集中体现。界定生态服务的提供者和受益者是确立生态补偿机制的重要前提。中央确立了"谁受益谁补偿、谁破坏谁恢复、谁污染谁治理"的补偿原则，但目前涉及具体补偿行为时，难以确定生态效益的提供者、受益者，特别是在全国层面上实施东西部地区大区域之间的生态补偿时，这个问题更加突出。像黄河、长江这样的河流流经多个省市，处于流域中间的省市，它们既是上游，也是下游，所以各省直机关市在确定生态受益者和生态提供者方面一直存在争议，都认为自己是生态效益的提供者。

3. 生态补偿政策制定过程缺乏相关利益者的广泛参与

生态补偿政策的根本目的是调节生态保护背后相关利益者的经济利益关系，因此，涉及众多利益相关者。然而，在现行生态保护政策的制定过程中，常常缺乏相关利益者广泛参与机制。所以，现行政策更多地体现了中央政府的意志，却不能充分体现地方政府和生态移民的利益；由于各地自然条件和人文资源不同，补偿对象的认定需要因地制宜，充分考虑地区之间的差异，但由于缺乏这种广泛参与的机制，导致现行政策"一刀切"，脱离实际。据有些地方反映，在生态公益林补偿金政策的执行中，一些具有重要生态服务功能的林地，并没有得到国家有关部门的认定，因此得不到相应的补偿，不仅使政策有失公允，而且不利于生态环境的保护。在补偿标准的制定上，没有能充分考虑牧民和各级地方政府的意愿和希望。

4. 生态环境保护中没有引入市场机制

国外一些地区在生态流域的保护中引入了市场机制，因而成功地解决了流域的生态问题以及生态价值提供者的利益损失补偿问题。如20世纪末纽约市政府为了治理卡茨基尔流域的水污染，保证纽约市的供水质量。纽约市政府发行了环保政府债券，利用这部分收入来修复卡茨基尔流域的生态功能。修复行动的计划涉及方方面面，包括建造新的系统来改进流域的污水处理功能；买断流域周围10万英亩的土地来控制周边的工业发展；同时还限制农业用地的使用。此外，政府还通过分期付款的方式从土地所有者那里购买环境保护的地役权。为了限制农业用地，政府以补贴的方式鼓励农民不在流域的河流两岸种植庄稼和放牧牲畜，响应政府号召的农民因此可以得到每英亩100—150美元的补贴。这样做的目的就是遏止污染的重要来源——化学肥料、除草剂和杀虫剂等。同时，该做法也能确保牲畜远离河流，这就大大降低了原虫隐鞭孢子虫病菌传播的概率。通过这些措施，纽约市改善了卡茨基尔地区的经济状况，并通过补贴为当地居民带来了一笔相当可观的收入。同样的情况，也出现在南美一些国家的生态保护和恢复中。这种把生态保护和市场结合起来的模式最主要的特点是，通过利益补偿获得保护和治理的产权。具体方法采用资产证券化、发行流域保护证券、私营化等。可见，生态环境保护中，引入市场机制有很多优越性，有利于取得保护的自主权，解决保护的资金问题。目前，在藏区生态保护和建设中，这方面的探索还是个空白。

第三节　藏区生态移民补偿机制框架

国际上的一些学者对非自愿移民补偿问题进行了广泛探讨。为非自愿移民补偿理论体系的建立提供了思路。世界银行移民专家赛尼（Cernea）通过对发展中国家的非自愿移民安置中补偿原理进行分析，指出发展中国家的移民补偿机制存在着结构性缺陷，提出了九个方面的局限性可能导致补偿不足或没有任何补偿：①对征用资产的价值的错误计算；②在资产估价过程中的随意性和主观性；③不承认有市场价值和非实物资产的价值；④移民补偿资金不能及时拨付；⑤官员贪污挪用移民补偿资金；⑥原来资产的消费者剩余的丧失；⑦公共资源没有被纳入补偿的范围；⑧制定移民补偿预算后价格上涨；⑨移民缺乏补偿资金的管理经验。赛尼（Cernea）所指出的九个局限性主要是与现金补偿方式有关。但即使是采取以新土地补偿征用土地的补偿方式，这种方式也存在局限性，赛尼（Cernea）指出，足额补偿是移民恢复和改善生活水平的基础，但唯一依靠移民补偿资金是不可能实现移民走上可持续的发展道路。移民生活水平的恢复和改善要求除了对征用移民的土地按市场价进行补偿外，还应该投入额外的资金。马瑟（Mathur）指出传统的土地补偿方式所存在的六个缺点：①补偿的土地没有原来的土地肥沃；②补偿的土地不能较为方便地使用附近的自然资源或获取非农的就业机会；③补偿土地存在法定所有权的争议导致不安全感；④补偿的土地有时被他人非法占有；⑤补偿的土地通常位于不太友好的移民安置区；⑥补偿的土地离原来的村子太远。因此，无论是现金补偿方式还是土地补偿方式都不能充分补偿被征用资产的价值，如果要恢复或改善移民的生活水平，必须寻找新的移民安置范式。还有专家认为，使移民成为开发项目的直接受益者就可以使移民的贫困风险得以缓解。这样，移民安置本身应当被认为是一个发展的机会就成为共识。通过这种方式，移民就不会成为发展的牺牲品，但是，这种新的范式需要改变非自愿移民安置的传统思维方式，即以移民补偿作为移民社区重建的基础而把非自愿移民安置作为一个发展机会转变。[①]

在建立藏区生态移民补偿机制的过程中要尽量克服上述补偿方面存在的问题，使生态移民补偿机制避免走弯路，出现偏差，产生消极作用。同时，还要注意解决目前藏区生态移民补偿中存在的突出问题，使生态移民补偿机制真正变成解决移民生活问题，保障移民合法权益，推动移民产业发展的重要手段。

建立生态移民补偿机制的主要目标应该是在生态建设和保护者与生态产品收益者之间形成良性的关系和机制，即上游地区在生态保护和建设方面投入和做出贡献，为下游地区提供良好的生态服务和生态产品，而下游生态受益区积极为提供服务的上游分担生态建设的成本，进行应有的补偿。上游生态建设者得到补偿和收益，使生态建设的积极性得到极大提高，从而促其进一步投入生态建设之中，努力改善区域生态环境，不断提高生态环境的质量。这样，就会形成"源区生态建设者提供生态产品—下游生态受益者购买生态产品—生态受益者为源区提供相应补偿—源区生态建设者得到应有回报—促使源区加强生态的保护和建设—源区为下游区域提供良好生态"的良性循环机制。而要形成这样的机制，就必须搭建好生态移民补偿机制的框架。本课题组认为，应从补偿原则、补偿主体、补偿方式、补偿途径、补偿标准、补偿对象等方面建立生态移民补偿机制的框架。

一 补偿原则

1. 保证移民生活水平不下降原则

通过补偿保证移民的合法权益，并使他们的生活水平等同或超过

---

① 段跃芳：《"非自愿移民补偿理论与实证研究"概述》，载《三峡大学学报》（人文社会科学版）2005年第11期。

以前的水平。藏区生态移民是非自愿移民，他们的搬迁不是自己的选择，而是国家行动和政府行为。移民为生态环境保护和建设做出巨大贡献，付出了巨大的代价，因此，补偿最主要的原则是要保障他们的基本生活需要，不能因为搬迁而使他们陷入贫困。这也是国际上在移民补偿方面所坚持的一个最基本的原则。

2. 补偿内容的全面性原则

任何单一的补偿都不能有效解决移民所面临的问题。在藏区生态移民补偿机制中，既要包括静态补偿又要包括动态补偿，既要包括有形补偿又要包括无形补偿，既要包括货币补偿又要包括实物补偿，既要包括经济补偿又要包括文化社会补偿。通过综合而又全面的补偿，保障移民利益不受损失，切实维护移民合法权益。在具体操作过程中要特别注意：①移民的损失和动迁费用得到补偿；②移民有机会分享该项目带来的效益，主要是在生态建设和保护工程中尽量吸收移民就业；③在动迁过程中以及在安置地的全部过渡期间得到帮助。

3. 量力而行，逐步提高的原则

目前国家的财力有限，且需要解决的问题很多，对生态移民一次性给予足额的补偿还有困难，因此，在生态移民的补偿方面也不能完全照搬发达国家的标准和做法，而应该从国家的现实经济实力出发，以解决移民的基本生活和实现转产为主要目标，分阶段分步骤实施，随着经济实力的增强补偿水平逐步得到提高。

4. 坚持政府主导、社会参与的原则

既要坚持以政府财政投入为主导，又要拓宽资金渠道，鼓励社会广泛参与。针对不同地区、不同时期经济社会发展的基础，适时选择合适的补偿模式，调整运作方式。同时加大市场化、社会化融资的力度。

二 补偿主体

生态移民补偿主体是围绕生态环境效益的利益相关者。依照谁破坏谁恢复、谁收益谁补偿的原则，生态移民的补偿主体应包括国家、流域和藏区自身。①国家。国家作为全民利益的集中代表，在生态移民补偿机制中具有主导性地位，也是生态移民补偿机制的最重要的义务主体。在历史上，国家在政治及经济激励中都发挥着主导作用。在我国的环境管理中，国家依然是重要的环境资源的宏观调控者，藏区生态建设和环境保护也必须以国家为主导，协调各方面的利益。生态建设和环境保护中的利益损失理应由国家通过公共财政转移支付的手段来补偿，即按国民收入的一定比例，对藏区生态移民的拨款和补贴纳入财政预算，按年度拨付。②流域。由于生态环境建设和保护同时具有地域性和跨域性的双重特点，它局限于某个地域的建设和保护会造成其他地区的环境效益的增加，所以，这些利益相关方应当分担环境保护建设地域的部分成本。具体到藏区生态移民补偿，应当包括下游收益区对源区的生态建设者的贡献和牺牲者的补偿。③藏区地方各级政府。藏区也是禁牧搬迁工程的受益地区，因此，在补偿主体中也包括藏区各级政府。只是目前因为藏区的财政状况普遍较薄弱，因此，在一段时期内它不能在补偿方面起到太大的作用。④开发者与破坏者。这里主要是指在藏区开发资源和对生态形成破坏的企事业单位和个人。这类主体是各种环境保护和建设基金的重要承担人。

在以上补偿主体中，初期时，要以国家为补偿主体中的主体，甚至是唯一的补偿主体。但是，随着制度完善和藏区经济社会的发展，要调整各补偿主体的责任承担状况，一是加大流域间的补偿分量；二是藏区的自我补偿能力逐步得到增强。最终形成多元化的藏区生态移民补偿主体，使生态移民工程的所需经费得到保障。

三　补偿范围

经济学、社会学家认为，非自愿移民的开发项目，一般会引起严重的经济、社会和环境问题：生产体系被破坏，生产性的财产和收入来源丧失；人们被安置到另一个可能使他们的生产技能不能充分发挥，而且资源竞争更加激烈的环境中；乡村原有的组织结构和社会关系网被削弱，家族群体被分散，文化特征、传统势力以及潜在的相互帮助的作用都减弱了。移民搬迁中的这些问题是确定补偿范围的依据。根据藏区的特点和实际，生态移民的补偿范围应包括以下四个方面：

1. 实物资本损失补偿

对于藏区生态移民来说，实物资本的损失，主要指居住房屋和生产资料的损失。在搬迁过程中移民的房屋等财产不能随身带走，给牧民造成了直接的经济损失。长江源村移民更噶说，他们家从唐古拉乡搬到格尔木市，在房屋、畜棚等方面的损失至少有4万元。但生产资料最主要的损失表现为草地和牲畜的损失，因为草场和牲畜是移民赖以生存的基本生产要素。让牧民放弃草场，不仅失去了财产，而且失去了生产生活的手段，断绝了他们最基本的生活资料来源。因此，草场补偿应该是政府对生态移民补偿中重点补偿项目。在搬迁中，并非所有财产都是能够搬迁的。牧民原有的生活基础设施、教育医疗等社会事业资源以及宗教设施都不能迁入新区，应将它们列入补偿的范围。

2. 人力资本损失补偿

由于受各种因素的影响，牧区人口的流动性很小，牧民世世代代生活在一个相对封闭的小环境，在长期的生产实践活动中，他们积累了适应当地自然条件和生产结构的技术，并且代代相传。而一旦迁移到新的地点，原来的技术就丧失了它的使用价值。传统劳动技能的丧失严重地影响了移民获取收入的能力，移民在新的地点必须付出很大代价和很长时间才能掌握当地的生产技术。搬迁后，有相当一部分人因为不能很快适应新的就业环境而处于闲置状态，导致原有人力资本的贬值。在调查中，很多移民群众反映，由于环境的变化，他们原有的劳动技能派不上用场。在格尔木移民点，有一个移民说："我们以前在牧业方面什么都会干，而且有些人做皮衣、编织帐篷、做藏靴等的手艺很高，但现在来到城里后，我们一下变成无用的人，什么都不会干，人家老板们也不要我们，现在好多人在家里无事可做。"因此，在补偿中应该包括移民在放弃原有生产技能向掌握新的生产技能过程中而出现的生计困难的补偿、实现转产转业补偿以及劳动力技能培训费用补偿。

3. 机会成本损失补偿

机会成本损失补偿是指为了从事某件事情而放弃其他事情的价值的补偿。藏区牧民除了畜牧业生产收入外，每年还有一些其他收入，如虫草等药材收入、采金收入、其他矿产资源开采收入、高原山珍特色产品如蕨麻、蘑菇、沙棘等收入和旅游收入等，如在盛产虫草的果洛、玉树等地区牧民的虫草收入占其全年总收入的60%—70%。很多牧民因为虫草收入颇丰，生活水平较高，有相当一部分牧民购买了汽车和各种家电。据统计，在三江源地区实施生态移民工程最初1—2年内，放弃发展经济的极限机会成本为2.3亿元左右。[①] 牧民搬迁意味着失去这些收入来源，不可避免地影响到生活水平，形成机会成本。因此，政府在补偿中要注意对牧民机会成本的补偿，使牧民能得到应有的补偿。当然，这部分补偿不能搞"一刀切"，应以不同地区牧民收入的平均值来补偿。

4. 社会资本损失补偿

社会资本是共享的知识、理解、标准、规则以及对有关个人群体进行周期性活动的互动模式的期望。从本质上讲，社会资本是一种支持性的关系，它可以减少人们达到目的的成本。社会学家费孝通认为，从中国的情况来看，中国农村社会具有血缘、地缘关系起支配作用的、差序结构明显的特征。在这样一个传统社会里，由家庭（族）关系和邻里关系构成的社会关系网络对中国农村社会正常运作起着重要作用，是维持生产和生活的主要社会资本，具有一定的社会安全和社会保障意义。在移民迁移过程中，家庭、邻里、亲戚相互分离，提高日常生活互助的社会关系网络遭到破坏，原来正式或非正式的社会组织解体，传统权力和处理系统失去作用，社会组织与人际关系的平台被破坏，互帮互助的关系网和自发组织的服务团体都被拆散了。曾经促使人们为公共利益或为个人需要而建立的社会关系网络一旦被解体就很难重建。如果是用分散的方式安置移民，而不是以群体和社会单元的方式来安置，移民必然要承受巨大的社会损失。移民分散外迁不仅使移民家庭脱离了原来村组的生产组织关系，而

---

① 青海省副省长徐福顺在中加可持续发展国际学术研讨会上的讲话，2007年。

且原有的邻里、亲戚关系对其在生产和生活方面的帮助也变得非常有限。在新的环境里，由于移民孤立无援，抗拒风险的能力显著下降，增大了移民走向贫困的风险。虽然我们无法对移民的无形损失做出定量的评估，但我们应该承认这种损失是客观存在的。移民在新的安置地重建社会资本，因此移民的社会资本受到了损失。这些损失具体表现为：责任与信用的重建资本、信息渠道的重建资本、社会准则的重建资本。为此，在确定移民补偿投资政策时，应该作为一个因素加以考虑。

四 补偿方式

生态补偿方式应当灵活，只要能增加资源存量改善环境质量的，均可视为补偿。补偿方式的多样化可以增强补偿的适应性、灵活性和弹性，进而增强补偿的针对性和有效性。目前，移民补偿方式有三个基本类型：经济性补偿、政策性补偿和综合性补偿。经济性补偿是指通过一定量的实物或资金给予的补偿。包括资金补偿（实物折旧和迁移费）、经济资源补偿（如土地、草场、果园、林地等）和农转非形式补偿。政策性补偿是指通过国家有关政策而非实物或资金给予的补偿，包括产业政策、投资比例的倾斜和税收减免等形式。综合补偿综合了前两种补偿方式的优点，将它们有机结合，并在补偿的概念、范围上实现新创新和发展。

藏区的情况与很多地区不同，具有明显的特殊性，因此，藏区生态移民的补偿方面要采取多元的补偿方式，即实行经济补偿和政策补偿相结合，前期补偿和后期补偿相结合，有形补偿和无形补偿相结合。以保障生态移民各项权益的充分实现。

1. 资金补偿

资金补偿是最为常见、最为直接的补偿形式，也是藏区最迫切最急需的补偿方式。具体可采取补偿金或补助金、税费优惠、低息或贴息信贷优惠、补贴和转移支付等形式。

2. 实物补偿

实物补偿是运用物质和其他生产生活要素所进行的补偿，补偿者运用物质、劳力和土地等进行补偿，解决藏区受补偿者需要的部分生产要素和生活要素，改善受补偿者的生活状况，增强生产能力。如给移民提供粮食、劳动资料等。

3. 政策补偿

在省级层面主要是指省级政府对市（地）级政府及所辖地区的权力和机会补偿。受补偿者以利用这种政策优惠而受益的方式得到补偿。这种利用制度资源和政策资源实施补偿的方式是一种非常重要的方式，特别是在补偿者资金十分贫乏，经济比较薄弱的情况下，这种方法更为切实有效。"给政策，就是一种补偿。"藏区生态移民可以通过政策性补偿，发展新的产业，改善教育、医疗等生活条件。

4. 项目补偿

项目补偿是指通过在补偿区投资举办重大生态保护和建设项目，以减轻当地财政压力的方式实现的补偿方式，目前，藏区生态移民补偿主要属于项目补偿。

5. 技术和智力补偿

智力补偿是指免费或以优惠的形式为受偿地区提供技术咨询、技术指导等援助，为受偿地区培养培训技术和管理人才、输送各种急需专业人才，以提高受偿者生产管理水平和各种技术能力。藏区生态移民区的技术力量十分薄弱，发展后续产业面临许多智力和技术瓶颈，因此，智力补偿在今后的发展中显得十分重要和迫切。

五 补偿标准

补偿标准过高或过低，都是补偿不完善的重要表现。补偿标准过高，造成国家财政负担，补偿标准过低，则会损害移民的权益。世界银行在确定补偿标准方面的一个基本原则是，移民生活水平要提高到搬迁前的水平，而且还要改进移民的福利。藏区生态移民在其特殊性以及其所做的牺牲上，有别于其他各种类型的移民，因此其补偿标准的确定不能一概而论，而应视藏区的实际情况综合运用目前通用的一些标准来确定其补偿标准。本课题组认为，在藏区生态移民的补偿中，应主要把握和坚持以下几个标准。

1. 等量补偿

采用损失量和补偿量相等的补偿办法。对藏区生态移民的文化设施损失的补偿、有条件给予新草场的、机会损失的补偿等可用本办法给予补偿。通过等量补偿，使牧民原有的生活水平不因搬迁而下降。当然，有些破坏可能没有明确的计量单位，可以通过综合测算相关生态功能来进行等量补偿。

2. 加倍补偿

加倍补偿就是补偿量大于损失量。例如，在一个地方砍伐 5 棵树，在另一个地方种植 10 棵树并保证成活。对一般保护区的破坏可以实行等量补偿，但是对全面保护区和重点保护区或重点保护对象的破坏，则实行加倍补偿。

3. 最低补偿

就禁牧草地而言，是指按草地原用途进行的补偿，不使牧民因禁牧而受到损失。草地作为牧民的生产资料，其主要功能是为牧民提供牧业收益。如果按照被禁牧草场的原用途给予补偿，则禁牧草地补偿相当于草地的变现收入；如果一个牧业生产周期内，禁牧草地补偿费的利息收入与该草地的牧业收益相当，则可以认为禁牧草场补偿费与该草地的价值相当。这时就可以用收益还原法（或称收益资本化法）计算地价。上述关系用公式表示，就是：$V = (P - Cm)/R$，其中，V 表示草地价格，P 表示草地产值，Cm 表示草地生产的物质成本，R 表示还原利率。对藏区生态移民的草地损失补偿可采用此办法给予补偿。

4. 最高补偿

藏区生态移民来到城镇新的环境，其生活方式和生产方式面临转型和改变。生态移民到城镇居住，生活的成本比以前大大提高，转产的难度和面临的风险很大。因此，对于这些方面的补偿不能实行等量或最低补偿，而应该给予最高补偿。在补偿中要尽量参照迁入区居民的普遍水平，缩小生态移民与迁入区居民之间的差距。对于补偿标准中的长期补偿部分还应考虑物价上涨的因素，要随着物价的上涨，提高相应的补偿标准。对藏区生态移民的新建房屋补偿、牛羊等资产的损失补偿、移民适应新产业所需要技能的培训费用、由于搬迁而增加的生活成本的补偿、由于生产方式的改变而发生的原有劳动资料的废弃和新劳动资料的购置费的补偿以及基础设施建设、社会事业发展等方面的补偿可采用此办法给予补偿。

第四节 藏区生态移民补偿额度测算

一 实物性补偿测算

1. 房屋补偿费

目前通行的做法是以完全重置价格对移民住房给予补偿，不能扣减折旧。这一点对藏区生态移民的房屋损失和重建补偿也是适用的。在藏区生态移民区无法采用折旧办法补偿，因为大多数移民搬迁前居住在帐篷里。如果对帐篷的损失进行折旧补偿，那么移民进入新区特别是进入城镇后这一部分补偿根本不可能置建新房。因此对藏区生态移民的房屋补偿应以迁入区农牧民平均房屋面积与质量的标准给予补偿。如果移民原有房屋价值超过现有的补偿标准，那么对超过部分应给予补偿。

表10　三江源地区生态移民房屋重置费（2009年）

地区	房屋面积（平方米）	迁入区城镇每平方米建房成本（元）	房屋重建总费用（万元）
玉树生态移民	60	1300—1600（结古镇）	7.8—9.6
果洛生态移民	60	1200—1300（大武镇）	7.2—7.8
黄南生态移民	60	1000—1200（隆务镇）	6.0—7.2
海南生态移民	60	900—1200（兴海县子科滩镇）	5.4—7.2
格尔木生态移民	60	1000—1200（格尔木市）	6.0—7.2

目前在三江源地区，生态移民的房屋由政府统一征地规划修建后让移民居住，每户60平方米，给每人投入8000元，一户按5人计算，一户房屋的修建费共计4万元。在有些地区给每户配套修建了

120平方米的畜棚。表10显示，目前对三江源地区生态移民的房屋补偿与实际需要有一定的差距。现在政府虽然按4万元的标准给每户建了住房，但是由于经费不足，资金缺口较大，因此修建房屋材料以及施工质量都得不到保证。据调查，有些地区生态移民的住房出现开裂、漏雨等问题。我们建议能根据迁入区的标准，对已经入住生态移民户追加一部分住房补偿费，用于房屋的维护和修缮，也使人口多、孩子即将结婚的家庭能够适当扩建住房。

2. 草地损失补偿费

草地损失补偿，不能完全等同于一般的财产交换。一般的财产交换，一方付出物的价值量，另一方付出物的使用价值，交换即可完成。但草地是牧民维持生计的基本生产资料，它的价值在于它能产生收益，使牧民收益的主要来源。除非在别的地方为移民重建生产系统，或者给予他们一份收入稳定的工作，否则，一旦失去草地，受影响的移民家庭就会走向贫困。

本课题组认为，对移民的草地损失补偿方案应该有三种：

第一种划定新草场补偿办法，即对移民在进入迁入区后给予更好质量的更多数量的草地作为补偿，或者给牧民重新分配耕地作为补偿。从现在藏区的情况看，给予等量的草场补偿的办法不现实，因为所有草地都已承包到户，没有公用或多余的草地。但是因为藏区国有农场土地资源相对丰富，而这些国有农场现又正在体制改革，划拨一部分耕地出来，供生态移民使用是完全可行的。另外，如前所述，在青海黄河谷地未经改造整理的土地资源可观，而且已经列入政府规划中。同时，藏区还有一些益农但由于水利问题未开垦的土地，这些土地经过改造和治理，改善水利等基础设施后也可用作生态移民的生产用地。因此给生态移民划拨一部分土地作为补偿完全有条件。

第二种足额资金补偿。因为草地对牧民具有生活保障效用、提供就业效用、直接收益效用、子孙继承效用、养老效用、草地资产增值效用等，因此在客观上对草地的补偿应包括上述各个方面。我国目前的征地补偿费，包括土地补偿费、安置补偿费、青苗和附着物补偿费。征用耕地的补偿费为该耕地被征用前三年平均年产值的6—10

倍，征用耕地的安置补助费按需要安置的农业人口计算，每一个需要安置的农业人口的安置补助费标准，为该耕地被征用前三年平均年产值的4—6倍，需要安置的农业人口数，按照被征用的耕地数量除以征地前被征用单位平均每人占有耕地的数量计算，土地补偿和安置补助费的总和不得超过土地被征用前三年平均年产值的30倍。① 很明显，这种补偿采用的是收益倍数法，对土地所具有的社会保障价值体现不够。在目前条件下，要实现对草地全额补偿，国家可能还有一定的困难，是不现实的，但至少同征地补偿一样。藏区各地每亩草地所能产生的畜牧产值不一样，四川石渠县以及青海三江源地区每25亩草地能生产一个羊单位，青海环湖地区15—20亩草地生产一个羊单位。如果以藏区重点移民区三江源地区草地25亩生产一个羊单位计算，一年每亩草地的畜牧经济价值为20元。比照内蒙古按当地当年畜牧产值的10倍补偿计算，藏区生态移民草地损失每亩应补偿200元。②

第三种提供新的就业机会，使移民获得稳定的、与迁入区农牧民生活或城镇居民收入相等或略高的收入的办法。

3. 机会成本补偿费

参照青海海西州城乡居民收入与三江源区城乡居民收入间的差额作粗略估算，作为极限值，每年的补偿额度可以按照下列公式加以计算（以2008年数据为例）：

机会成本年补偿额度 =（海西州地区农牧民人均纯收入 − 三江源区农牧民人均纯收入）×三江源地区农牧人口 +（海西州地区城镇居民人均可支配收入 − 三江源区城镇居民人均可支配收入）×三江源地区城镇人口 =（3725 − 2233.6）×49 +（13522 − 11554）×21 = 114406.1 万元/年。因此可知，2007—2009年三江源地区因发展

---

① 《中华人民共和国土地管理法》。
② 根据《内蒙古自治区草原管理条例》第二十五条规定："国家和自治区为了公共利益的需要，依照法律征收或者征用草原的，应当支付草原补偿费、安置补助费和附着物补偿费。草原补偿费按照该草原被征收或者征用前五年平均饲养牲畜价值和年产经济植物价值之和的十倍支付；安置补助费按照每亩被征收或征用草原前五年平均饲养牲畜价值和年产经济植物价值之和的十至十五倍支付；附着物按照实际损失合理支付。"

经济的极限机会成本为 34.3 亿元左右。①

（1）虫草等药材收入补偿。以果洛牧区为例，虫草区平均一个牧民一年采挖虫草及相关收入 5000 元左右。因此，对从虫草区搬出的生态移民应按当地人均一年虫草收入每年给予等量补偿。对因搬迁而丧失采挖贝母、大黄、红景天、雪莲等药材收入的补偿办法应与虫草收入补偿办法相同。

（2）高原山珍特色产品收入补偿，如采集蕨麻、蘑菇等收入。对从这些资源区搬出的生态移民应按当地人均一年采集上述产品的收入每年给予等量补偿。

（3）旅游收入补偿。个别移民以前每年都有一定的旅游收入，因此搬入新区以后对这一部分生态移民应按移民前的人均旅游收入每年给予等量补偿。

（4）矿产资源开发补偿。由于生态保护，移民区一般都是禁止开发区，要停止所有矿产资源的开发。对于这一部分机会成本收入的补偿直接用资金补偿不易计算，可以在后续产业开发等方面给予酌情考虑。

4. 生活费用补偿

生活费用补偿是对牧民搬迁前后生活成本变化与当地居民生活水平差价的补偿。

（1）牛羊肉、酥油、曲拉等费用的补偿。移民前牧民以相当于成本价来食用牛羊肉酥油、曲拉等，因为这些都是自家生产的。而移民进入城镇后所食用的牛羊肉等都要从市场上购买，因此就存在着一个成本价与市场价之间的差价问题，无形之中增加了牧民的负担。对这种差价应给予等量补偿。

（2）燃料费用补偿。牧民移民前所用燃料——干牛粪，无须花钱，全部能自足。但移民进入城镇后，所需燃料都需要通过市场进行购买。2008 年一麻袋牛粪的市场价达 15 元，因此大大增加了移民的开支。对这一部分的补偿，应按一户以市场价计算每年所需燃料费进

---

① 穆兴天、苏海红：《三江源生态补偿机制研究》，载《青海经济研究》2008 年第 2 期。

行补偿。例如，果洛地区一户牧民每年需要的干牛粪约360袋。因此，最低也要每年给每户5400元的燃料费补偿。

（3）水电费用补偿。对于部分移民而言，水电费是新增加的开支，草原上用的是太阳能、自然水。因此，对移民在使用水电方面而增加的开支也应给予一定的补偿。根据平均计算，需要给每户1200元的补偿。

表11 2008年三江源地区生态移民户饮食年需现金估算（户均按5人计算）

	人均日需（斤）	单价（元）	人日需（元）	人月需（元）	人年需（元）	户年需（元）
牛羊肉	0.3	15	4.5	135	1620	8100
牛奶	0.5	2.5	1.25	37.5	450	2250
酥油	0.2	16	3.2	96	1152	5760
曲拉	0.1	18	1.8	54	648	7776
炒面	0.2	1.5	3	90	1080	5400
大米	0.2	2.5	0.5	15	180	900
面粉	0.2	1.5	0.3	9	108	540
调味品日用品						1200
燃料（牛粪）	户日需（袋）1	15				5400
合计						37326

5. 宗教设施重建补偿费

对移民到新地区需要重建的宗教设施，如寺院、佛堂、拉泽等的费用，应按当地的物价等实际给予一定的补偿。

二 政策性补偿办法

从补偿形式效果的短期与长期来看，生态移民补偿的形式可以相对地被分为两种类型：一种是输血式补偿形式，即资金补偿、实物补偿；另一种是造血式补偿形式，即政策补偿、项目补偿和智力技术补偿。从现实来看，藏区的生态移民补偿主要是通过国家的财政支付形式实现的。但是国家对藏区转移支付只是针对这个地区的一个环节，这些资金在数量上是微不足道的，尽管在不断加大，也不能填补生态补偿对象的生态贡献；况且，由于输血型生态移民补偿机制无法解决发展权补偿的问题，无法解决生态保护和建设投入上的自我积累、自我发展的问题以及补偿额度难以量化的问题，所以从长远看，藏区的生态移民补偿形式选择应以后一种为主。只有如此，才能使环境资源保护区的受补偿者充分发挥其发展经济的潜能、积极性和主观能动性，形成造血机能与自我发展机制，使外部补偿转化为自我积累和自我发展的能力，最大限度地解决经济发展潜能的激活和环境资源的保护之间的矛盾，实现可持续发展。具体而言，对藏区生态移民造血性补偿重点放到农牧民教育费补偿、卫生医疗费补偿、产业扶持补偿等。要把藏区生态移民的子女从上小学到大学"包"起来；把生态移民再就业和转产创业"扶"起来；把50岁以上的移民"养"起来。对基础设施建设运营费用、公共服务运行费用和基层政权运转费用也要给予一定的补偿。设立城镇基础设施建设补偿，城镇服务设施建设补偿以及基础设施、服务设施的运行、维修和管理费用补偿；基层政权硬件建设补偿，基层政权建设运行费用补偿。制定财政、税收、信贷优惠政策，支持生态产业和生态移民后续产业的发展。[①] 考虑到藏区的特殊性，生态移民的生产发展扶持资金应提高到2万元，技能培训每人每年提高到3000元。

第五节　建立藏区生态移民补偿机制的保障措施

一　建立多元的投融资渠道，保证补偿资金的供给

1. 建立国家对藏区生态移民补偿的财政转移支付制度

政府补偿，即纵向财政转移支付，是指中央对地方，或地方上级

[①] 吴天荣：《建立生态补偿机制的战略思考和政策建议》，载《民族经济与社会发展》2008年第11期。

政府对下级政府的经常性财政转移。该政策适宜用于国家对重要生态功能区的生态补偿，实现补偿功能区因保护生态环境而牺牲经济发展的机会成本。在藏区生态移民补偿中，一是要运用"财政转移支付"形式，加大国家对藏区的投资力度，建议国家发改委、财政部、国家环保总局等部门认真研究，制订有关的政策和计划，对因保护生态环境而造成的财政和牧民减收，应作为计算财政转移支付资金分配的一个重要因素。建议国家在一般性转移支付办法中专门设立"藏区生态移民补偿转移支付"科目，在综合考虑农牧民和地方政府减收增支的实际基础上确定一个合理的起步基数，并随着经济发展逐年予以增加。二是以税费和专项资金的形式补偿。征收"生态税"或"生态附加税"，确保生态补偿资金有长期稳定的来源。例如，我国西电东送工程已形成输电能力2060万千瓦，如果在西部地区输出的每立方米天然气中增加3%的生态补偿费，每度电增加0.5分的生态补偿费，则每年可为西部地区筹措13.5亿元的生态补偿资金；再例如，青海省境内黄河上游现有的公伯峡、龙羊峡、拉西瓦、李家峡水电站累计年发电量272.4亿千瓦时，如果每度电提取生态补偿费0.5分，每年就可以为青海筹措1.36亿元的生态补偿资金。三是以税收优惠、扶贫和发展援助政策的形式补偿。对藏区生态移民区实行税收优惠、扶贫和发展援助是生态移民补偿政策的重要辅助手段，主要目的是补偿发展机会成本的损失，税收优惠包括税收分成比例调整和税收减免两个方面。将现有扶贫和发展援助政策向补偿地区倾斜和集中，就可以发挥对生态移民补偿的作用。四是以经济合作政策的形式补偿。开展经济合作是解决跨省界型流域、城市饮用水源地和辖区小流域生态补偿问题的重要辅助政策，其目的是补偿流域上游地区牺牲的发展机会成本，根据地方经验，经济合作的形式是多种多样的，如建立"异地开发"区、清洁型产业发展项目投资、人力资源培训、创造就业机会等。

2. 建立流域转移支付补偿制度

以流域为依托的补偿是指生态位势低的下游地区对生态位势高的上游生态保护区的补偿。此种类型的生态补偿是指由于流域上游的生态保护直接影响到下游地区的生态质量，因而需对上游地区的生态移民等生态保护努力和机会成本给予相应的补偿。由于生态资源属于公共产品，外部性强，由全社会共享，然而生态供给（保护）通常由区域少数群体完成。藏区担负着保护江河上游地区生态的重任，在目前生态补偿制度尚未完善的情况下，与享受生态收益的下游地区相比，上游地区为保护生态损失了发展权，显然有失公平。因此，需要通过生态保护补偿机制，由经济发达的下游地区"反哺"上游地区，建立流域生态环境利益共享机制，把保护流域生态环境的责任和利益进行分割，形成在生态移民的产业发展、移民子女的教育、提供技术服务等方面的合作。

流域生态补偿的另一条途径是流域转移支付体系。即中下游地区根据收益情况对源区进行补偿。这种补偿方式，在国外有很好的例证，如在美国，一些地区为加大流域上游地区农民对水土保持工作的积极性，采取了水土保持补偿机制，即由流域下游地区水土保持受益区的政府和居民向上游地区做出环境贡献的居民进行货币补偿。如纽约市政府对为纽约市供水的卡茨基尔流域的水资源恶化，计算了治理成本，计算出如果建造一座水净化厂，需投资60亿—80亿美元，还不包括每年3亿美元的运营成本。如果采用流域治理和补偿的办法，只需10亿—15亿美元。比较治理成本后，纽约市采用了流域治理的方法，买断流域周围10万英亩的土地来控制周边的工业发展；同时通过补贴的办法，限制农业用地的使用。此外，政府还通过分期付款的方式从土地所有者那里购买环境保护的地役权。德国也有生态效益横向补偿，它以州际财政平衡基金为主要内容。具体做法是：扣除划归各州的25%的销售税后，剩余大部分资金转移到上游贫困地区。可喜的是，近年来国内一些地区也做了这方面的尝试。例如，发源于江西安源、寻乌、定南三县的东江是珠江的一大支流，流经江西、广东，注入湘江，成为流域3000多万居民的主要水源，占香港淡水供应量近八成，被香港人誉为"生命之水"。2005年，在国家的协调下，江西和广东率先在全国探索上下游生态补偿机制，由广东每年从东深供水工程水费中安排1.5亿元资金用于东江资源生态环境保护。

再如浙江省金华市金东区傅村镇和源东乡签订了一个 10 万元金额的生态补偿协议，内容是傅村镇每年向位于自己两条溪水上游的源东乡提供 5 万元，作为对源东乡保护和治理生态环境、保护下游用水安全以及为此而造成的财政收入减少的补偿费用，协议期限是两年。数字虽小，但确实是一种可喜的进步。[1] 藏区处于长江、黄河和澜沧江等大江大河的源头地区，对中下游地区用水和经济社会发展具有重要的保障作用。藏区江河源地区承担着生态保护、水源涵养、保障供水的功能定位，中下游流经地区是我国经济社会发展水平较高的地区，也是非常明确的受益地区。但是上下游地区间在发展与保护方面的利益冲突较严重，一般是上游地区反应强烈，下游地区尽量回避，在没有中央政府协调的情况下，地方政府在这类问题上基本上是无法作为。据此，应尽快建立符合国情的上、中、下游地区利益共享、责任共担的补偿机制，组建权威性的全流域保护和管理机构，定量核算、综合协调处理全流域资源开发与保护及管理事宜。具体设想是：加快水资源税费制度改革，在落实水量分配和水权制度的基础上，对用水地区按用水量每立方米 0.10 元征收流域生态补偿基金，40% 由中央政府统一调配，用于重点生态保护和建设项目投入，60% 依照各流域产出水量直接划转地方政府，由地方政府用于生态保护与建设及相关项目的支出。或者，建立上游与下游地区的生态补偿"谈判"制度。由上游地区根据其"管理费用＋适当收益"的原则，向下游地区提出补偿要求，下游地区生态受益地区根据当地的经济发展水平以及当地流域生态的直接和间接效益与上游地区进行协商谈判，最终确定补偿标准和补偿方式。另外，沿江、沿河中下游地区各省区可通过实物、技术、项目开发等各种渠道和方式支持源区生态环境保护建设和移民经济社会发展，这些支持，也可视为补偿。

3. 争取国际补偿

藏区是亚洲乃至北半球气候形成变化的启动区之一，是全球现代

---

[1] 穆兴天、苏海红：《三江源生态补偿机制研究》，载《青海经济研究》2008 年第 2 期。

冰川集中分布区，是我国和一些亚洲国家大江大河的主要水源地，被人们称为"中华水塔""全球水塔"。藏区生态环境保护关系全球生态环境安全。在全球生态环境保护分工中，藏区承担着重要的责任。有关国家应该为全球生态环境保护承担相应的责任，国际社会支持我国西部生态建设与补偿也是他们应尽的责任。因此建立藏区生态移民补偿机制也需要积极向国际社会呼吁，争取国际支持。

4. 发行生态建设彩票

发行彩票是政府的一条重要筹融资渠道（西方发达国家称其为"第二财政"），具有强大的社会集资功能。目前，彩票业已发展成为世界第六大产业。因此，藏区应积极争取国家支持发展彩票业并使之成为藏区融资的重要渠道之一。藏区生态环境建设可以借鉴东部开发时的一些融资方式，通过发行"藏区生态建设彩票"的方式融资，这样，将可以强有力地支持藏区生态建设，保障藏区生态移民的补偿问题。当前，可以考虑在全国范围内发行生态环境建设彩票，除发行成本以外，藏区筹集的资金应全部用于本地区生态环境建设和补偿，东部和中部地区筹集的资金60%上缴中央，专项用于藏区生态环境建设，其余40%用于本地生态建设和补偿。

二 将补偿机制上升到法律层面，用法律制度保证移民权益

市场的基础作用和政府的主导作用都统一于法治，这是千百年来人类历史活动经验归结于此的次优化选择。翻开人类社会的发展史，人类社会活动的主要路径是所谓的制度和技术变革之路，即从制度上通过建立或完善某种新的强制或非强制规定，从外部来激励或约束人们的行为，或是通过技术创新，以标准化、规则化和权限化来规范或掣肘人们的行为。就生态移民的补偿机制而言，制度的功能体现在三个方面：一是对造成生态环境破坏的行为进行限制，制定和完善生态资源开发利用禁限制度；二是通过经济利益的驱动，达到生态补偿的目的，例如开征生态税、实施生态补偿保证金制度；三是在前述抑制和激励之外，确立行为人对生态环境的补救义务，要求在生态环境受到损害时，责任人应当以实际行动来回复、更新、补救生态环境的实

际损害，使生态的再生能力得到保障，这样才能全面恢复生态环境的保护。生态移民补偿问题是个法律问题，如果只当作政策问题，作用难以长久。实践证明，加强生态移民补偿的法制建设，为建立生态移民补偿机制提供法律依据。这是建立和完善生态移民补偿机制的根本保证。首先，要做好立法工作。通过制定配套的相关法律法规，对补偿的范围、补偿资金筹措、补偿方式、补偿标准、补偿实施与监督等利益相关的环节予以明确的规定，以法律法规来调整新形势下的利益分配，使生态移民补偿机制在法制框架之内依法有序地运行，保证补偿机制的公平性和科学性，使生态移民补偿机制得以长期、稳定的实施。但法律法规的制定在时间上具有一定的滞后性，因此在实施补偿机制之初，可以先由相关各方的上一级政府颁布行政文件或行政法规，以积累运行的经验，待条件成熟后再以法律法规的形式颁布实施。其次，为了确保能长期、稳定地通过政府间的财政转移支付来加强对藏区生态移民工程的支持，也需要在法律上给予明确规定。其次，需要制定专项自然生态保护法，对自然资源开发与管理、生态环境保护与建设、生态环境投入与补偿的方针、政策、制度和措施进行统一的规定和协调，以保障生态移民补偿机制很好地建立。最后，需要通过立法确立生态环境税的统一征收、管理制度、规范使用范围。制定相应法规对生态、经济和社会的协调发展做出科学的、系统的安排。制定具有区域特色针对性强的环境保护法，对藏区的生态环境建设做出长期性、全局性的战略部署，用法律制度保障相关群众的生存权和发展权。

在补偿机制的法制化建设中，要保障移民的参与权与申诉权。为了确保移民得到合理的经济补偿，切实维护移民的合法权益，在移民安置过程中要充分听取移民的意见，这对做好移民安置工作十分重要。在制定移民安置规划、移民安置方案、征地补偿标准、移民经费使用等方面都要广泛听取移民和移民安置区居民的意见，必要时可以采取听证的方式听取生态移民的意见，并张榜公布、接受监督。在补偿和移民安置过程中，移民认为其合法权益受到侵害时可以依法向信访部门、移民管理机构反映，县级以上人民政府或者其信访部门、移民管理机构应当对移民反映的问题进行核实并妥善解决。

三 以政府为主导，加强补偿机制建设的协调和管理工作

科学研究表明，作为生态的自然资源具有不平衡性、有限性、多用性、双重价值性和非排他性与外部性。在作为公共物品的生态资源面前，市场机制存在失灵的危险，而政府通过制定法律规范、宏观调控、提供政策和资金支持等一系列恰当的制度设计，使环境资源的外部性成本内部化，由环境资源的开发利用者来承担由此带来的社会成本和生态环境成本，使其在经济学上具有正当性，从而解决市场难以自发解决的资源环境保护问题。

生态移民补偿机制是一种激励生态保护与建设、遏制生态破坏行为的经济手段，在取得环境效益的同时也能取得社会效益，起到调节社会相关者经济利益的作用，在建立生态移民补偿机制中，政府和市场都可以发挥作用，但基于我国现阶段的实际情况，应确立政府在藏区生态补偿机制中的主导地位。具体说，在藏区生态移民补偿机制方面，要建立一个实施生态移民补偿的管理与协调体制。第一，生态移民补偿机制不只是环境保护的常规手段，而是直接触及重新调整许多方的环境和经济利益关系的重大问题，影响广泛而深刻，必须认真和科学对待。第二，生态移民补偿政策不是某一个或几个独立的政策，大部分政策是依附于现有许多部门政策和国家综合政策之中，涉及许多部门利益，需要综合协调。第三，一些紧迫的生态补偿问题的机制形成（如流域），都需要上一级政府的协调，搭建利益主体的协商平台。由上一级的政府主持、推动，由相关利益方的政府实施区域生态补偿，这样可以克服区域生态补偿与生俱来的浓郁的地方利益色彩，使建立的藏区生态移民补偿机制更合理，更有利于补偿的稳步实施。第四，一旦国家或地方建立了公共财政补偿政策（如财政转移支付和专项基金），需要监督管理、仲裁纠纷和对实施情况进行绩效评估。成立藏区生态移民补偿机制管理机构，在中央层面，主要是为藏区建立生态移民补偿提供政策导向、法规基础，同时引导建立全国性的、区域性的、跨省流域的生态移民补偿机制和政策。对区域补偿进

行协调、管理和监督等；地方政府是落实本地区生态移民补偿工作的主要责任者，其主要职能是根据中央的统一部署具体实施补偿，并协调本区域内下一级的生态移民补偿工作。建立一个既能反映中央政府方针政策，又能获得区域内各级政府普遍认同、具有民主的治理结构的跨行政区区域补偿协调管理机构，也是顺利推进区域生态移民补偿机制比较好的方法。在各级工作机构建设的方式上，可以通过在某一行政职能部门设立负责日常联络和组织工作的办事机构或工作小组，赋予该组织一定的行政和技术职能，实施区域补偿工作。当补偿机制进入正常运行轨道后，无疑要重视市场作用的发挥，此时政府的角色应向市场秩序的维护和运行规则的制定转化。

总之，作为一项新的制度，藏区生态移民补偿制度的建立和实施还面临许多困难和制约因素。首先，从行政管理体制上是以纵向为主，横向管理的机制严重不健全。其次，国民经济绿色核算体系和环境审计体系未建立，难以揭示和表达环境变化对相邻地区经济增长和社会财富的影响与作用。再次，区域生态补偿缺乏强有力的技术支持，环境影响数量化技术和货币化技术不成熟，而且基本上是以污染损害为背景设计和开发的，针对生态破坏的环境影响数量化技术十分稀缺。最后，区域生态补偿机制得不到相关机构配合和支持，跨界环境问题磋商协调机制和争端解决机制建立有难度，众多的区域环境纠纷和跨界环境问题随时干扰和破坏区域生态移民补偿机制的顺利进行。因此，在建立与完善生态移民补偿机制时，应以法律法规为基础，实施政府主导、市场推进的组织方式，按从点到面、先易后难的操作原则，分阶段逐步推行。只有通过全国上下不懈的努力，解决好法律法规、运行机制以及实施过程中不断出现的具体技术问题，藏区生态移民补偿机制才能持续稳定地实施，成为保障生态移民权益，保护生态环境、实施可持续发展战略的重要手段。

第二章 藏区生态移民后续产业发展研究

生态移民能否及早适应新环境，掌握新的生产技术增加经济收入，达到社会稳定繁荣、经济持续发展、生态良性循环的目标，其核心是增加生态移民的收入，关键是构建适合当地发展的后续产业发展模式，依靠政府提供的多种优惠措施，鼓励移民尽快实现二次创业，在较短时期内顺利转产。但由于藏区生态移民区地处青藏高原腹地，经济社会发展滞后，基础条件差，区位优势不突出，社会发育程度较低，生态保护的要求高，因此发展生态移民后续产业，顺利实现转产面临的制约因素很多。目前，藏区生态移民后续产业的发展极其缓慢，所开发的产业有的已陷入困境，有的在艰难维持，后续产业在增加移民收入中发挥的作用十分有限，更为严重的是广大干部和移民群众发展后续产业的信心受到很大影响。在藏区特殊的条件下，如何发展生态移民后续产业是目前亟待研究的一个课题。

第一节 藏区生态移民后续产业发展的条件分析

一 自然资源

自然资源是区域经济发展的基本物质条件，自然资源对劳动生产率和产品质量、区域产业结构、区域资本积累有着重要的影响。藏区是我国自然资源丰度最高的地区，拥有极其丰富的土地资源、水能资源、矿产资源、地热资源、太阳能资源、旅游资源等。若自然资源人均拥有量优势度全国为1，则西藏与青海分别为7.0307、3.3231，分别名列第一与第二。但是，由于受藏区生产力水平和技术水平条件以及资金的影响，藏区自然资源中的相当一部分目前还无法成为生态移民后续产业发展中可以利用的物质资料。如水能资源、矿产资源、风能资源、地热资源等。目前在藏区直接可以成为生态移民后续产业物质基础和发展条件的自然资源有

第一，中藏药材资源。由于特殊的地理环境，药用动植物遍布藏区各地。如青海共有药用资源1660种。主要的药用植物有冬虫夏草、雪莲、藏茵陈、大黄、秦艽、贝母、黄芪、羌活、苋蓉、麻黄、红景天、藏红花等。有关资料显示，青海藏区虫草年产量100吨，按现行市场价计算，价值达60亿元。野生大黄年产50万吨，价值达200万元，川贝母年产量2万吨，价值近3000万元。丰富的药材资源和大量的市场需求，有利于生态移民通过发展采集业增加收入。条件较好的地区，还可以通过对外联合等方式，利用中药材优势资源，发展药材资源加工业。

第二，畜产品资源。青海藏区藏系绵羊和藏牦牛存栏数达2400万头（只），其中藏牦牛存栏数居全国第一位，占世界总存栏数的1/3。全球牦牛的数量不过1700多万头，藏区就拥有1400多万头，由于我国牦牛数量位居世界第一，对牦牛资源拥有绝对的优势，处于全面垄断的地位，没有任何国家和地区可以与中国展开竞争。以牦牛肉为例，在国际市场上牦牛肉被美国国际牧业协会称为"最健康的食品"，牦牛肉平均售价16美元一磅（即每454克售价为人民币103元）。从全球的消费趋势看，牦牛产业面临着前所未有的发展契机，牦牛产品具有极为乐观的利润空间和市场扩展空间。另外，著名的"西宁大白毛"资源也很丰富，产地广阔，每年的总产量有18000多吨。用"西宁大白毛"织出的藏毯具有坚韧耐磨、质地柔软的特点，经化学水洗后，其光泽犹如锦缎。在人工草场和农区畜牧业越来越多地面临各种污染，而绿色有机畜牧产品的需求越来越大、越来越紧俏的时候，藏区地处青藏高原，人烟稀少，空气清新，牧草丰美，土壤、牧草、水及动物均无化学、生物污染，是联合国教科文组织认定

的"世界四大无公害超净区"之一。藏区的畜产品是原始自然产物，是天然绿色食品和有机食品生产的理想基地。源区内牦牛因长期生活在无污染的天然高寒地带，其毛、皮、血、肉、乳、内脏、骨、角都有较高的深加工的开发价值，发展潜力较大。这些优势资源为今后生态移民发展特色生态产业，打好"高原牌""绿色牌""有机牌"提供了有利条件。

第三，环境资源。自然环境中的降水、气温、日照等要素，往往能够决定农产品的区域布局。在农业区划中，进行农作物适宜区选择时，主要依据的也就是这几种自然条件的情况。藏区地处青藏高原，属大陆性气候与东部季风气候的接触地带，地域辽阔，地势起伏，地貌垂直分异明显，海拔3000米以上。气候冬长寒冷，夏季最暖月平均气温为5.4—19.8℃。从全国乃至世界大市场来看，冷凉性气候是一种优势、一大特色。青稞、油籽、豆类、薯类以及牛、羊等主要农畜品种具有喜凉和耐寒、耐旱的特点。农作物种植上限很高，青稞上限为4750米。主要牲畜品种放牧上限更高，如牦牛放牧上限可达海拔5500—5700米，藏绵羊放牧上限可达海拔5400—5600米。农牧林渔业的高寒特色在全国独一无二。[1] 藏区虽然气候高寒，但日照时间长，太阳辐射强，全年日照时间在2300—3600小时，高于国内同纬度的其他地区。由于日照时间长、植物光合作用有效辐射丰富。比如，青海的蚕豆，粒大饱满，无蛀虫，一般粗淀粉含量达47.3%，粗蛋白含量达28.2%，粗脂肪含量达1.48%，产品远销日本、韩国、西欧等国家和地区。青海的油籽，平均出油率达38%，比全国平均出油率高出7个百分点。青海的沙棘，平均每100克含维生素C达1.5克，比内地高两倍，大通牛场生长的沙棘含维生素C高达1.9克，不用浓缩就可以出口。冷凉性气候和日照时间长正是发展高原特色农牧业的一大优势，是生态移民后续产业发展的一个方向。

第四，旅游资源。藏区独特的地理位置和气候条件形成了独有的自然景观和生态景观。藏区旅游资源具有神秘、奇特、多姿多彩

---

[1] 郑度等：《中国的青藏高原》，科学出版社1985年版。

和唯我独有的特色,江河源头,景观奇异;藏族风情,粗犷质朴;宗教文化,历史久远;地方歌舞,独具风格;土特产品,遐迩闻名;珍稀物种,争芳夺目。雪岭、冰川、湖泊、森林、草甸和珍奇异兽广为分布,自然风光十分壮丽,更具有神秘的宗教文化和质朴的民族风情,为在保护区开展观光、朝觐、访古、科考、探险、登山等活动提供了有利条件。生态移民可以在世界屋脊科考游,三江源地区生态游,山岳冰川探险游,草原风光休闲游,高原湖泊、河流、生物观赏游,生存极限体验游,神秘宗教文化游及名胜古迹游等项目中受益。

二 资本

资本在类型上一般分为物质资本、人力资本和金融资本。这里所指的资本为金融资本。资本是经济发展的要素之一。特别是经济发展落后的地区,由于自然资源和劳动力供应相对充沛,所以资本存量的多少,资本总量的增加速度,往往成为一个地区经济发展的最基本条件。一般而言,一个区域资本积累与形成有两种途径:一是资本积累,二是区外输入。区域自身的资本积累取决于其储蓄能力与储蓄意愿;区外资本输入有两种:一种是其他地区(包括国外)资本的自动流入,一种是上级政府(主要是中央政府)的资本注入与区外援助。藏区经济发展落后,储蓄能力低,且受传统习俗与发育不良的金融业影响,人们的储蓄意愿不高,自身资本积累数量少,速度慢,满足不了产业发展的需求。由于高原产业效益低,除对口支援外,区外资本流入极少。中央资本注入一直是青藏高原资本积累的主要来源。现青海全省15个国家级贫困县中11个分布在藏族自治州,全省10个省级贫困县全部分布在藏区六州。在青南高寒牧区8个国定贫困县中,贫困人口有25.4万人,占当地农牧民总人口的63%。藏区生态移民区98%的支出要依赖中央转移支付。大多数县级财政年收入仅200万—300万元,占支出的2%—3%。另外,藏族牧民的消费带有一定的宗教消费倾向,大量的家庭收入用于修建寺院、佛塔以及朝拜方面,没有家庭储蓄的习惯。根据贫困恶性循环理论,藏区经济中存在着供给和需求两个循环。从供给方面看,低收入意味着低储蓄能力,低储蓄能力又引起资本形成不足,资本形成不足使生产率难以提高,低生产率又造成低收入,这样周而复始,形成一个循环。从需求方面看,低收入意味着低购买力,低购买力使投资引诱不足使生产率难以提高,低生产率又造成低收入,这样周而复始又形成了一个循环。2009年,为了鼓励和扶持三江源地区生态移民发展后续产业,青海省财政安排3000万元专项资金,设立三江源地区生态移民创业扶持资金,主要用于生态移民自主创业,开展多种经营,创办经济实体,发展后续产业,增强移民创业能力,加大对农牧民专业合作组织和农牧业产业化龙头企业的扶持力度,努力提高生态移民的组织化程度。另外,对劳动密集型企业加大扶持力度,以吸纳更多的生态移民进行就业。这一创业扶持资金性质为无息借款,借款期限为两年,最长不得超过三年。借款额度按照创业扶持资金扶持项目的内容及规模审核确认,集体按照10万—50万元,个人最高不得超过5万元。这为生态移民后续产业的发展提供了一定的资金保障。

三 市场

市场的需求量和产品的市场价格,决定了市场产量的大小,任何市场上的任何产品,都有一个"门栏"需求量,低于此值,就无法进行规模生产。生产因子对产业发展的影响主要有三个方面:市场与企业的相对位置;生产规模,即商品或服务的容量;市场结构,即商品和服务的种类。藏区生态移民区的市场有两个特点:一是区内人口少,需求量低,发展第三产业的市场空间有限。如果洛州各县的总人口为:玛沁县40432人,其中城镇人口14826人;甘德县26246人,其中城镇人口4000人;达日县26095人,其中城镇人口4605人;班玛县24184人,其中城镇人口3819人;久治县21897人,其中城镇人口3550人;玛多县13076人,其中城镇人口2810人。美国地理学家莫尔认为当城市人口达到25万—35万人时,既可有较强的实力,成为相对独立的区域中心,设施完备,产生工业聚集效益,又可避免大城市的严重弊病。法国学者戈必依1922年则设计出了30万人口的

"理想城市"。① 第三产业有一个重要特点，要求人口必须集中到一定规模，服务企业才能盈利，第三产业才能作为产业来经营。这就是第三产业往往主要集中在城市，特别是大城市的根本原因。不仅如此，第三产业的内部结构与城市规模结构也有很大关系，一般来说，高附加值、为生产服务的、新兴的第三产业，往往与城市规模联系在一起。这就是为什么在城市，金融保险、会计法律、信息服务等行业比较发达，博物馆、剧院、体育馆比较集中的原因。在小城镇，这些行业缺乏需求基础，很难发展起来，即使要发展，也只能作为社会事业来办，靠政府资助生存。因此，第三产业的发展离不开城市化的进程，城市化是第三产业发展的依托，第三产业的发展水平与城市化率成正比。藏区小城镇的人口多在1万人以下，甚至相当数量的县城人口不足2万人，从县域这个城镇基本经济单元发展状况看，藏区的弱势十分明显。受人口、GDP、财政等规模的制约，青海城市化进程缓慢，大多数农牧民的生活方式、收入水平和消费水平并未明显提高，他们的生活水平离真正城市化还较远，因而不能为第三产业发展提供更广阔的市场空间。二是与区外主要市场距离远，产品的运输成本高。藏区生态移民区大都分布于青藏高原内陆地区，交通线长，与外界联系困难。从三江源地区的情况看，与其主要市场——省会西宁市的距离最近的有500—800公里，较远的有700—1000公里。而且不通火车，只有单一的公路运输，从而形成了产品的高运输成本。一块砖从西宁拉运到果洛大武镇移民点，其价格就1.8元。玉树州每吨钢材的成本要比西宁高100%，水泥每吨成本要高60%。这种状况，对在当地既无生产资料又无产品市场，原料自外购入，生产的产品又需运到外省市市场出售的企业来讲，无疑没有竞争力，很难存活发展。玉树州家吉娘移民开办的藏毯厂是一个典型的案例。在政府的扶持下，经过对移民的技术培训，在移民区开办了一个藏毯厂，安置移民工人57人，当时在社会上产生了较大的影响。但是时间不长，因为成本太高，无法经营下去，厂子现已关闭。虽然该厂生产的藏毯在质

---

① 张敦富：《区域经济学理论》，中国轻工业出版社1999年版，第70页。

量上与西宁市周边地区生产的藏毯相比毫不逊色,但是因为运输成本高,价格上没有竞争力。家吉娘的藏毯原料和销售地都远在 800 多公里外的西宁市。这种情况严重制约着移民后续产业的发展。

四 劳动者素质、技术人才

劳动者是产业发展的主导性因素。特别是劳动者的文化、科学、技术素养是对产业发展具有关键性作用的三个要素。从各类企业对科技人员数量的考察来看,如果劳动密集型产业要求科技人员比例为 4%—5% 的话,一般的加工工业可能要求达到 10%—15%,而高新技术产业则需达到 15%—20%,或者更高。劳动者的文化、科学、技术素养表现为劳动者的一般文化知识水平、专业知识和科技水平、专业劳动经验与技术水平等。可以用人口平均受教育年数、人口文化水平结构、专业知识结构等指标来衡量。经典型调查显示,藏区生态移民中牧民劳动力平均受教育程度为 3—4 年,成人文盲率高达 46.70%,大多数牧民不能用汉语交流,信息闭塞。除传统畜牧业生产外,80% 的牧民基本不掌握其他劳动生产技能。大部分没有上过学,不会说汉语。这样造成了一部分移民虽然有转移到新的就业领域的愿望,也有为数不多的就业机会,但由于缺乏基本技能,即使有了就业机会,也容易丧失,从而致使生态移民进入新的就业领域困难重重,处于举步维艰的地步。这种状况,也成为制约生态移民后续产业发展的不利因素之一。此外,以游牧的生产方式从事传统的畜牧业生产,这种生产生活方式形成的传统观念早已在生态移民中根深蒂固,要改变这种传统观念和生产生活方式,需要一个漫长的过程。而保护区生态移民主要以集中安置为主,移民的牧业生产将由放养向舍饲半舍饲圈养和以草定畜转变,这对传统落后的靠天养畜、逐水草而居、重数量轻质量的移民而言,肯定会产生巨大冲击。这种改变对长期习惯于简单放牧就意味着完成了生产的移民来讲,确实存在着一系列困难。

技术是经济发展最重要的推动因素之一。现代经济发展证明,随着世界经济的一体化,随着工业社会的深化,技术进步在经济发展中起着越来越重要的作用,未来经济的竞争不再是资源、资本、市场的竞争,而是技术的竞争。藏区的自然资源丰富,要促进生态移民后续产业发展必然要把开发和利用资源作为重要的途径。但是我们知道,开发和利用自然资源必须以一定的技术条件为前提,没有一定的技术力量作保证,再好的资源也发挥不了作用。但是,藏区目前的科研手段和科研水平在全国均属最低层次,其落后主要表现在研究与开发力量薄弱,技术创新能力低,科研成果转化率低。科研的落后无疑是产业发展的一大障碍。例如,藏区畜产品都是以初级产品出售的,自身没有加工开发的能力,产品几乎没有附加值。目前在藏区一头牦牛的出售价为2000元左右,但是一头牦牛在内地经过深加工、精加工,其价值可达万元,甚至更多。其实藏区很多自然资源的利用都处于这种状态。

技术方面的另一个突出问题是人才匮乏,而且结构不尽合理:一般性人才多,专业性人才少;低层次人才多,高层次人才少;社会科学类人才多,自然科学类人才少。使用不当更加剧了人才结构的不合理程度。弃技从政、从生产部门跳至非生产部门是人才使用方面存在的突出问题。

通过以上分析可以看出,劳动者素质、技术和人才三个要素是生态移民后续产业发展的一大瓶颈。

五 制度

生产要素的结合与经济资源的配置,不仅是一种技术关系,而且取决于一定的社会关系和制度安排。制度对经济发展既有促进作用,也有阻碍作用。有效的制度安排对经济发展起巨大的促进作用,无效的制度安排则对经济发展起着巨大的阻碍作用。舒尔茨曾将制度提供的经济方面的服务归纳为四点:①降低交易费用;②影响要素所有者之间的配置风险;③提供职能组织与个人收入流的联系;④确立公共产品和服务的生产与分配框架。各国的经验表明,制度创新是促进经济发展的主要因素。要促进藏区生态移民后续产业发展,也必须建立必要的制度体系作保障,如降低交易费用的制度、用于影响生产要素的所有者之间配置风险的制度、用于提供职能组织与个人收入流之间的联系的制度、用于确立公共品和服务的生产与分配的框架的制度等。但是从目前的情况看，有关藏区生态移民后续产业发展的制度很不健全，而且层次较低，在推动产业发展方面的作用很有限。目前在促进藏区生态移民后续产业发展的制度及政策有：国务院西部地区开发领导小组办公室下发了《关于进一步完善退牧还草政策措施若干意见的通知》，青海省农牧厅、省工商局、省国税局、省地税局等九厅（局）联合下发了《关于三江源地区生态移民享受优惠政策的通知》，地方政府制定的政策，如玉树州政府还出台了《关于扶持三江源生态移民经商和劳务输出的决定》，等等。这些优惠政策都十分有利于生态移民后续产业的培育和发展。

从上分析，发展生态移民后续产业既有有利条件，又有不利条件。有利条件主要是，旅游业资源相对丰富，发展特色养殖业和民族特色产品加工业有一定的基础和条件，国家的政策支持幅度逐渐加大等。但气候条件差，基础设施落后，地方财力薄弱，人才匮乏，发展资金不足，劳动者素质低，发展成本高，生态保护对产业选择的限制大成为后续产业发展的制约因素。因此，在生态移民后续产业的发展中一方面要充分利用有利条件，发挥自身的优势，积极培育主导产业；另一方面要认真分析发展中存在的困难，创新思路，转变观念，创造条件，积极克服各种不利因素，促进产业的发展，从而实现生态移民的顺利转产，实现人口、资源、环境的协调发展。

第二节 藏区生态移民后续产业发展的现状与评价

一 发展现状

目前藏区生态移民后续产业在第一产业、第二产业和第三产业都有不同程度的发展，涉及领域比较广泛。主要有中藏药材采挖、小规模种业、藏毯等畜产品加工、民族工艺品加工、商贸饮食服务、旅游业、机动车修理、运输、劳务输出等。

第一，中藏药材产业：如在三江源地区各级政府规定，生态移民仍可以回到原承包草场上采集药材，这一政策使处于虫草区的移民每年都有比较稳定的收入。据调查，具体收入由于每户草场上药材资源量和草场面积不同而有所不同，户均年收入一般在 0.2 万—0.8 万元。

第二，商贸饮食服务业：经商和从事服务业的人数与收入，依移民安置地的不同而有所不同。据调查，玉树州从事经商和服务业的人数约占全州移民人数的 12%，果洛州占 4%—6%，黄南、海南州占 5%—7%。户均年收入在 0.6 万—1.2 万元。

第三，农畜产品加工业：如为配合实施生态移民工程，根据青海省藏毯产业发展规划，已在玉树州、果洛州的部分移民点设藏毯加工车间，移民每户安排一个劳动力就业。仅此一项，移民人均年纯收入可增加 600 元。

第四，劳务产业：由于受移民素质、劳动技能、务工市场份额和社会、地缘等因素的影响，移民务工人数受到限制。移民每天务工的收入为 20—30 元，一个劳力年务工约 30 天，每个劳动力的月均收入在 600—1000 元。

第五，文化产业：如三江源地区办公室、青海省文化厅培训了果洛州、黄南州、海南州、玉树州的近 300 名舞蹈学员，部分学员已经在北京、广州等地及省内外文艺团体和旅游景点从事舞蹈表演工作，有的学员已成为当地的文艺骨干，使一部分三江源地区转产牧民实现文化就业、增收致富的目的。

我们可以具体看一下三个典型生态移民社区后续产业发展情况。

第一，格尔木长江源村移民社区（远距离移民，500 公里左右。城市安置类型）。

格尔木长江源移民村社区位于格尔木市南郊，距格尔木市区 7 公里。现有 128 户，420 人。在市政府的协调帮助下，昆仑宝石玉公司安排长期合同工 25 人，每人每月收入 1500 元。2009 年市政府投资 10 多万元，开办了玛尼石雕刻厂和民族风情园。民族风情园，由移民承包经营，每年给村里承包费 1.5 万元。因为路途远，加之市区较近地带有多个同类旅游项目,因此来客不多,效益微薄。牧民投资20万元,建成占地10亩的牛羊育肥基地。安排劳力15—20人。2007年5月开办藏毯厂,有78名职工,起初由于政府补贴,生产较顺利,2008年取消政府补贴后,生产陷入困境。移民职工月工资仅有200多元,由于工资太低,职工没有积极性。厂子已关闭停产。有6位牧民从事运输业,其中4人从事沱沱河至格尔木客运,每人年收入2万多元。有3户开办面向本移民社区的朗玛歌舞厅(本村年轻人歌舞聚会的地方)。由于消费能力有限,朗玛厅的经营状况越来越差。有5户在本村开了商店,盈利很少,有些已关闭。在格尔木市政府的扶持下,2007年安排铁路协警员12人,守矿警23人,吃住全包,每天50元。但其中10人因为饭里没有肉,加上白天睡觉晚上上班,生活工作不习惯,已回来。12人到铁路铺枕木,吃住全包,每天40元,从事客运5人。有一部分移民返回原地替多畜户放牧牛羊,剪羊毛、打酥油等。2009年市政府给该移民村划拨700亩土地,现正在整治中。

第二,家吉娘移民社区(中距离移民,100公里左右。牧区县城安置类型)。

家吉娘移民社区是玉树州首批示范移民点,地处玉树县结古镇,有219户牧民,827人。该社区2007年共培训移民153人,其中裁缝27人,汽车驾驶70名,摩托车修理52人,电脑打字47人,共153人。发展后续产业情况如下:

①建了1个藏毯厂,安排移民就业57人,但现已关闭。
②开办6个小商店,每个商店年收入约4500元。
③从事虫草生意5户,每户年收入约17200元。
④从事民族首饰品生意3户,每户年收入约8000元;
⑤从事畜产品生意9户,每户年收入约7600元;
⑥从事藏獒生意12户,每户年收入约14200元;
⑦从事运输业6户,每户年收入约4266元;
⑧从事玛尼石刻2户,每户年收入约14500元;
⑨从事餐厅服务员2人,每人年收入3600元。

第三，索乎日麻乡移民社区（近距离移民，50公里以内。乡镇政府所在地安置模式）。

本移民社区位于久治县境中西部的索乎日麻乡乡政府所在地，距县府75公里。现有移民113户，565人。在发展后续产业方面，他们根据移民户的特长，划分了四个小组：

中药材开发小组：组织本社移民季节性采挖虫草、贝母、种植大黄等。

劳务输出小组：组织社区劳力进行采石、拉沙、装卸、搬运、修路、建房、灭鼠等。

民族手工业小组：移民劳动力分散就业的途径，跨越本地区，自寻门路，编制藏毯、藏服、帐房、民族雕刻、手工纺织、修理汽车、摩托车、拖拉机等。

销售业小组：社区留有第三产业的空间，社民修商铺、建市场，进行畜产品、蔬菜、经营小卖部等销售业增加收入，通过年宝湖旅游旺季开设具有民族风情的帐房餐饮业，并做好向导、租马等服务性行业增加收入。

二 评价

生态移民工程实施后，藏区各级政府高度重视后续产业的发展问题，采取了多种措施，帮助移民实现转产就业，增加收入，取得了一定的成效。但是，毋庸讳言，因受诸多因素的影响，藏区生态移民后续产业的发展非常缓慢，困境依然存在，总体水平不高。具体表现为：

第一，各地发展不平衡。在调查中发现，各移民区，由于所凭依的资源和迁入区经济发展状况的不同，在后续产业的发展方面表现出很大的差异。凡是所能利用的自然资源丰富或者迁入区的经济发展较快，城镇辐射力较强的移民区，其后续产业有很大起色，稳定发展，发展前景乐观。相反，则举步维艰。就虫草采挖业而言，家吉娘等移民因为自己所属的草场有虫草，因此家庭收入较好，每年仅虫草收入户均有1万元，高的有2万—3万元。而巴滩移民区的移民，其所划草场上没有虫草，因此一年的收入微薄。地处格尔木唐古拉山移民区的移民，因为格尔木的经济状况特别好，因此得到的各种项目和扶持很多，资金充足，规划全面，使后续产业稳步发展，在藏区生态移民后续产业发展中处于领先地位。但是大多数移民区所迁地区的经济社会发展滞后，政府财力薄弱，对移民的扶持有限，因此后续产业发展也比较困难，面临很多问题。总的来说，只有少数移民区发展条件相对优越，发展势头良好。而大多数移民区的发展条件艰苦，发展存在很多问题。

第二，后续产业收入在移民的总收入中所占比重甚少。已实施的生态移民工程从后续产业发展来看，以乡镇集中安置型最好，市郊安置型较差。乡镇集中安置型由于移民在本县范围内，地缘条件变化不是很大，发展后续产业的条件较好。主要后续产业有：设施畜牧业，每户年收入大约0.2万元；中藏药材采集业，收入占了移民收入的20%—30%，年收入0.2万—0.8万元；商贸饮食服务业，据调查，从事经商、服务业的人数占移民的5%—7%，年收入0.6万—1.2万元；农畜产品加工业，少部分移民已经开始尝试进入农畜产品加工业，年人均收入增加600元劳务产业，受移民素质、劳动技能等因素的影响，移民务工人数只是零星的，收入较少，移民每天务工的收入20—30元。市郊安置型由于安置地点不具备发展畜牧业和农业的条件，移民的空间距离远，社会、地缘条件变化大，同时缺乏必要的劳动技能，基本上是依靠饲料粮折现补助和打零工来维持生计，移民的返迁情绪强烈，后续产业发展亟待重视。

第三，对后续产业的发展还处在摸索阶段，成功者不多。新开发产业少，且不稳定。目前，不少移民一年的收入和生活靠虫草的采挖。这种情况对于他们而言，搬迁前后并没有发生多大变化。移民搬迁后，也开发了一些新的转产领域，如经营餐饮业、商店甚至工厂，但发展艰难，前景渺茫。如现在移民开设的商店、饭馆和歌舞厅，实际上都在移民区内，没有走出社区，进入城镇。因而消费人群少，收入不多。大多数商店的商品价值不足1000元。笔者在格尔木调查时，发现有不少商店和歌舞厅已经关闭。生态移民所办的企业，如工艺品加工厂、藏毯厂等，因为成本高，管理不善，销售困难等原因，也处于飘摇之中，有的已经破产关闭了，如家吉娘藏毯厂、格尔木唐古拉山移民村藏毯厂等。劳务输出规模小，收入少。由于受移民自身文化、技能、语言、生活习俗等以及整个地区就业形势的影响，移民的劳务输出总量极少，劳务输出对移民转产贡献十分有限。移民每天务工的收入为20—30元。如家吉娘移民区2007年的劳务输出为2人。每月收入300元。

第四，解决生态移民后续产业发展问题极其紧迫。一是，如果后续产业没有新的起色和突破，有一部分移民有可能回迁草场，禁牧愿望有可能落空。从青藏高原的生态状况看，人类对其的保护和建设不是一时的，而是一个长期的过程。据有些研究成果表明，青藏高原的植被一旦遭到破坏，其恢复至少需要100年。因此，对生态移民后续产业也要有长远的谋划，并且在实践中积极探索生态移民"搬下来、稳得住、能发展"的产业发展路子，形成"生态建设促进经济发展，经济发展支撑生态建设"的可持续发展局面，走上"生态与经济"双赢的道路。如果移民找不到新的经济增长点，后续产业发展起不到支撑作用，产业结构得不到调整，广大生态移民的根本利益得不到保证，那么，生态移民就会重返草场，由禁牧而带来生态环境的恢复和改善就会前功尽弃，并且会造成更大的破坏。藏区的生态移民工程从开始实施到现在已五年多了，但是相当一部分地区还没培育起能形成新的经济增长点的后续产业，这无疑成为青藏高原生态保护和建设已取得成果能否巩固的一个悬念。如果不能在余下的时间，寻求新的生存和发展的道路，实现移民的真正转产，不仅关系到生态保护和建设工程最终目标能否实现，还涉及已经取得的成果能否巩固的关键性问题。二是，如果后续产业没有新的起色和突破，一部分移民虽然没有回迁仍居住在城镇里，但是他们对社会稳定带来很大的隐患。制定和实行各种补偿政策虽然有利于解决移民生活中的一些困难和问题，但是要真正并且不断提高移民的生活水平，切实保障他们的各种权益，还必须依赖于后续产业的发展。目前，在藏区生态移民中，凡是后续产业发展较好的地区，移民的思想稳定，社会安定，生活状况较好。

如格尔木长江源移民村，因为在政府的扶持下积极开展种植、养殖、民族特色工艺品加工等产业，移民的生活得到了一定的帮助。相反，后续产业发展滞后的地区，移民生活陷入困境，社会稳定也面临严峻的挑战。有些移民点被外人称为"贫困区""问题区"。有的牧民家庭人口多，负担重，除了补助没有其他任何收入来源，生活难以为继，因此已经返回到原来的地方，重操旧业。据调查，果洛地区已经发生多起移民进入城镇偷盗甚至抢劫的案件，给地方社会安定带来了很大的影响。

据调查，在藏区生态移民面临的所有问题中，目前最突出的是后续产业发展问题。后续产业发展问题，成为移民区广大干部群众关注度最高的问题。本课题组在调研中问到"你认为移民面临的最突出问题是什么"时，90%以上的调查对象都回答"后续产业的发展问题"。移入区的居民非常担忧这个问题，他们担心"如果安排不好他们（移民）的生活，他们就有可能进到城镇偷盗、抢劫"。许多人甚至认为，生态移民区是埋在城镇边上的一颗"定时炸弹"。课题组在果洛地区调研时了解到，已经在几个地方发生了移民进城抢劫事件。本课题组认为，无论从哪个方面看，移民的后续产业发展是一个最紧迫的问题，最需要关注和研究，最需要移民区广大干部和各级政府下大力气去解决。

第三节 藏区生态移民后续产业发展中存在的主要问题

一 发展规划和有关决策缺乏科学性

生态移民的后续产业发展是一个涉及生态、生产、生活、稳定、资源、持续发展等的问题，这些问题不是孤立的，而是处于复杂的相互作用之中，可能牵一发而动全身，因此不宜草率行事。藏区生态移民后续产业发展缓慢的一个重要原因，就是政府所作的规划和决策理想化的色彩较浓，考虑移民的实际和市场需求以及产业整合问题不够。主要表现为：

第一，在移民点的选择上只注重了城镇因素，而未能考虑城镇基础设施和产业对外来迁移人口的承载力和带动力。以杂多县为例，杂多县城常住居民只有1362户，7631人，而迁入县城的牧民就达742户，3952人。由于大部分移民短期内无固定职业，给社会治安和公安机关的管理工作造成很大压力。据统计，自牧民进城以来，杂多县城治安案件以每年20%的速度上升，外来人员引发的刑事案件占全县刑事案件的65%，治安案件占10%左右。

第二，一部分移民移到了既无草场又无耕地同时也不靠城镇的地区，移民除了自己的住房和小院子外，没有其他的空间。移民点实际上成了一个个孤岛、一块块飞地。如巴滩移民点、格尔木移民点。巴滩移民每户除了自己的庭院之外，没有属于他们的一寸土地，并且又不在城镇，其发展受到了很大的限制；格尔木移民点，虽然有着接近城市的优势，但由于其身处沙滩、戈壁，因此，移民也只好"望沙兴叹"了。这样的安置使移民的后续产业一开始就埋着失败的伏笔。

第三，对产业的关联度缺乏重视。如有些地区把发展舍饲半舍饲养殖作为产业方向和重点，这本来也没有什么疑义，是符合移民实际的。但问题是在具体的组织过程中，政府没有考虑饲草来源问题，给每户移民盖建舍饲养殖的畜棚，结果因为没有草料来源舍饲养殖计划只好搁浅。以曲麻莱县移民点为例，县政府为每家移民建起了崭新的住房，在移民村为每户建好了饲养棚，从事舍饲半舍饲畜牧业，但家庭饲养需要有饲草饲料的支撑，三江源地区生态移民大部分安置区由于海拔高，基本不具备建立人工草地的条件，无法在近期内为生态移民提供足够的发展舍饲半舍饲畜牧业的饲草资源，在调查走访中98%以上的家庭饲养棚是闲置的。

第四，发展产业时对移民还未掌握新的技能的状况考虑较少。生态移民以前从事的是畜牧业生产，他们熟悉与畜牧业相关的产业，而对其他生产活动很陌生，很多牧民连铁锹这个最简单的生产工具也不会使用。另外，他们以前从事的活动基本都是轻体力型的。而一些地区不顾移民的这些特点，安排移民到技术要求高或者强体力劳动的领域就业，结果移民和工程方都不满意。例如，在格尔木移民安置点上，政府组织23人到煤矿当矿警，工作是值夜班，但是其中有10人不习惯这种工作方式，受不了苦，现在已经回来了。

第五，对后续产业的项目整合不够，各地产业没有形成特色，所开发产品的雷同现象较严重。藏区移民区的干部眼光只盯在几个项目上，眼光狭窄。不是摩托车修理，就是开小卖部，不是办藏毯厂，就是玛尼石刻厂，结果造成产品的雷同，在市场上处于不利的境地。从而使后续产业发展受到很大影响。

二 产业政策不完善，扶持力度不够

由于主观和客观原因，藏区生态移民要顺利实现转产，必须要有不同于一般的特殊扶持政策。这是一个十分重要的条件和保证。然而，目前所实行的生态移民的政策，还存在着诸多不完善，政策因素对移民产业发展的作用还极其有限。在三江源地区只有2004年针对退牧还草产业发展的优惠政策，对后来即2005年以后根据国家保护三江源地区生态而集中搬迁的移民的后续产业发展就没有相应的政策，使移民发展中的许多难题无法解决。例如，在发展资金上，牧民得不到银行贷款，享受不了国家有关项目补助政策，致使移民的有些特别是较大的产业发展不能付诸实施。而已经经营或生产的项目有些因为周转资金不足，不得不停产。我们对玉树家吉娘藏毯厂的调查中发现，在藏毯厂最困难的时候，政府如果在资金上给予必要的补助，藏毯厂不至于走上破产的境地。并且我们认为，在产业发展中政府给予一定的补助，从长远看，是划算的。因为这样做，虽然政府出了点资金，但重要的是由于藏毯厂的存在使移民避免了闲置在家、等靠要的生活态度的形成，给移民培育通过劳动而生存和发展的理念和态度。令人欣慰的是，现在藏区有的地方开始重视移民后续产业发展中的资金问题，并且有的地区已经建立了专项基金。如牧民进入城镇市场从事商业，没有相应的税收优惠。在格尔木移民区，有不少移民有意进入格尔木市的一些大市场做买卖，但一想到要和格尔木的商人在一个政策平台上竞争，他们退缩了。在调查中，他们反映，希望政府在有些市场里能专门给移民开辟若干柜台，并且在税收政策上给予很大的优惠。总之，政策扶持没有大的改进，移民的产业发展也不会有大的发展。

三 移民的培训质量和效果较差

移民的技能培训关系着移民能否顺利转产。在移民的技能培训方面，政府投入了大量的资金和精力，但是由于受移民自身的文化素质、组织不力等的影响，移民技能培训的质量和效果不尽如人意。一是政府组织的有些培训虽然有用，但是因为语言交流的困难，牧民参加的积极性并不是很高。二是政府组织的各类培训缺乏系统性、持续性，如有的地区移民参加机动车修理与驾驶技术培训的人虽然很多，但即使经过培训了，能拿到驾驶执照真正从事驾驶工作的却寥寥无几，此类培训只是有始无终。三是培训内容与就业需求不一致，缺乏针对性。有的地区没有藏毯厂，但是培训中却把藏毯编制技术作为重要的培训内容。四是培训的种类多，时间短，不能真正学到技术。如格尔木长江源移民村，一个移民所接受的培训有九项之多，但培训时间较短。对移民摩托车修理技术培训为两周。而无公害饲养、疫病防治、良种繁育、经营管理的培训仅有2—3天。这种培训，对于文化素质不高，甚至是文盲的移民来说，其效果可想而知。

四 缺乏经营管理和技术人才

人的因素也是移民后续产业发展中的重要因素，因为如果人的问题不解决，即便有再好的政策和发展条件，也使移民的产业发展不能取得应有的成效。目前在藏区生态移民的后续产业发展也正在受着人的因素的困扰，甚至比物的因素更为严重。广大的移民群众无论是其文化、技能状况还是观念都不适应转产发展的要求。更为关键的是缺少经营管理人员，缺少科技人员。实际上这也是移民区的一个普遍问题。在格尔木缝纫厂调查时，面对经营困难的状况，移民反映，最主要的问题是他们缺少一个领头人，他们表示，如果有一个"老板"，发展还是有希望的。在移民区以及在整个牧区，生产开发方面的人才是十分稀缺的。在移民中没有科技开发人才，在牧区也很缺乏科技开发人才。这种状况，导致移民开发的产品的科技含量不高，效益低，特别是产品的附加值少。移民出售的产品，大多数是初级产品，没有经过精深加工，所能得到的利润很低。如一头牦牛，在吉林经过开发，能取得16万的市场价值，而在牧区由于缺乏人才，没有精深加工，只能卖1000多元，二者相差巨大。移民区的资源较丰富，这是发展的一个有利条件，但是，受缺乏经营管理人员和科技开发人才的制约，使这一有利条件不能成为现实的发展优势。

五　对各种不利因素的制约还不能有效化解

从客观上看，各种不利因素对后续产业发展的影响也很大。如支撑后续产业发展的基础设施薄弱；移民区人口少，发展第三产业的条件有限；由于生态移民的劳动技能单一，移民进入新的就业领域的技能欠缺，进入新的就业渠道和就业机会较少，在深层次上影响了后续产业发展的进程；牧民传统观念和生产生活习惯，限制了生态移民后续产业的发展。长期以来，保护区牧民是以游牧的生产方式从事传统畜牧业生产，开展生产经营活动。传统的观念在生态移民中根深蒂固，要改变这种传统观念和生产生活方式，需要一个长期的过程。从游牧式的放牧，过渡到舍饲—半舍饲畜牧业，需要新的生产技能和转变生产方式，对生态移民有一定难度。如果进入畜牧业以外的产业领域，其难度更大，等等。现在的问题是，以上这些不利因素在短时期内还不能消除，仍然影响今后的发展。

第四节　推进藏区生态移民后续产业发展的总体思路与原则

一　总体思路

要实现保护和恢复生态功能，最根本的问题就是要调整好人与自然的关系，切实促进生态移民后续产业的发展，解决他们的长远生计问题。根据藏区生态移民区的客观条件，发展生态移民后续产业的总体思路应该是：明确目标、发挥优势、突出重点、统筹协调。

明确目标：后续产业发展的目标，是尽快提高生态移民的生活水平，增强他们的自我发展能力，使他们与全省人民同步进入小康社会。

发挥优势：一是发挥资源禀赋、区位优势。经济学研究表明，决定比较优势的首要因素是资源禀赋。因为藏区蕴藏着极具开发价值的丰富资源，因此，秉承资源、区位等优势发展后续产业，应该是藏区生态移民后续产业发展的一条必然之路。据发现，仅藏区的可燃冰资源储藏量至少有350亿吨油当量。二是围绕青藏高原生态保护和建设工程求发展。让移民成为工程收益者，是国内外移民安置和补偿的重要原则。藏区的生态移民工程虽然不同于水库移民工程，直接从工程收益中得到补偿，但是在生态保护和建设中同样存在着发展的空间和机会。三是围绕国家促进西部与藏区发展的各种机会求发展，主要是围绕西部大开发、建设新农村、国家支持藏区发展的机遇。四是围绕发展绿色经济求发展。五是围绕挖掘和提升民族工艺求发展。

突出重点：围绕发展后续产业，在提高生态移民综合素质上实现突破；在生态畜牧业产业化经营上实现突破；在逐步转向第二、三产业上取得突破。着重发展六大产业：生态畜牧业、中藏药采集业、藏毯产业、有机食品加工业、劳务输出产业和生态旅游业。

统筹协调：一是注重发展后续产业与转变移民传统意识相结合；二是注重发展后续产业与转变移民的生产生活方式相结合；三是注重发展后续产业与退牧还草工程相结合；四是注重发展后续产业与扶贫开发整村推进相结合；五是注重发展后续产业与计划生育相结合。

二 原则

藏区生态移民后续产业的发展，是一个理性的过程，因此必须反对盲目性、随意性。我们应该坚持以下原则：

1. 生态优先，适度开发

目前的一个事实是，藏区生态移民虽然从禁止开发区转移到缓冲区或限制开发区，但是他们仍然还在藏区这个大范围内，没有超出青藏高原自然环境。甚至有些生态移民安置点还在原区域内，与生态脆弱区相距很近。因此，在生态移民后续产业发展中，首先要树立生态保护意识，强调生态优先，坚持生态效益、经济效益和社会效益兼顾的原则；坚持短期效益与长期效益相结合，改变目前藏区粗放经营方式和"资源换金钱"的掠夺式、破坏环境式的开采，防止只顾眼前经济效益而牺牲生态环境的倾向，大力开展节能型活动，提高资源优化效率，积极发展生态环保性产业，发展以短养长的后续产业。

2. 因地制宜，多元发展

坚持因地制宜、重点突出、注重实效原则，要统筹规划，循序渐进，先易后难，把握发展时机和切入点，产业选择必须以丰富的自然资源为依托，发挥资源优势和发展特色，还要以市场需求为导向，把自然资源禀赋优势转化为经济优势，以选择经济开发为重点，满足人们的多样化、多层次和优质化的需求。发展特色经济，贵在按专业化分工协作的要求，按规模化的标准发展特色产业，避免自我体系、自我服务的封闭循环，把农村特色经济做深、做细、做出规模。总之，发展后续产业必须从当地实际出发，依托资源优势，因地制宜。

3. 政策引导，完善机制

坚持政府主导和市场调节相结合，发展后续产业所需资金应纳入中央和地方各级公共财政体系。在政府宏观指导下，实行放开、搞活的政策，遵循市场规律，创新产业化经营模式，引入竞争机制，使生态移民后续产业发展步入良性循环。

4. 依靠科技进步，注重自主创新

没有落后的产业，只有落后的技术，关键是培育有技术进步支撑、有市场竞争力的优势产业。坚持依靠科技进步，全面提升生态建设和后续产业发展的科技含量，确保后续产业发展的质量和效益。建立强有力的科技支撑体系，全面加强专业人才队伍建设，增强自主创新能力。后续产业发展要以市场为导向，搞好移民劳动力资源转移和生产技能培训，科学合理地确定产业项目和规模，有针对性地进行人力资源开发。

第五节　藏区生态移民后续产业
选择和区域发展重点

一　产业选择

后续产业选择的条件是：①生态移民安置类型的相对一致性；②自然条件和社会经济条件的相对一致性；③优势资源与开发途径的相对一致性；④产业化布局和牧区经济结构调整的相对一致性；⑤与地区国民经济和社会发展规划的相对协调性。

产业确定的标准是：①利用生态而不消耗、威胁生态，增加牧民收入；②对技术要求不高，吸纳就业能力强；③经过问卷调查征得当地民众认同的，符合当地实际情况。

根据藏区生态移民区自然环境条件、资源禀赋、经济社会发展水平、生态移民安置的方式和特点，本课题组认为藏区生态移民安置后重点选择发展的后续产业应为以下几个方面：

1. 民族特色产品加工业

（1）藏毯产业：藏毯编织历史悠久，是以藏区优质羊毛为原料，植物染色、手工捻线、经艺人精心编织而成。藏毯柔软、耐用、美观、大方，具有浓郁的民族特色，是藏区传统优势出口产品之一。当前，藏毯在国际市场十分走俏，受到了欧洲、美国、日本等国家和地区消费者的喜爱。在国内市场上，随着人们对藏族文化的了解逐步加深，藏毯的销售也在逐年看好。藏区有着丰富的藏毯用料羊毛资源，如青海藏羊是青藏高原生态适应型古老品种，三江源地区是藏羊的主产区，所产"西宁毛"具有纤维粗长、致密性好、富有弹性、韧性、拉力大、光泽好、毛质粗细均匀等特性，是手工藏毯编织的最佳原料，驰名中外。目前三江源地区藏系绵羊存栏头数达到 485×10^4 只，年产羊毛达到 3760 吨左右，可满足近 50×10^4 平方米手工地毯原料的需求量。藏毯业是劳动密集型产业，藏毯纺纱和编制工艺简单、标准低，该项目的生产操作适宜妇女劳力，同时老弱劳力还可从事梳理羊毛、手捻线等工作。藏民族历来有纺纱的习惯和技能，移民劳动力经短期培训或跟班操作学习，即可掌握生产技术而进行生产。因此，藏毯产业应作为生态移民后续产业的新兴产业而大力扶持。

（2）中藏药产业：青藏高原特有的生态环境，孕育了丰富的天然中藏药物资源。许多是青藏高原特有品种，品质优良，具有良好的发展前景和开发利用价值。如三江源地区有冬虫夏草、红景天、唐古特雪莲、大黄、藏茵陈、羌活、贝母等中藏药植物资源650多种，其中有198个品种是我国和青海省确定的重点品种，有100多种药材被列入《中华人民共和国药典》。青藏高原独特的生物资源不仅具有良好的开发利用前景，而且基本没有受到污染，属于地球上少数相对"纯净"的"绿色资源"。目前，全球医药产品，尤其是独具青藏高原特色的中藏药制品和中药保健品的社会需求量呈现出持续增长的势头。据统计，全球每年的植物药交易额近200亿美元，并以每年30%的速度递增。我国对中藏药的需求亦以每年10%的速度递增。如青海省每年需求量在2000—2500吨，但收购量不足1000吨。仅靠采挖天然药材，已远不能满足市场的需求。目前，大黄、藏茵陈、红景天等中藏药材实现了人工种植。因此，中藏药业作为一个有着鲜明的地域特色和资源优势的朝阳产业，发展潜力巨大，也可成为生态移民增加收入的有效途径。

（3）畜产品加工业：畜产品加工业是由肉、蛋、皮、毛、绒等多项产品加工形成的产业。藏区有着丰富而且优质无污染的畜产品资源，市场前景广阔。目前，青海的牦牛肉、藏系绵羊肉、牦牛酸奶已开始行走天下。生态移民应利用这一资源优势和市场发展形势，在政府的帮助下，跻身畜产品加工业。一是移民依靠自身和当地发展加工业的条件，可以发展畜产品初级加工。例如，针对国内市场的需求，加工羊肉卷、牛肉卷、酸奶、小包装酥油、牛奶等。二是在国内奶粉市场出现问题，人们对现有奶粉产品失去信任的情况下，充分利用青藏高原牦牛奶的品质优势、无污染优势，在政府的支持和帮助下，在生态移民区建牦牛奶粉加工厂，在坚持标准化生产的基础上，推出青藏高原有机牦牛奶粉。三是利用区域内丰富的牛羊脑、血、毛、皮、内脏器官的资源，通过招商或政府投资，同相关科研机构和高等院校及高科技企业联合，引进资金和先进的生产工艺及管理方法，开发血清蛋白等生物制品及牛脑碱性成纤维细胞生长因子、食用干酪素等产品，给高原经济注入高科技的因素。

（4）民族工艺品加工业：抓住青藏高原旅游业升温和民族工艺品热销的契机，充分利用藏族传统的工艺品加工技术，加工藏族特色的服装、首饰品、室内装饰艺术品，绘制唐卡，雕刻玛尼石，开发藏式传统黑陶艺术品，制作牛羊头饰品、牛皮画、藏刀，生产木雕、银器生活用品和艺术品，等等。

2. 旅游业

旅游业是一个产业关联度高、综合带动性强、辐射牵引力大的经济产业，可带动餐饮、住宿、文化娱乐、民族手工艺品加工、交通运输和金融保险等行业。根据世界旅游组织测算，旅游直接就业1人可带动间接就业4.3人，但我国旅游业劳动密集型特征较为明显，带动就业人数比其他国家更为显著。藏区有着丰富的旅游资源。如三江源地区，冰川、湿地、湖泊、河流遍布其中，是科学考察、探险的极佳场所。区内有丰富而独特的野生动物资源，在这个巨大的天然动物园里，人们可以看到独特的野生动物种群，顽强生长在高寒生命禁区的植物给人以精神上的感召力。三江源是藏民族聚居区，又有着作为华夏文化重要组成部分的昆仑文化，神秘的宗教文化、丰富多彩的文化遗产和独特的民俗风情吸引着国内外各界人士。该地区旅游资源得天独厚，是三江源地区旅游业发展的后劲和潜力所在。特别是青藏铁路的开通，将会加快三江源旅游资源的开发和旅游业的发展。根据《青海省旅游发展与布局总体规划》，三江源地区重点规划开发的旅游项目有"黄河源头生态旅游项目""阿尼玛卿雪山旅游项目""格拉丹冬生态旅游项目"和"年保玉则旅游项目"等八项；拟开辟的绝品、精品旅游线路有"唐蕃古道旅游线""三江源寻源旅游线""阿尼玛卿转山旅游线"和"康巴藏区采风旅游线"等。旅游业既有益于生态，也有利于经济发展，可以作为发展生态移民后续产业的重点产业。

3. 商贸流通和民族餐饮业

商贸流通行业是整个经济的润滑剂，各种生产要素的整合都离不开商贸流通行业的健康发展。同时商贸流通和餐饮行业属于劳动密集型产业，能够创造出更多的就业岗位，吸纳更多的劳动力。因此，要把第三产业作为缓解移民就业压力，增强资金积累，活跃牧区经济的重要产业。具体地说，给牧民创造条件，让一部分移民在城镇经营日常百货商店，增加收入；让一部分移民从事畜产品贩运和交易，在牧区和农区畜产品差价中获益；让一部分有经验、头脑灵活的移民走出本区域到内地以及沿海地区做冬虫夏草等中藏药材生意；让一部分移民在旅游区销售民族特色工业品。在餐饮业方面，支持移民在旅游区和大城市里开"藏餐馆"。

4. 草业和舍饲半舍饲畜牧业

草地是畜牧业发展的基础，尤其是牧民实现定居以后饲草、饲料是舍饲圈养的根本保证。天然草地禁牧后大力发展人工草地供给草料就成为舍饲圈养和发展现代畜牧业的必然选择。通过退牧还草、退化草地治理和种植业结构调整建立高产优质人工草地、饲草料储备基地和牧草种子基地积极发展草产品加工业。这样不仅解决了舍饲圈养的饲草需求，同时也可以解决一部分牧民的就业问题，保证了移民今后的生产生活。在三江源地区适宜进行人工种草，发展舍饲半舍饲畜牧业的地域主要分布于海拔 3200 米以下，年降水量在 450mm 以上的地区，主要包括同德、兴海和泽库县部分地区，以及果洛、玉树等州水热条件较好的小块河谷地区。在上述地区，发展人工种草，结合种植业结构调整，从种粮变为种草，安排饲草生产基地，提高饲草生产能力，逐步解决舍饲半舍饲畜牧业的饲草供应。同时培育草产业龙头企业，发展规模种植，提高草捆、草粉、草颗粒等草产品加工水平，按照布局区域化、经营规模化、生产专业化、产品标准化的产业化经营模式，选择基础条件好的地区，扶持草业的产业化经营项目，拉动草产业快速发展。由此进一步加大对移民安置后发展舍饲半舍饲畜牧业的扶持力度。

5. 劳务输出产业

劳务输出是实现劳动力资源合理利用的重要形式，对解决生态移民富裕劳动力的出路，满足劳动力不足地区的需要，加速基本建设的进程和经济全面发展具有重要意义。大力发展劳务输出是解决生态移民后续产业问题的重要途径之一。在对生态移民大力进行技能培训，使青壮年生态移民掌握1—2门技术的前提下，采取政府组织和个人联系等多种形式，积极组织生态移民外出务工，增加收入。一是组织移民投身生态保护和建设而实现大幅度就业。藏区的生态移民工程虽然不同于水库移民工程，可以直接从工程收益中得到补偿，但是与藏区生态移民工程直接联系的藏区生态保护和建设中同样也存在着发展的机遇。例如，在三江源草原建设方面，国家投资的75亿元中，涉及生态保护与建设项目的投资为49.25亿元，占总投资的65.6%。开展种草、育林、黑土滩治理、湿地保护、鼠害防治、水土保持、野生动物保护、网围栏建设、森林草原防火等草原建设项目工程。而这无疑需要为数众多的草场建设者和管护者。但是由于海拔高、缺氧、寒冷，政府难以寻找到合适的并且相当数量的人员。而生态移民无论从身体状况还是草场管护和建设的经验或者是对草场的感情上完全符合国家的条件，并且在很多方面的条件和优势其他地区的人员无人能比，有一定的唯一性。把移民纳入到草场建设中来，不仅能解决比较棘手的人员问题，而且基本上能解决移民的就业问题。据测算，这些工程的实施，可以解决三江源地区生态移民中18—45岁的青壮年劳动力务工和就业问题。另外，由于藏区草场面积大，管理范围广，因此其管护也需要大量的工作人员。仅此一项解决移民就业十分可观。这就要求认真做好有关方面的协调工作，转变移民身份，使他们从原来的草场使用者转变为草场的建设者和保护者，而他们的工资纳入财政预算中。二是组织移民积极参与当地各项经济建设中，如当前正在进行的牧民定居点建设、城镇建设等。三是组织移民到异地务工，尤其到内地甚至沿海地区务工，达到既能增加收入，又能学会技术、开阔眼界的目的。

二 不同安置模式的产业发展重点

由于藏区各生态移民的资源禀赋、发展基础、市场优势不尽相同，因此每个地区在确定自己的产业方向和重点上也有所不同，必须从实际出发，体现特色。根据本课题组的调查与研究，提出以下区域性产业发展方向和重点。

第一，城市周边安置模式（如格尔木生态移民点）产业发展方向和重点：

主要是围绕城市做文章。①充分利用城市科技人才资源和其他条件，大力发展农畜产品加工业；②充分利用城市建设和发展中需要大量的人力资源的有利条件，组织移民劳务输出；③充分利用城市居民的生活需求，发展蔬菜种植、奶牛养殖、牛羊育肥等；④充分利用城市居民越来越崇尚休闲娱乐的需求，大力发展民族风情旅游；⑤充分利用城市旅游人口优势，发展民族特色工艺品加工；⑥充分利用城市的市场容量，发挥移民自身的优势，发展商贸流通业。

第二，牧区县城安置模式（如家吉娘移民点、沁源新村移民点）产业发展方向和重点：

主要是围绕城镇发展需求和移民自身优势的结合上做文章。①充分利用藏区生态保护和建设工程对劳动力的需求，组织移民劳务输出；②充分利用国家对禁牧草场管护人员的需求，安排移民就业；③充分利用民族对民族服饰产品的需求，组织移民生产加工民族服饰；④充分利用国内外市场对藏毯的需求，发展藏毯生产加工业；⑤充分利用城镇居民的生活需求，发展奶牛养殖；⑥充分利用其草场的中藏药材资源以及与原居住地较近的优势，适度组织移民开展虫草等资源的采集；⑦组织移民到省内外从事歌舞表演；⑧发展民族特色工艺品加工；⑨根据目前人们对生态旅游业的升温的趋势，积极发展生态旅游业；⑩充分利用城镇居民生活中的结构性需求，发展第三产业。

第三，乡镇政府所在地（如索呼日麻乡生态移民点）的产业发展方向和重点：

主要围绕当地的资源优势做文章。①充分利用其草场的中藏药材资源以及与原居住地较近的优势，适度组织移民开展虫草等资源的采集；②充分利用牧区农机家用电器维修、房屋建设力量薄弱的状况，积极发展相应产业；③充分利用藏区生态保护和建设工程对劳动力的需求，组织移民劳务输出；④充分利用国家对禁牧草场管护人员的需求，安排移民就业；⑤根据目前人们对生态旅游业升温的趋势，积极发展生态旅游业。

第六节 藏区生态移民后续产业发展模式

一 产业滚动模式

产业滚动论是针对落后地区开发提出的模式。因落后地区经济基础薄弱，资金短缺，开发初始启动相当困难。为迅速提高落后地区自我发展能力，我们可建立优化的产业发展顺序，即首先发展投资少、见效快的第三产业，如旅游、商贸等产业，以其促进地区发展资金的原始积累，并沟通外界，为引进外部资金和技术打下基础。而后相应发展其他一些投资数额不大的加工工业，如此滚动，可实现资金的最有效利用。根据藏区生态移民区的情况，此种模式可分为四个阶段，即以传统产业为主的产业发展阶段、适量发展第二产业阶段、综合发展阶段和可持续协调发展阶段。在发展中，每一个阶段将把前一个阶段的发展作为基础和前提，结合新的实际和区域经济发展的趋势，选择适宜产业，加快发展，为下一个阶段的发展提供基础和条件。如此，形成一环推一环，不断跃进，滚动发展的产业发展模式。

以传统产业为主阶段。这一阶段的主要目标是解决生态移民到安置区后的基本生存问题。鉴于移民刚到新环境、文化程度低、新的生产技能还没有培养、缺乏建设资金等，在产业选择上以传统产业为主，少量选择第二产业、第三产业。政府需要提供基本生存环境和能够维持基本生产、生活的土地等生产资料。在产业发展项目上，可选择草原生态畜牧业基地项目、草原生态种植业基地项目，如优良饲草料基地、良种繁育畜种基地、青稞生产基地、中藏药基地、油料生产基地。牧区庭院生态经济：奶牛养殖户、养羊户及其他养殖业；菜篮子工程、花卉项目；豆制品、奶业及饲料加工业等。草原生态绿色能源建设项目：风能利用、太阳能等能源建设示范项目。农牧区适用技术培训、示范、推广。组织青年移民参与藏区生态保护和建设工程，产业组织模式：采取生态移民户+市场的产业组织模式。

适量发展第二产业阶段。经过一段时间的技能培训和经济发展，移民有了一定的发展能力和发展基础，移民的温饱问题基本得到解决。此时，既要考虑生态移民需要提供基本生存环境和能够维持基本生产、生活的土地等生产资料，又要考虑生态移民在迁入地生产、生活水平提高需要的发展空间。适宜产业：传统产业与种植业为主，适当选择第二、第三产业。具体可选草原绿色食品工业项目如肉食品加工业、乳制品加工业、牧区特色食品加工业、牧区野生食品加工业等。草原民族绿色产品加工工业：民族服装工业、民族特需品工业、皮毛革制品业等。草原生态绿色能源建设项目：风能利用、太阳能等能源建设推广项目。农牧区适用技术培训、示范、推广。产业组织模式：采取基地+生态移民户+市场的产业组织模式。

综合发展阶段。这一阶段的特征是注重传统产业、种植业与第二、第三产业的结合。产业发展项目上可选草原生态及文化产业旅游业（世界屋脊科考游，三江源地区生态游，山岳冰川探险游，草原风光休闲游，高原湖泊、河流、生物观赏游，生存极限体验游，神奇藏族歌舞、饮食、民俗游，神秘宗教文化游，"康巴文化""唐蕃古道文化""三江源文化""热贡文化""格萨尔文化"及名胜古迹游等）。藏民族特色工艺品工业：藏毯、腰刀、石雕、金银玛瑙等饰品生产；草原生态藏医药业：藏药加工业、中药加工业；绿色能源建设项目：小水电站开发。采取生态移民联户+龙头企业+市场的产业组织模式。

可持续协调阶段。对有充足建设资金和劳动力、移民文化水平较高和相对富裕地区，以发展第二产业、第三产业为主（适合藏区的），传统产业与种植业为辅。从事农牧业、绿色食品产业化经营、旅游业开发及商贸流通等。采取生态移民合作组织+龙头企业+市场的产业组织模式。

二 大推动模式

英国著名经济学家罗森斯坦—罗丹提认为：在一个国家或地区，对几个相互补充的产业部门同时进行投资，只有这样，才能产生

"外部经济效果"。根据大推动理论,可在藏区生态移民较集中地区,安排相互关联度强的不同产业,并且对它们同时给予投资。这样能够创造出互为需求的市场,就可以克服落后地区市场狭小、需求不足以至阻碍经济发展的问题。由于对几个相互补充的产业部门进行投资,不同的产业部门就可以通过分工协作,相互提供服务,从而减少了单个产业部门不必要的开支,降低了生产成本,增加了利润。在这方面,目前可以规划好民族工艺品加工、旅游业、餐饮业、服务业、文化艺术产业的发展,并且对它们同时给予投资,最终形成相互补充、相互推动、互为需求、降低成本的产业发展格局。

三 优区位开发模式

由于各地区生产力发展条件千差万别,优劣各异,在发达地区中存在次发达地区和不发达地区,在一些欠发达地域中,也不一定无优势区位可寻。因而,国土资源的开发、生产力的布局重点,不可能在一个大区域中同等看待,而应有选择地确定各地带最优区位作为生产力战略布局的重点,通过各类优区位的开发、建设,实现生产力的总体战略布局。

优区位地区一般包括如下几种类型:

经济发展水平较高的地区。

城镇集中的地区。

交通运输便利、地理位置优越的地区。

自然资源丰富的地区。

人口众多的地区。

兼有上述两种以上情形的地区。

藏区生态移民区,虽然总体上属于落后地区,但是局部来看也有自己的发展优势:有的移入区经济发展水平较高,如格尔木市生态移民;有的移入区发展中藏药材业的优势明显,如果洛、玉树冬虫夏草等中藏药材资源丰富地区的移民;有的移入区发展文化产业资源丰富,开发潜力很大,如处于黄南州热贡文化圈的移民;有的高寒地区对草原建设人员的需求量很大,如果洛、玉树地区,等等。因此,对藏区生态移民后续产业的发展，不能搞"一刀切"，应该根据不同地区的区位优势，有所侧重、有所选择，着重在发挥区位优势上下功夫，使区位优势真正转化成经济优势。

四 增长极模式

法国经济学家佩鲁认为，经济增长并同时出现在所有的地方，它以不同强度首先出现于一些增长点或增长极上，然后通过不同渠道向外扩散，并对整个经济空间产生不同的最终影响。一个个的增长极相继出现，通过其吸引力和扩散力不断地扩大自身规模，并对周围地区的经济产生影响。增长极模式的出发点是经济增长的不平衡性。一个区域的开发，光有经济总量指标是不够的，还必须把国民经济按地理单元分解为产业、行业和工程项目。在区域发展过程中，增长不是在区内每个产业、行业都以同样的速度增长的，而是在不同时期，增长的势力往往相对集中在主导产业和创新企业上，然后波及其他产业和企业；从空间上看，这类产业、企业也不是同时在向外围扩散。这种集中了主导产业和创新企业的工业中心，就是区域增长极。在藏区生态移民后续产业发展中，也要根据实际情况，注意发展主导产业和创新企业，然后波及其他产业和企业。如重点发展民族文化旅游业、中藏药种植加工业、畜产品加工业、民族传统工业等，而这些产业对周围地区产生一定的吸引力和向心力，周围地区的劳力、农副产品、原材料等资源，被吸引到极点上来；随之对外区、外省能产生一定的吸引力，外区、外省的资金、人才、技术、产品以至某些项目，也被吸引到极点上来。这两种吸引形成大量的外部投入，从而使极点的经济实力和人口规模迅速扩大。

五 产业化模式

农牧业产业化经营，是以市场为导向，以家庭承包经营为基础，通过龙头企业及各种中间组织的带动，将农牧业的产前、产中和产后各环节联结为完整的产业链条，实行多种形式的一体化经营的一种新型的现代农牧业经营形式。畜牧业是藏区生态移民的传统产业。生态移民搬迁到其他地区后,虽然不能在原地经营畜牧业,但是在迁入区还可以发展舍饲畜牧业,而搬到牧场的可经营畜牧业。另外,靠近牧区的生态移民还可以利用牧区的畜牧资源。这些为积极推进畜牧业产业化经营创造了条件。因此,一要着力加强优质畜产品基地和外向型畜产品生产基地建设,形成一批区域特色突出、示范效应显著、带动作用强的优势畜产品生产基地;二要重点抓好龙头企业建设,发挥它们在开拓市场、引导基地、加工增值、科技创新、标准化生产、提供各种服务、带动牧户等方面的带动作用;三要加快畜牧业市场化进程。积极引导移民直接参与贩运、收购和批发业务,多层次、多形式进入流通领域,成为市场交易主体;四要突出解决市场建设滞后的问题。通过招股、参股、摊位租赁等形式引进资金,着重抓好牛羊交易市场建设,保证农畜产品流通;五要大力发展各类新型的合作经济组织,为移民提供多种形式的专业化服务,提高牧民的组织化程度,增强市场竞争力。

第七节　发展藏区生态移民后续产业的保障措施

发展生态移民后续产业是一项涉及面广、难度大的系统工程,它不仅要靠牧民的自力更生,而且还要有相应的保障措施。

一　强化政府的引导和组织作用

强有力的组织管理是生态移民后续产业发展的重要保障。移民群众向非农产业转移,实现生产生活方式变革,靠其自身难度很大。必须强化政府的引导和组织管理。一是从各地实际出发,搞好生态移民后续产业发展的规划。二是积极争取后续产业项目立项。三是引导移民参与到有市场竞争力、有发展效益、能增加群众收入的行业上来。四是成立生态移民后续产业发展工作领导、协调及其办事机构,充实人员和落实经费,明确责任,在资金、科技、人才到制度创新、体制创新、营运创新上给予支持和引导。五是加强政府对发展后续产业的宏观领导，加强经济立法，建立健全法律保障体系，保证后续产业发展健康有序地推进。六是转变经营体制，引导联营。在现行的分户经营体制下，移民作为单个生产主体多而分散，缺乏有效的组织和分工协作，应对市场能力弱、风险大。政府应积极引导移民以股份制形式走联合经营之路，从事规模化生产，依靠龙头企业或农牧业合作经济组织，实现"小生产、大市场"的有效对接。七是注意培养移民致富带头人。组织那些有能力和号召力的移民去省内外参观访问、培训学习，培养内源式发展人才，以带领安置区内移民闯市场、发展经济。八是帮助移民开拓市场，解决产品销路问题。

二　加大政策扶持力度

藏区生态移民后续产业不同于一般的移民发展，它面临着更多的制约因素和困难，因此必须要有最大限度的政策扶持。一要加大财政金融对后续产业的扶持力度。要多渠道增加对生态移民发展后续产业的资金扶持，对一些劳动密集型的有发展前景的后续产业在发展的初期或者困难期给予资金的大力支持，让其渡过难关，得到持续发展。金融部门要把扶持生态移民后续产业发展作为信贷支农的重点，优先安排资金，扩大对后续产业发展的贷款规模，扶贫贴息贷款要向生态移民后续产业的发展倾斜。二要完善和落实税收优惠政策。一方面要切实贯彻落实有关扶持生态移民后续产业发展的税收优惠政策；另一方面要根据藏区的特殊性，尽快制定新的税收优惠政策，支持后续产业发展。对生态移民进城从事个体工商或创办私营企业的，对生态移民领办、创办畜牧业产业化龙头企业的，至少五年内免征所得税；对生态移民从事采集、牲畜育肥应减免一切税收；对从事非牧产业，如餐饮、商贸、民族用品加工、旅游业的牧民免征所得税。三要制定政策，明确规定有些公益岗位和政府投资草原保护和建设项目工作要向生态移民户倾斜，解决移民的务工、就业问题。四是大力发展产业化经营。鼓励农牧业产业化龙头企业参与生态移民后续产业发展，对带动作用明显的重点龙头企业经营用地优先安排，优先审批，其征、占用土地的各项费用按最低标准执行，并享受有关优惠政策。五要鼓励国有、集体、个体、私营多种所有制经济一起上，积极引导和支持非公有制企业参与生态移民后续产业发展，谁有能力谁牵头，谁优先牵头就扶持谁。六是制定扶持和鼓励发展地方特色产品的优惠政策，如免征各类税收、设立地方特色产业发展资金、补助企业资本金等。目前按户拨付的0.5万元发展生产补助资金，补助额度太小，应提高标准。

三 建立生态移民后续产业发展的社会化服务体系

社会化服务体系，主要是指由政府职能部门、行业协会、经济合作组织和其他服务实体组成的，集政府公共服务体系和群众自我服务体系于一体的综合性服务体系。建立健全各种服务项目，形成功能齐全、方式灵活、流程规范、运作高效的服务体系，是生态移民后续产业健康发展的重要保证。政府部门要给生态移民提供市场信息、科技服务、人员培训、融资平台、法律服务等，有效解决生态移民后续产业发展中市场把握不准、科技和人才薄弱、融资难、合法权益受损的问题。同时要大力发展各类新型的合作经济组织，为生态移民提供多种形式的专业化服务。主要引导移民在自愿、互利的基础上，按照利益共享和民主管理原则，围绕畜产品加工、流通、销售、生产资料供应、技术信息服务，发展各类专业协会和专业合作社等多种形式的专业合作经济组织，以服务为纽带，提高移民的组织化程度，增强市场竞争力。

四 加快移民区小城镇发展

有关学者的研究发现：凡是城镇化水平较高的移民区，不但移民们的温饱问题在较短的时间内能尽快解决，而且可持续发展的能力也在不断提高，移民返贫率、返迁率几乎为零。藏区特别是三江源地区周围地广人稀，自然条件相对恶劣，城镇在区域经济发展中的优势地位极其明显，不仅是农牧经济发展的引擎，农牧民商贸流通和生活消费的基地，更是生态移民生活和生产发展叠间拓展的主要吸纳区。加快城镇化进程，实际上就是促进城镇第二、三产业的发展壮大，最终形成以城镇为中心的"经济圈",不断扩大其辐射带动力。如内蒙古鄂尔多斯市通过实施城镇化战略,形成了以县城为中心的多个"经济圈",畜产品得到加工、转化和增值,市场化进程日益加快,特色产业发展进入良性循环,为移民后续产业发展奠定了坚实基础。加强生态移民区小城镇建设,一要对藏区的镇,尤其是县城建设进行重新定位和规划,根据县城不同的历史背景、民俗、民风、文化渊源和经济社会发展特点,因地制宜,合理规划,明确各城镇的功能分区。二要挖掘原有城镇的人文资源及其周边的自然资源,完善城镇服务体系,提高城镇的建设品位,发挥城镇作为一定区域的政治、经济和文化中心作用。三要创新发展思路,改变传统的建设模式和经营管理方式,积极与重点项目建设、经济结构调整、主导产业培育等相结合,依托资源优势,在畜产品深加工和市场流通上下功夫,提高畜产品附加值,走特色城镇经济之路。四要加大城镇公共基础设施建设投入力度,将城镇培育成带动源区经济的龙头,为移民提供更多的发展机会和空间。政府在动迁移民前,必须安排建设好移民的生活设施和生产条件的配套问题,包括统筹考虑移民点布局、住宅、道路、供水、供电、学校、卫生院、宗教场所等生活服务设施,以及灌溉渠、排水沟、养殖圈棚等生产服务设施,使基本生活、智力开发、民族文化和生产经营建设同步进行,为移民提供便利的生活条件,为生产、文化留足发展空间,从而保证移民在安置区自主发展。

五 加强对生态移民的培训和教育

发展生态移民的后续产业关键是提高移民的综合素质。移民搬迁后,一部分牧民从事舍饲畜牧业,还有一部分进入第二、三产业,移民的生产条件和经济环境等方面都发生了巨大的变化。为尽量缩短移民的过渡期,使移民在尽可能短的时间内掌握新的生产技能,适应后续产业发展的需要,对移民进行技能培训势在必行。对藏区生态移民成人的培训,需要顾及生态移民就业、当地自然资源和人文资源的开发利用、生态保护和建设、畜牧业生产方式的变化、牧民思想开化和游牧生活习性的改变、与外界沟通能力的提高、服务业发展等,内容要多样化且针对性要强。所以，政府应下决心，将青年人有计划地送到异地教学条件和质量好的正规的技校进行规范化教育，接受较严格的训练，除学习一技之长外，还要学习礼仪、社交、普通话等实用知识。学员结业后，部分回原籍就业，大部分到异地打工。对生态移民子女教育提供优惠政策，加大教育投入力度，改革现有的教育体制。实行免费教育和优先扶持政策，加大对贫困学生贷款助学的力度，确保适龄少年儿童接受完整的九年义务教育。对15岁以下的牧民子女根据年龄和受教育程度分别选送至省内外经济发达地区的小学、中学、职业技术培训学校、中等专业学校等进行全程教育，更新传统观念，提高文化素质和接受新生事物的能力，将他们培养成知识型、专业型、管理型人才，从根本上脱离传统的牧业生产，成为民族地区经济社会发展的骨干力量。

第三章 藏区生态移民的文化调适研究

移民就是人们从一个地方迁到另外一个地方,并且不再返回原居住地的行为。移民现象必然带来文化上的接触和交流。即使是在同一文化圈内,由于政治经济发展的不平衡所引起的文化发展的不平衡,也使这种迁移不可避免地会带来文化上的碰撞,而如果是异质文化的移民,这种碰撞会表现得更为集中和激烈。生活在草原上的牧民,迁移到城镇和其他地区,在面对异质文化的挑战、冲击、刺激时,必然会出现一种"文化震惊"和文化不适应带来的心理焦虑和不安。在新的环境里,生态移民需要思考:怎样保留自己的原有文化?怎样面对并处理好与不同文化的关系?怎样继续保持宗教活动?怎样适应现代化?等等。因此,在实施生态移民工程中,除了要对生态移民在经济上给予关注和扶持外,还要关注和研究他们文化方面所发生的变化,解决文化中出现的问题和矛盾。

第一节 藏区生态移民的文化不适应及其对移民生计重建的影响

文化适应是人类学的一个研究范畴。文化适应指持续、直接地接触两种截然不同文化的价值观、风俗习惯和行为规范所导致的文化变迁,表现为由饮食、气候、居住、人际交往方式、规则和新文化价值观适应等体现的生理和心理的变化。人类学家 Redfield 等认为,文化适应是指两种具有不同文化的群体在连续接触的过程中所导致的两种文化模式的变化。

文化适应表现出两个要点：一是文化适应产生的条件是各文化间持续和直接的接触或相互交流；二是文化适应的结果是接触的人产生了文化或心理现象的某些改变。文化适应包括两个层面，群体层面上的文化适应和个体层面上的文化适应。群体层面的文化适应包括社会结构、经济基础、政治组织以及文化习俗的改变，而个体层面上的文化适应包括认同、价值观、态度和行为能力的改变，即个体所经历的心理变化以及对新环境的最终适应。[1]

文化适应问题，对于藏区生态移民来说，是一个很重要的问题。因为文化适应与否关系到他们的生计发展，标志着他们是否融入城镇生活，而变成一个真正的"城里人"。有的学者甚至提出文化适应是藏区实现生态移民的最终目的。

当代文化适应领域的著名心理学家贝瑞认为，文化适应中的个体面临两个基本问题：第一，是否趋向于保持本族群文化传统和身份。第二，是否趋向于和主流群体接触并参与到主流群体中。通过个体对这两个问题的回答可以把个体在文化适应过程中采取的文化适应策略分为四类：整合、同化、分离、边缘化。所谓文化适应策略，就是文化适应中的个体在与新文化直接接触过程中面对新文化冲击和文化变迁所采用的态度或应付方式。当非主流群体中的个体不想保持对自己文化的认同但寻求与其他文化的日常交往时，就会采取同化策略；当个体注重保持自己的原文化而同时避免和其他文化交流时，采取的是隔离策略；如果个体既保持自己的原文化又保持和其他群体的日常交往时，个体采用的是整合的策略；而个体如果既没有保持自己文化的兴趣又不想和其他群体有联系，个体采用的策略就是边缘化。贝瑞认为，个体最为理想的文化适应策略是整合，而最为消极的策略是边缘化。一些对贝瑞四类文化适应策略的研究也证明个体最为偏向的是整合策略，整合、同化、分离、边缘

---

[1] Berry, J. W. et al., Crosscultural Psychology: researcn and application [M]. Cambridge: Cambridge University Press, 1999, pp. 217 – 218, 273 – 274.

化四个文化认同态度的模式中,他们的文化适应无疑属于整合认同模式。他们期望采用新的生活方式,但又不放弃自己原有的价值观。从这个意义上看,藏区生态移民对文化适应的态度还是积极的,是贝瑞认为的最理想的认同模式。这是研究这个问题需要首先建立的一个概念和认识。但是,在主观上具有这样的态度是一回事,而在客观上能否真正实现文化的整合又是另外一回事,因为主观的态度往往由于受到种种因素的制约和影响而最终不能实现。藏区生态移民的文化不适应的问题是客观存在的,并且成为影响生态移民大局的大问题。

一 文化不适应

美国社会学家戈登在分析一个多族群社区中族群同化的情况时,设计了一套比较客观的指标来测度各族群的关系现状。这七个方面是:①文化。这里的文化是狭义的文化,按照戈登的定义,这里主要指语言和宗教;②社会交往或基层社会组织的相互进入(实质性渗入)(Structural Assimilation);③通婚;④意识(Ethnic Identity);⑤偏见(Prejudice);⑥歧视(Discrimina – tion);⑦价值、权力冲突(Value and Power Conflict)。这七个变量实际上就等于研究民族关系的七个方面、七个领域。但我们也可以将这七个方面经过一些调整作为考察和测度藏区生态移民文化适应情况的指标。

藏区生态移民的文化也有相适应的一面,如在他们的居住上,由牛毛毡房变为砖混结构的房屋,牧民感觉遮风挡雨的功能强了,居住比帐篷舒适。在文化娱乐方面,过去很单调,但是现在可以看电视,电视很普及,通过电视节目移民可以了解到国内外大事,特别是年轻人,能够有机会享受城市丰富多彩的文化生活,过上了一种新的生活,等等。但是,由于移民迁入区和迁出区存在巨大的文化差异,生态移民在文化上出现不适应也是必然的。只是目前藏区生态移民这种不适应性远远大于适应性,并且影响到移民生计的重建和发展,这一点需要我们加以重视并设法改变。根据调研,藏区生态移民文化不适应主要表现在以下几个方面:

1. 移民身上出现诸多消极心理

"文化震惊"理论认为，文化发展的一个巨大动力就是不同文化模式之间的交流。然而，文化的交流从来不是一帆风顺的，在不同文化的交流中常发生一种"文化震惊"现象。即生活在某一种文化中的人，当他初次接触到另一种文化模式时必然产生的思想上的混乱与心理上的压力。文化震惊不仅发生在民族之间，在不同的社会群体之间、地区之间也会发生。藏区生态移民世代居住在草原上，有属于自己的文化和生计模式，有属于自己的社会关系和人际网络，有属于自己的价值观念和行为准则，他们心理上有归属感，生活是从容、有序的。但是，来到城镇后，一切都发生了很大的变化。文化的差异摆在了他们的面前，他们感觉自己与城里人格格不入，在与迁入地的人交往中总感到不自如、力不从心。而迁入地的居民对生态移民有的表示同情，有的看不起移民，而有的因为移民来了以后占了他们的地盘，对移民心怀不满。面对与城里人生活水平的反差、生活方式转变中遇到的困难、与城里人交往的障碍，移民感到了一种集体的自卑、孤独和畏惧心理，他们留恋过去的生活，不愿意与迁入地的居民有过多的接触，自己把自己当作"另类人"，精神上显得忧郁和苦闷。有些移民说："我们更适合在原来的地方生活。"格尔木生态移民安置点的移民说："我们不想和人家（城市居民）打交道，有些人有点看不起我们。""从来不主动地跟本地人交往，他们富裕，在经济上占据着优势，我们主动跟本地人交往好像是去求本地人，以获得某些好处。"据调查，在格尔木市生态移民安置点上，尽管政府给移民联系了很多就业的门路，但是移民青年更愿意回到原居住地找活干。移民的自卑心理和敏感，有时也表现为反应过激。在有些移民点出现了移民与其干活的工地老板之间的不愉快事件。有些移民到餐饮、娱乐场所后因为一些小事与本地人发生摩擦。此外，移民的文化不适应也表现为身份焦虑。藏区的生态移民来到城镇居住，在地域上他们实现了从农村到城市的流动，在职业上他们不再从事畜牧生产，而是在建筑、服务行业工作。但是因为他们没有融入城镇社会，在户籍上他们仍然是牧民，他们仍然由原居住地来管理，这样他们成为既不是城里人又不是牧民的特殊群体或者说边缘群体。他们遭受制度和认同的双重排斥。在制度上，他们不能享受城镇居民同等的政策，从社会认同方面来说，生态移民无法在心理上融入城市，也无法为城市居民所认可接受。迁入区的居民把移民安置点称为"藏民村""移民村"等在某种程度上反映了社会认可上的排斥和距离。移民是在文化历史设定的裂缝之间漂移运动的主体，身份确认对他们具有尤为重要的意义。而文化身份又是一个不断建构的过程，移民在文化碰撞张力的夹缝中努力寻找最有利的身份定位，力图使他们的文化能最大限度地传承和发展。使他们的现实生存能获得最有利的条件，无论是迫不得已地固守还是心甘情愿地融入，都是移民在新的文化环境中对原有文化和原有身份做出的新的应对。藏区生态移民文化身份的确认涉及诸多相悖的矛盾因素，其中主要有原住地文化与迁入地文化之间的张力，移民对原住地文化的固守与遗弃，对迁入地文化的抗拒与融入等。移民始终都力图在原住地文化和迁入地文化的夹缝中进行调适，有效化解由此带来的身份焦虑，这一问题处理得好与坏，直接关系到移民的文化适应，进而会影响到移民的现实生存。

2. 移民的实质性渗入程度低

按照戈登确定的文化同化的第二个指标是：社会交往或基层社会组织的相互进入，或者叫实质性渗入。这项指标可以通过人们的交友圈、通婚圈、参与非正式的组织等方面去测度。目前藏区生态移民的交友圈主要限于原居住地和本移民社区内，在迁入区的交友比例很低。在调查中，当问到"你亲密的朋友中迁入区和迁出区所占比例"时，100%的城市生态移民调查对象、90%的州县府所在地城镇生态移民调查对象、80%的乡镇所在地的生态移民调查对象的回答是"原居住地和本社区内的本民族"。当问到"你遇到重大事件时是否有可能向迁入区的人寻求帮助"时，90%的城市生态移民调查对象、80%的州县府所在地城镇生态移民调查对象、70%的乡镇所在地的生态移民调查对象的回答是"只向原居住地和本社区内的本民族人寻求帮助"。当问到"你是否经常参加其他族群成员组织的私人聚会"时，100%的城市生态移民调查对象、90%的州县府所在地城镇生态移民调查对象、80%的乡镇所在地的生态移民调查对象的回答是"不经常参加"。这种情况说明,乡镇所在地的生态移民和当地居民的关系相对密切,文化适应程度也相对高一些。而移入城市和城镇的生态移民与当地居民的文化差异较大,文化适应的状况较差。

通婚或者联姻在族群融合和民族团结中起着不可替代的作用。国外学者则通过对大量不同族群之间的通婚的研究,认为:"不同群间通婚的比率是衡量任何一个社会中人们之间的社会距离、群体间接触的性质、群体间认同的强度、群体相对规模、人口的异质性以及社会整合过程的一个敏感的指标。"有的学者进一步提出:"当两个民族集团间的通婚率达到10%以上,则他们的民族关系大致地可以说是比较良好的。"[①] 根据调查,目前藏区生态移民适婚青年通婚圈基本在本移民社区和原居住地内。虽然在个别地区也有迁入地和迁出地青年结婚的现象,但婚姻倾向主要是迁入地的男性。据负责唐古拉山乡移民社区的钱副乡长讲:娶移民姑娘的都是在当地娶不上媳妇的,家境困难的男子,娶移民家的姑娘主要是因为移民家不要彩礼。在格尔木,一位移民妇女说:"我们家的儿子已经26岁了,已到了结婚的年龄,我们这么穷,谁家的女孩愿意嫁给我们家呀。"当问及有没有可能娶一个格尔木市的姑娘时,她则笑着说:"这一点,我们想都没想过。"通婚圈的情况在不同移民安置模式里,表现程度不尽相同。城市的生态移民与城市居民的通婚更为困难。因为实现族际间婚姻是一个复杂的过程,里面包括文化认同、族群认同、传统观念、经济条件等多种因素。相比之下,移入城镇和乡镇府所在地的移民在这方面的情况略好一些,因为文化差异相对较小,在迁入区居住着一部分本民族。但是即便如此,在这两种移民安置模式里,至今也没有出现移民的男孩娶当地姑娘的情况。这说明移民的文化不适应,既存在于不同民族之间,也存在于处于不同区域的同民族之间。

---

① 马戎主编:《西方民族社会学的理论与方法》,天津人民出版社1997年版,第16页。

3. 文化冲突时有发生

文化冲突指两种或这两种以上的文化相互接触所产生的竞争和对抗状态。不同民族、社区和集团的文化，有不同的价值目标和价值取向，并且常常各自视自己的文化为优越，视其他文化为危险物。当它们在传播、接触的时候，便产生了竞争、对抗，甚至企图消灭对方的状况，此种冲突叫做文化冲突。文化冲突的结果，或相互吸收或融化或替代对方，随之会产生新的文化模式或类型。藏区生态移民进入城镇，一方面促进了城镇文化的多样性，给城镇文化带来了新的活力，丰富了人们的精神文化生活。如在有的地区生态移民通过开办民俗文化村、歌舞、服饰表演、藏式餐饮、民族工艺品加工等，使城市居民以及外来游客感受到了一种带有浓郁草原气息的文化，给人们一种别样的享受。但另一方面，由于经济发展、思想观念、文化层次、民族心理、民族成员素质等事实上的差异，存在着不同民族的传统文化、不同社区的生活方式、不同社区居民适应环境的习惯、不同社区居民的日常交往行为。在多元文化的交流中，必然带来一些碰撞和摩擦。例如，在一些地区，由于有些人缺乏民族宗教知识，不理解民族宗教政策，导致不尊重少数民族风俗习惯和宗教信仰等伤害生态移民感情的事件屡屡发生；在一些地区，生态移民购物、吃饭、乘车时得不到应有的尊重；在一些移民社区，有关方面反对移民重建寺院，忽视了移民的宗教情感；有的地区在考虑移民生计时，不够尊重移民的意愿，包办代替，伤害移民的自尊心；对移民在社会适应中遇到的困难，指责和埋怨较多。另外，少数生态移民对城镇的管理知识知之甚少，在街头不讲究卫生、不注意遵守交通规则现象时常发生，甚至某些人抢劫、聚众斗殴，严重违反了城镇的社会治安，这些不文明行为与城市文明的和谐发展格格不入。目前藏区大多数生态移民的安置选择了城镇周边集中居住的模式。在这种人际关系网络中，依然保留着本民族的传统观念意识和行为方式，没有特别强烈、积极主动地与城市化文化融合的愿望，也缺乏和城市居民之间深层次的沟通和互动，这样就阻碍其对城市文化的接纳与认同，势必延缓生态移民的文化适应。

二 文化不适应的主要方面

1. 语言

语言是人们进行口头交流的工具,是各民族传统文化的基本载体。同时语言不可避免地寄托着人们对自身所属族群历史与文化的深厚感情。在使用语言的选择上人们面临着在感情上把它看作"文化象征"和在理性上看作"交流工具"这样一种双重性。[①] 不同群体之间最明显的文化差异就是语言。藏区生态移民的文化差异,既表现在不同民族的语言上,特别是藏语和汉语的差异上。居住于高山牧区的广大牧民世代习说藏语,搬迁至城镇后,与安置区各个群体之间会发生密切的、多领域的交流,在这种互动中更多的是使用汉语进行交流。同时又表现在同一种语言的不同方言之间的差异,如说康巴语的牧民搬迁到安多语系的移民点后,交流也存在困难。而这些语言上的差异,给移民在对外沟通和交流方面造成了很大的障碍。因为语言沟通的障碍造成了许多误解和给移民生活带来了不便和困难。如果两个群体在语言上互不相通,显然他们之间的交往会很少,群体之间的关系也会处在一个很低的水平上。生态移民都讲藏语,而城市以汉语为主,藏区生态移民来到城镇、城市,最主要的不适应来自语言。移民反映,他们来到城市,因为语言不通,购物、办事都不方便。格尔木移民点的移民说:我们不会说汉话,进到城里连公共汽车也不会坐,常常不知道下车的地方应该怎么说。到市场上买东西不会讨价还价,吃亏的人也不少。另外,因为我们汉话说得不好,有些人还学我们说话,我们不敢再说了。在调查中移民反映,由于汉语基础差,孩子上学听不懂用汉语讲的课,影响学习。在格尔木移民点,我们随机采访了三个移民的孩子,其中两人是二年级,一人为三年级。当问到语言方面的问题时,他们说,这里的老师课讲得好,只是用汉语上课有些能听懂,有些听不懂。在其他地区调查时,一些移民反映,孩子说汉语不流利,在学校难以融到集体中,有自卑感。

---

① 马戎:《民族社会学导论》,北京大学出版社 2005 年版。

语言的不同，也给移民的工作和就业带来很大的影响。移民因为不会讲汉语，除了最简单的体力活，许多行业无法进去。因不懂汉语，牧民无法参加政府组织的各种技能培训活动，使得政府组织的此类后续扶持工作效用不大。语言的不通也影响了移民群体与安置区各个群体之间的相互认同，使得彼此都保持着一定的距离，对生态移民新的社会网络的建构造成影响。在调查中了解到，语言的沟通困难也会引起移民和本地人之间的冲突。在语言学家看来，语言是一种文化代码，它对本群体而言，方言是一种凝聚的力量、认同的标志和感情的密码；对外族人来说就是一种隔膜，一种距离。移民在社区内用藏语交流，而到社区外没有使用藏语的机会，必须会用汉语。移民社会生活的变化，使他们以前的语言已变得不能完全满足他们交流的需要，必须重建新的语言系统。

2. 宗教

宗教信仰以及与宗教信仰相关的生活习俗是移民内在的文化适应的表象之一。藏区生态移民信仰藏传佛教。移民群众无论是个体行为或群体意志，都笼罩在佛教信仰的光环之下。"以众生之名义和完全自愿地奉献我的身、语、意"这最一般的祈愿语，充满了全身心的情感投入。"我皈依佛，我皈依法，我皈依僧"，这是藏族民众信仰的基本前提，是对神佛虔诚顶礼膜拜的起点。虔诚的教徒一生都在这种宗教热情激励下对佛承担职责和义务。他们深信"业果因报""轮回转世"等。通过日常的朝圣进香、转经诵咒、焚香祭祀等形式，以及布施行善来构成其主要的宗教活动。为自己构筑起通向来世命运辉煌的心意之路。移民在草原上有自己的寺院，有自己的活佛和僧人，有自己固定的地区性的宗教活动。此外，生态移民在原地方有世世代代崇拜祭祀的神山、圣湖以及神迹。他们把这些存在于周围的自然物当作保佑自己、家人以及一方民众的神灵，经常去供奉、朝拜。然而，搬迁到新地方后，他们便失去了这一切，离开了自己的寺院、甚至离开了自己熟悉的活佛和僧人，也不能参加那些生命、生活中极其重要的宗教活动。当然，他们也不能经常朝拜供奉祭祀自己已在远处的神山圣湖。他们认为生活中最重要的宗教信仰活动却遇到了困难。巴滩的生态移民说:我们来到这里,请活佛、僧人念经做法事很不方便。前一段时间,我们请了一位活佛做法事,想在当地人的草地上临时搭个帐篷,他们都不允许。另外,路途远,回不去,祭祀神山也中断了,心里感到惶恐。我们这里与神山也有几百公里。

以前,移民中的许多老年人天天都去转寺,转佛塔,每天都要转五六十圈,这是不可更改的。这种宗教习惯,使他们心情愉快、心里充实、身体健康。但是现在他们居住的地方或者根本没有藏传佛教寺院、佛塔,或者有藏传佛教寺院,但不是本派的。因此,他们只能待在家里,念念六字真言,心情和身体状况都和以前大不一样。此外,好多牧民老人因为在搬迁之前,经常去转圣山、圣水,而到了城镇之后,离圣山、圣水遥远,不方便去转,内心很渴望,但却难以实现,加剧了对原住地的思念之情。据调查,许多远距离搬迁的生态移民提出了重建寺院的提议,但是政府限于政策以及考虑社会稳定的因素,都没有批准。移民中断了以前的宗教活动,遇事又不能求助于宗教,他们的精神寄托和精神家园遇到了危机,因此感到心神不安、诚惶诚恐,严重影响着生活生产。

当然,生态移民群体,对宗教需求的强度不完全一样,根据笔者的调查,移民中信仰宗教的主体是中老年人。他们的宗教观念根深蒂固,宗教活动成为他们生活中的重要内容,甚至是最重要的东西,他们对宗教最投入,信仰笃诚,从事宗教活动的愿望十分强烈。在以中老年人为主导的家庭里,宗教气氛特别浓厚。这个群体在移民中占大多数。但是,在以年轻人为主的家庭里,平常并没有太多的宗教活动。宗教意识淡化,笃信宗教的年轻人越来越少。现代化、城镇化和市场经济冲击着一批年轻人的思想观念,特别是宗教观念。过去,小孩从小在浓厚的宗教环境里受熏陶,自然产生浓厚的宗教信仰意识。现在,由于更多的小孩进入学校,接受了更多的现代文明,因而出现宗教意识淡化的趋势。特别是教育质量的提高,信息网络的扩大,直接影响到年轻人的宗教信仰意识。他们的宗教信仰意识进一步淡化,参加宗教活动的次数在减少,向寺庙布施的次数和金额在减少,当宗教活动与自己的工作或生意的时间发生冲突,首先考虑的是自己的工作或生意，一般不去寺庙转经。

3. 生活方式

服饰、饮食、居住、交通等作为人们生活方式中物质文化的主要组成部分，蕴含了丰富的文化内涵。长期以来，藏族聚居区牧民的生活方式保持了鲜明的民族特色。但迁移到城镇附近后由于居住条件变化，生产方式的变迁，人们的生活方式也出现了相应的变化。根据百乐·司宝才仁、韩昭庆的研究，藏区生态移民的生活方式主要在六个方面发生了变化：一是居住方式由游牧生活向定居生活转变；二是居住空间由牛毛毡房向砖混结构的房屋转变，遮风挡雨的功能强了；三是作息时间可以自由安排，再也不必围着牲畜被动地流动；四是从饮食结构到衣着打扮上都更多地趋向于城里人的特征；五是精神文化生活从内容到形式也发生了明显的变化；六是由过去肉食品、乳制品为主的食物结构向既要有肉食品、乳制品，又要有蔬菜等的方向转变。根据本课题组的调查，认为他们的结论和判断是符合实际的。但本课题组经过调研，进而认为，藏区生态移民生活方式的变化，对移民而言并不是轻松的，而是一个艰辛甚至是痛苦的过程。如在服饰方面，因为气候、生产方式的变化以及时尚等原因，移民特别是年轻人在城镇不得不改穿西式服装。但是，这又导致了人们在价值观念上的一个变革，因为在藏族牧民的文化中，服饰文化举足轻重，人们除了宗教，最大的消费趋向就是服饰，一个家庭的财富主要体现在服饰上，素有"汉族的财富在房子上，藏族的财富在服饰上"的说法。多少年来人们以有一套华贵的服饰而感到荣耀。但是，搬迁到城镇后，迁入区的人们并不以单纯的服饰为生活的标准或者目标，从而给他们带来了一种困惑和新的价值选择。如在饮食方面，以前以牛羊肉、酥油牛奶为主，搬到城里后牛羊肉少了，人们开始吃蔬菜，以面食为主。但是饮食上的变化对移民而言并不是情愿的。主要是因为在城镇牛羊肉价格很贵他们买不起。移民反映，他们以前习惯于肉食等为主，现在吃不上肉，身体感到无力。有的移民反映，他们蔬菜吃多了就拉肚子。移民饮食方面的变化一方面使他们感到不适应，另一方面导致以前的饮食文化无法延续。如在居住方面，以前住的是牛毛帐篷，牧民对它的制造和使用得心应手，同时，在牛毛帐篷上记载着很多美好的历史文化，形成了帐篷文化。但是搬到用砖木结构建造的房子里，帐篷文化随之消失了，牧民对房子的扩建、维护等感到束手无策。特别是年老的牧民还是喜欢以前的居住方式，虽然现在的居住条件比以前好了许多，但移民对迁入地文化的抗拒与对原来生活的怀念使移民对现有的状态没有归属感。

4. 价值观

价值观是在历史中形成的，是长期的生活实践和文化积淀的产物。一个民族的价值观一旦形成，也就具有相对稳定性和保守性的特征。在特定的社会意识、经济基础、生产方式以及地理环境的综合作用下，草原上的藏族牧民形成了一套自己独特的价值观：重来世、轻现世，行善戒恶，因果报应，离苦得乐，大慈大悲，无私无我，利益众生，尊敬师长，师敬父母，善待子女，勇敢无畏，吃苦耐劳，忍辱无争，诚实守信，礼仪文明，团结互助，爱憎分明，主张公正，痛恨贪婪，反对强暴，抗敌爱国等。[①] 但是，传统价值观念有时也会随着急剧的社会变迁引发价值观适应性调整甚至突变。藏族生态移民搬入城镇后，由于社会环境的巨大变化，他们传统的价值观念面临着挑战。如由于受佛教等的影响，草原上的藏族牧民即便是在今天仍然生活在一个讲信用的社会中。牧区的人们和睦相处，相互信任。人们不把他人作为自己的障碍，反而作为不可离开的一种资源，在长期的生活和交往中，形成了一种不需法律约束，以诚信为本的价值观念，牧民中流行的"盘羊会看住自己的脚印，人要守住自己的诺言"的谚语就是对这种文化的典型反映。但是牧民所进入的城镇在这方面的情况与牧区有很大的差异。城镇主要以法律来约束人们之间的社会关系，虽然也提倡信用为本，但还远没有培育出一个信用的社会来，不讲信用、不遵守承诺的现象比比皆是。这种差异使牧民进入城镇后，在与人们的交往中，如果继续依赖以诚为本的理念行事，就有可能引来欺骗和上当。因此，在城镇这个新的环境里牧民在处理社会关系时

---

① 刘俊哲等：《藏族道德》，民族出版社2003年版，第8页。

除了需要在保持以诚为本价值观念的同时，还要树立合同等法律意识，以保护自己的权益。又如，在佛教忍辱、知足、寡欲、行善、利他等思想的影响下，信教群众的思想中没有形成市场竞争的观念，他们认为竞争是一种追逐物质、崇尚利益，甚至是损人利己的行为，是应该反对的东西。藏族牧民遇事讲究忍让，宁愿自己吃亏，也不与人争。但牧民进入城镇、情况发生了变化，在城镇里竞争又是一个重要的法则，没有竞争力便无法生存。生态移民要找工作、开展商贸业、发展产业都需要有竞争意识。再如，在自给自足的生产生活方式的牧区环境中，人们在价值取向上重财富的集聚与积累，而不主张消费和流通，他们没有产品通过流通就可以增值的意识。自己有了财富便把它积攒起来，并且传宗接代地将它们保留下来，家庭中的某个人卖掉这些财产，他就是败家子，便会遭到舆论的谴责。藏族牧民也一直崇尚"门前牛羊多就是富裕"的财富观念，宁愿把牛羊养老，也不愿出售。有些人家虽然牛羊很多，养了上百头牛和上千只羊，但因为牛羊没有转化为商品出售，家里没有钱，生活艰苦。牧民进入城镇后，在新的社会环境里，如果继续恪守这种传统的观念，其发展就会受到很大的影响。这就要求牧民必须要改变自己重积累、轻交换的价值观念，树立商品观念。另外，由于藏传佛教的信众大都轻薄实利、鄙视商业经济、重来世而轻今世，在这一思想的影响下，思想反应迟钝，对周围所发生的一切情况熟视无睹、安于现状、缺乏进取性。例如，在某一个移民点，政府通过联系给年轻人找到了在煤矿当保安人员的工作，但是去了以后，由于受不了煤矿按时按点的上班，纷纷跑回了家。以上情况可以看出，一些在市场经济活动中有效和流行的价值观，不断地冲击和影响着藏区生态移民思维方式和思想意识，他们传统的价值观与迁入地的价值观难免发生碰撞和摩擦，如果对这种价值观的不适应不加以引导，就有可能出现价值观迷失、混乱的现象，进而影响迁入地的社会稳定和发展。

5. 生产方式

藏区牧区，一般高寒缺氧、气候恶劣、环境艰苦。如地处黄河源头的果洛州，平均海拔在4200米以上；平均气温为 $-4—2.4℃$；无四季之分，只有冷暖之别，且暖季只有4—5个月，冷季长达7—8个月，昼夜温差大，无绝对无霜期，全州最热的7月份平均气温也只在7.4—13.9℃之间。这种特殊的自然环境条件决定了畜牧业是这里唯一的产业，从事畜牧业生产是群众的生存和发展方式，高原游牧文化是这里的主要文化模式。[①] 牧民在长期的生活生产中形成了草原保护、合理放牧、牲畜的防病治病、畜产品储藏与加工等方面丰富的经验和技能。但是牧民进入城镇后，生产对象和劳动方式都发生了巨大的变化，劳动已不是在辽阔的草原上挥着鞭子放牛羊，而是在城镇这个新环境下，在完全不同且陌生的行业里谋生。在这里，以前的经验和技能"失灵"了，根本没有用武之地。他们如能在城镇全新的社会里生存和发展，适应城市第二、三产业的发展，就必须要建立与之相适应的新的劳动经验和技能甚至专门的知识。在调查中，有移民说，他们做酥油、编织帐篷、做衣服等技术现在都用不上了，相应的工具也没有用了。在果洛有一位移民，以前是他们地区有名的藏靴匠，前来定做靴子的人很多，收入颇丰，但是现在无事可做。他说："本来想有这个手艺不错，一辈子就够用了，没有想到搬迁到城里，发现没有人穿藏靴，也没有人找我做靴子，我没事干，想学个新手艺吧，岁数又大了。"

藏区生态移民文化不适应的原因，最主要的是迁入区和迁出区之间文化差异十分明显，并且移民文化明显处于弱势地位。主要表现在：一是在迁出区藏族文化占主导地位，而迁入区的文化往往具有多元性的特征，既有藏族文化，还有汉族、回族文化、蒙古族文化，汉族文化占主导地位。如迁入区格尔木全市人口20.57万，城市人口占90%以上，平均年龄32岁左右，现有汉、蒙、藏、回等26个民族，其中汉族人口占83%。移入牧区城镇，尤其是移入州府和县府所在城镇的生态移民，面对的同样是多民族并存的环境。如大武镇居住有藏、汉、回、土等多个民族，城镇总户数4959户，城镇总人口

---

① 百乐·司宝才仁、韩昭庆：《试论三江源生态移民的文化变迁》，《复旦学报》（社会科学版）2007年第3期。

30600人,其中城镇居民11600人,城镇暂住人口19000多人。当两种或两种以上的文化发生碰撞,文化之间存在"位势差",弱势文化在面对强大的外来文化的冲击时,很容易自觉、不自觉地倒向对方,接受强势文化的影响,导致文化变迁发生。二是迁出区的文化带有浓郁的传统文化色彩,而迁入区的文化是以现代文化为主要特征的。藏区生态移民的文化,虽然其里面也存在着现代文化的元素,但总体上还是属于传统文化的范畴。如移民文化中居于主导地位的仍然是藏传佛教,其世俗文化主要以传统为特征等。迁入区的城镇,是藏区现代文化最发达的地区。这种传统与现代的区别具体体现在听命意识与独立意识的差别、封建等级意识与民主意识的差别、封闭守旧意识与竞争意识的差别、传统宗教意识与现代科学意识的差别上。在传统文化与现代文化之间的冲突中传统文化总是处于弱势地位,并且存在着被现代社会改造的命运。藏区生态移民搬入城镇后,其文化与处于强势的现代文化形成了不可避免的直接矛盾和冲突,并且发生某种程度、或快或慢的变化。三是迁出区的文化属于草原游牧文化,而迁入区的文化则属于都市文化。城市形成了与农村完全不同的生产方式、生活方式、社会结构、组织形态、价值观念等,形成了与乡村大不相同的城市文化。尤其是与我国民族聚居地区形成了巨大差别。这样,城市作为先进的生产方式和生活方式的象征,对乡村产生了巨大的吸引力和示范作用。藏区生态移民的文化从大的方面看属于乡村文化,具体说是一种草原文化。它具有自然、流动、淳朴等特征。而迁入区文化特别是城市的文化是一种都市文化,即便是城镇也在很大程度上具有都市文化的特色和倾向。而都市文化与乡村文化不同,具有间接性、复杂性和多元性的特点。藏区生态移民的文化在草原生根、传承下来,以这里的自然环境为依赖、为支撑,以这里的生态环境的命运为命运。一旦它所依赖的自然环境发生变化,客观上决定了这种生存方式要发生变化。移民迁入城镇居住,他们的生产方式、生活方式、思维方式、价值观念随之发生深刻的变化。

除此之外,藏区生态移民文化不适应的原因还有迁入区文化的宽容度不高、移民的经济问题没有得到很好解决、移民与当地居民在经济上的差距较大、政府对移民文化的调适工作滞后以及对移民的文化问题重视不够、移民对一些新的文化的排斥，等等。

第二节 藏区生态移民文化调适的原则和思路

关于文化适应过程的变化，美国心理学家阿德勒提出了五阶段模式理论。他认为文化适应过程分为五个阶段：接触阶段、不统一阶段、否定性阶段、自律期阶段和独立期阶段。在接触阶段，人们刚进入异文化环境，对新环境文化好奇心旺盛，对异文化表示出强烈的兴奋。在不统一阶段，人们开始觉察文化差异，并被这种差异压倒，感到混乱、困惑、无力、孤独、抑郁，找不到适应新文化的头绪，无法预测自己在社会中的地位、作用。到了否定性阶段，人们否定文化差异的同时，产生攻击性倾向，对异文化产生疑问和否定性行为。在自律期阶段，人们能够承认文化差异，个人心理防卫性得以消除，人际关系和语言上已能与环境协调。这一时期是安定期的初期，行为开始变得沉着、自信、有控制力。最后是独立期阶段，人们对文化差异的认识进一步确立，能够采取实现自我价值的行为，已能担负起社会职责，日常生活也很顺利。可见，该理论认为，文化适应摧毁了个人在旧有的文化脉络中形成的体系。上述适应模式、阶段，并不是所有人都有同样的经历。与异文化接触形态的不同，个人生活背景的不同，会产生种种不同的情况。

一 原则

移民文化的调适就是在生态移民过程中对民族文化与普通文化以及现代化中不相适应的方面加以调整，使移民的文化既能保持各自的民族特色，又能适应城市化的进程，形成多元一体的文化格局。

移民文化重建，是指生态移民在新的强势文化环境中既不可能完全放弃原有文化，又不能不认真面对并且吸收新文化环境中的各种因素的条件下，对自己文化的一种自觉和不自觉的改造和新建，最终能够创造出一种适应新环境有特色的文化体系和模式。

1. 移民自主性原则

民族传统文化是少数民族人民生产和生活的需要,是民族自尊心、自信心和自豪感的支柱和依托,是各民族的标志。藏族牧民在长期的历史发展中,形成了自己的文化传统和心理意识,并且这些文化早已融入他们的血脉之中,成为不可缺少的灵魂和精神家园。我们在调适的过程中,必须首先尊重少数民族文化发展的规律和特点,准确把握移民群众的文化心理特点,深入了解不同地区、不同经济条件和不同文化背景的移民群众的文化需求,充分尊重他们的意愿,自觉尊重他们的文化传统,维护生态移民的尊严和主体地位。让移民群众和民族精英深度参与进来,充分发挥他们在文化调适和建设中的主动性和积极性。另外,民族文化是一个民族在长期的生产、生活实践中积淀下来的传统习俗,要改变是需要时间的,我们必须站在全局的高度,以化解为主,循序渐进地实现文化的转型。

2. 继承与创新相结合的原则

在对藏区生态移民文化进行调适的过程中,既要注重传统文化的继承,也要有所创新。因为传统文化的流失意味着一个民族特色的消失,长此以往会使整个民族失去创新的动力。但继承和保护必须与创新相结合。因为没有创新,民族文化就没有生命力。民族传统文化的生存环境变化了,产生于特定生存环境的民族文化也就不可避免地要随之产生变异,要想"原汁原味""原锅原灶"地加以"保护"既不可能也不应该。而且,民族文化是一把"双刃剑",既可以推进少数民族地区的发展,又可能使民族关系出现裂痕,使民族地区保守和落后。因此,一方面,要尊重移民的生活习俗和价值观念,根据移民的需要,帮助移民在新地方重建自己原有文化的设施、恢复重要的文化节庆和活动,甚至通过提供一些必要条件,让他们有机会重新回到原来的地方举行重要的文化仪式。另一方面,又根据移民适应新的自然和社会环境的需要,吸收现代文化的元素,因而体现出自身独有的特征。

3. 民族性与现代性相结合的原则

现代化是人类历史的必然;一切民族都将不可避免地走向现代

化。任何一个民族在现代化过程中都会伴随着社会结构、意识形态的极大变迁，其中民族文化变迁极为复杂。现存的问题是传统文化在现代化过程之中的流失或是被强势文化弱化、同化甚至失去民族文化的特质。藏区生态移民的文化在现代化过程中有独特的价值，应该得到保护。同时，又不能用民族性取代文化的现代性，否则就会使一种有民族特色的文化逐渐走向灭亡。在藏区生态移民向城镇转移的过程中所出现的民族特色文化与都市的现代文化不融合、冲突的现象，其解决问题的途径之一是整合民族传统文化与现代文化的冲突，以达到两者之间的互适、互补、互动的效果，要做到这一点，一是正视、接受、保护传统的民族文化，同时对其进行加工，赋予其现代的内容，能够与城市相协调。这个过程是对迁入地人口的要求；二是本民族文化要大胆地对自己的文化进行扬弃，用现代的积极的因素创新文化，使之与城市文化融合。这样就能在两者的努力下达到自觉地、自愿地整合。

4. 文化调适与移民发展结合的原则

文化调适，从功能上讲，还可以促进移民的发展。如通过建立移民民俗文化村，发展旅游业；恢复和弘扬藏族的文化艺术，可以同时带动特色工艺品加工业和演艺事业的发展。因此，在移民文化调适中，不能为文化调适而文化调适，要在尊重文化发展规律和保护优秀传统文化的前提下，把文化调适与移民的发展结合起来，通过建立有效的载体，大力发展文化旅游、民族特色产品加工等事业，使移民文化在得到调适的同时促进移民后续产业等的发展。

5. 坚持运用多种方式调适的原则

文化调适是一项比较复杂的工作，单纯运用某一种方式进行调适很难产生好的效果。根据文化调适的有关理论，在藏区生态移民的文化调适中，按照不同的调适主体采取四种调适模式：政府指导调适、文化精英介入调适、移民群众自觉调适和社会工作调适。政府调适主要是提供条件，并做好引导、协调和服务工作。精英调适主要是对生态移民的文化资源的开发利用进行指导，使生态移民丰富的文化资源优势变为经济优势。移民群众的自我调适主要是心理调适，提高适应新环境的自信心。社会工作调适主要是对生态移民进行城市生活方式指导、家事管理服务和心理卫生服务。

二 思路

从整个文化体系看，文化适应是一个不断建立新的文化模式的过程。司马云杰曾提到：当一些新的文化特质纳入一个国家或某一族群的现存制度及其功能体系时，文化适应实际上是一个建立新文化体系的问题。它不仅存在风俗信仰制度等方面的重新解释，还存在着目标与价值行为与规范的调整。文化适应并不仅仅是文化本身的问题，还有政治、经济等的因素。当文化影响与政治经济等因素结合在一起时，文化适应问题尤其显得突出。显然，重构或重拟一种变化了的新文化系统就不得不考虑旧有系统失序状态的改善研究，以及从文化中断到文化适应——恰当的技术支持和促进文化的整合是缺一不可的。

1. 复原性调适

复原性调适是指通过文化调适恢复藏区生态移民因搬迁而中断的一些文化活动，重建他们的精神家园，帮助他们缓解由文化不适应带来的震荡和心理压力。具体思路是：第一，做好宗教方面的复原性调适。广大藏区生态移民信仰佛教，他们生活的各个方面都受到了佛教的深刻影响，对神佛的崇拜是他们生活中的重要内容。另外，牧民生活在雪山环绕的草原上，他们也有崇拜神山神湖的信仰习俗，他们认为高峻的雪山是自己的守护之神，对神山神湖只能恭敬不能冒犯，尤其认为不能中断一年中对神山神湖的祭祀活动，否则会遭到神的惩罚。根据藏族生态移民宗教信仰的特点，一是尊重广大移民群众的意愿，在一些个别地区，主要是没有任何藏传佛教宗教设施的移民居住区，批准修建藏传佛教寺院，政府规定寺院规模，并在修建工程方面提供一定的财物帮助。寺院建成后，安排生态移民中的僧职人员进寺开展正常的宗教活动，结束他们在不同区域间流动性的宗教活动。广大移民信教群众可以经常性地到自己的寺院朝拜，请僧人念经做法事，恢复居民与寺院之间的宗教联系。在一些不便建寺院的移民居住区，政府允许他们自建佛塔、玛尼康等小型的宗教设施和场所，使移民中的老年人如同在原居住地一样，每天都能一起转转佛塔，转转玛尼，相互交流、问候，恢复他们的精神寄托。二是政府为中老年人返回草原崇拜神山圣湖、参加一些传统宗教活动提供必要的条件。对能够回去的移民，政府可在一段时期内每年在特定时间组织一次回乡祭拜活动。第二，开展地区性的民族文化活动。民族文化活动是民族文化的重要内容，也是民族文化的重要载体。藏区牧民的思想观念、价值取向、风俗习惯具体表现在丰富多彩的民间文化活动中。藏区生态移民对自己的民间文化活动有着很强的认同感。如果突然中断与移民相伴相随的民间文化活动，也会使他们感到空虚和缺乏归属感。根据此情况，在生态移民集中区，政府每年应组织相关的文化艺术活动。如举行移民射箭比赛、服饰表演赛、赛马会、民族歌舞演唱会、民族手工品制作和民族食品加工比赛等。第三，移民小区建筑要体现民族特色。在布局上，尽量避免整齐划一，要依地势自然布局，体现错落有致的社区风格。在建筑上，要体现浓郁的民族特色，使新的建筑同样融入牧民熟悉的文化元素。在居所的结构上，应该照顾牧民的生活习惯，特别是要考虑牧民宗教信仰的习惯，尽量在房屋的结构设计中安排家庭佛堂的空间，等等。

2. 创新性调适

所谓创新性调适，就是针对移民生活环境发生变化的实际和移民适应新生活的需要，在移民原有文化中融入现代文化或都市文化的元素，使移民文化在原有基础上得到提升和丰富，从而增强其适应性。生态移民来到城镇，其职业、居住的环境、社会关系等都发生了巨大的变化，而这种变化也必然要求其文化的相应变化和创新。具体思路：一是引导移民逐步实现观念的转变，主要是逐渐抛弃自给自足的观念，树立商品意识；抛弃与世无争以及一味忍让的消极人生态度，树立参与市场竞争、争取自我权力的积极心态；抛弃旧的尊卑等级观念，树立民主和权力意识。二是加强移民适应新环境的指导。牧民来到城镇，他们的吃、住、行等方面所发生的变化给他们带来很大的不适应，如有些人不会炒菜，出现了拉肚子的现象，对于各种蔬菜分别如何制作也不知道。另外，以前移民大多是分散居住的，搬迁后，使大家都集中生活在一个社区里，许多移民不知道邻里之间如何相处。这就要求必须对移民社区开展有针对性的社会工作，通过民政、妇联、共青团、卫生等部门，对移民进行各种生活的指导和服务，如举办烹饪、家务料理、各种电器使用常识、个人和环境卫生知识、城市交通规则、日常汉语、法律知识等培训班，帮助移民克服日常生活中遇到的各种困难，使他们能尽快适应新的环境。三是给移民提供收看收听广播电视节目的条件，使移民通过这个窗口了解国内外形势、国家的方针政策以及生产、生活知识。四是有计划地组织移民中的老年人到省城等地参观考察，使他们了解国家各项建设的快速发展，增强他们对过上新生活的认同感和自豪感。五是搞好社区公共文化服务设施建设。在移民社区建篮球场、台球室、图书阅览室、老年棋牌室、演艺厅等，同时以移民中的年轻人为主体，组织篮球队、锅庄舞表演队等，开展多种形式的社区文化活动。

3. 产业发展性调适

产业发展性，就是把文化调适和促进移民发展，解决移民的后续产业问题结合起来，通过文化产业的发展，既弘扬和保护牧民的传统优秀文化，又增加他们的收入，解决移民的生计问题。具体思路：第一，发展人文旅游业。青藏高原由于独特的地理位置和众多独特的人文景观，具有发展高原旅游业的优势和条件，在藏族生态移民文化产业中，发展高原人文旅游业应是重中之重。一是抓住当前高原旅游热日益升温的机遇，在城镇，特别是在城镇附近的移民点建设高原牧民风情园，展现藏族牧民的宗教信仰、生活方式、风俗习惯、生产方式、歌舞绘画等场景，让游客领略到独具特色、别开生面的青藏高原游牧文化。同时给外来游客提供参与和体验这种文化的机会，如让游客用传统工具捻毛线、编织氆氇、打酥油、骑马射箭、跳锅庄舞、着民族服装表演、进行婚俗和宗教生活体验等。让游客亲身感受和体会淳朴、神秘的青藏高原游牧文化，同时增加生态移民的收入。二是发展藏区登山旅游业。青藏高原由于雄踞"世界屋脊"，是世界登山运动的最佳去处。藏区生态移民凭借自己的文化资源和身体条件可以在登山旅游业中发挥作用，如为登山爱好者提供向导、运送物资、供应适应高原环境所需餐饮等。第二，发展藏族文化产品加工业。藏族文化产品加工业是青藏高原的三大传统产业之一，有着悠久的历史，其技艺之精湛、加工方法之独特、产品之丰富，都是许多民族无法比拟的。文化产品加工业作为藏民族文化遗产中的一朵奇葩，千百年来在满足当地人民的特殊需要及同其他地区进行产品交流等方面，做出了巨大的贡献。在现代社会里，藏区生态移民的文化产业发展中，仍然应重视和强调它的发展，一是发展传统手工加工业。藏族手工业具有悠久的历史，至今仍在藏族产业发展中居于重要地位，在国内外享有盛誉。如氆氇的生产几乎遍及农区、半农半牧区，相传有2000多年的历史。用氆氇做成的各种工艺品具有浓厚的藏族文化风格。手工业产品除藏毯、氆氇、卡垫等外，还有精制的藏式家具、茶壶、奶罐、器皿、木碗、祭器、法器、金碗、雕像、腰刀等。这些物品，既具日用性，又具观赏性，有很强的纪念意义，是藏族手工艺品的瑰宝，拥有很大的市场开发潜力。二是传统文化艺术产品业。藏族绘画、建筑具有很高的艺术水平，诸如庙堂壁画和唐卡画等，布局大方、色彩鲜艳、人物神态逼真。雕刻、塑像，技术高超。为藏区的旅游业、手工艺术产品产业、建筑业提供了独特的资源。藏区生态移民应根据市场需求，开发制作唐卡、石刻、编织等民族特色工艺品。三是发展传统藏医药业。自古以来藏族人民就形成了独特的藏医藏药业，在炮制药品技术方面有着悠久的历史。藏医讲究望、闻、问、切，兼有针砭、按摩及外科手术，藏药博采动、植、矿物，讲究炮制技术，拥有2000多年历史的藏医藏药产业，目前正将传统优势与现代科技和现代生产工艺相结合，焕发出旺盛的生命力。政府应积极创造条件，让藏区生态移民发展藏医药业。四是发展传统藏族餐饮业。传统藏族餐饮业现在也逐渐走向市场化，在北京、成都等大都市的餐饮业中也占有一席之地，并吸引着越来越多喜欢藏族文化的人们。藏区生态移民可以发挥自己在制作藏族传统餐饮业方面的优势，在政府的扶持和帮助下，在迁入地，甚至到大城市开"藏餐馆"，丰富当地饮食文化，增加自己的收入。第三，组建移民歌舞表演艺术团。独具魅力的藏族歌舞，越来越受到人们的喜爱。青海省平安县宣传文化中心主任王选德说:"藏民族歌舞在各地非常受欢迎,全国巡演过程中,一场演出观众最多时达6万人,一张门票最高可以卖到300元。"政府可以对藏区生态移民中的年轻人开展歌舞培训,组织他们到外地演出。另外,随着越来越多的游客来到青藏高原,藏族歌舞演艺厅发展比较快,如西宁市目前规模较大的还有喜马拉雅、红珊瑚、苏吉尼玛等几家,连北京、广州、深圳、成都等地也有藏族歌舞演艺厅。但是这些歌舞厅目前普遍缺少演出人员,这是一个机会,我们可以对生态移民中的年轻人经过培训后输送到这些歌舞厅发挥他们的专长。

4. 长远性调适

教育是百年大计,移民的长远发展要靠教育的发展,这是一个根本的问题。随着三江源地区生态移民而出现的教育体制的变迁,主要体现在移民区教育今后所要担负的历史重任方面。一是移民区的教育要容纳和满足移民子女及其求学的愿望,这就对学校教育的建设和布局提出了新的要求。二是生态移民面对着一个新的社会环境,存在着再社会化的问题,只有通过一定的形式和途径实现新的社会化,才能更好地适应这种新的环境,这又对教育(包括学校教育和社会教育)提出了新的要求。三是生态移民原本是具有悠久历史的游牧民族,自身就具有源远流长而又丰富多彩的传统文化,其中有许多文化特质是现代社会所必需的,教育又担负着发现、挖掘、整理、传承和弘扬这些文化特质的义务和责任,移民区的教育必须从内容和形式上发生变化,以适应这一形势变化和发展的要求。因此,要着眼于解放和发展生产力,强化教育系统的功能。在整个三江源地区生态保护和建设工程中,应当把发展民族教育作为一项具有战略意义的措施,摆到突出重要的位置。要把生态移民与发展民族教育有机地结合起来,深化教育体制改革,大胆地走出一条异地集中规模办教育的新路子,通过公平享用教育资源,培养一代新型的劳动者队伍。这是从根本上解决三江源地区生态移民文化适应和文化进化的有效途径。同时要有计划、有组织地抓好对移民中青壮年劳动者的新的劳动技能的培训,使他们以一技之长融入城镇的第二、三产业,通过职业的转换逐步实现文化的融合和进化。四是要坚持以市场为导向,通过教育和引导,挖掘和发展民间手工艺技术,注重提升民间手工艺品含量,使之产业化。①

第三节 藏区生态移民文化调适和重建的保障措施

一 高度重视移民文化调适工作

从某种意义上说,移民区各级干部是否重视移民文化调适直接决定着移民文化调适的成功与否。从调查中了解到,在移民区的工作中不同程度地存在着重视移民物质生活的改善,不重视文化生活的现象,有些地区没有把移民的文化建设当回事,既没有设想、没有规划,也没有文化建设的具体行动。没有认真考虑移民的文化重建诉求,有的地方政府甚至站到了移民文化诉求和渴望的对立面,不是积极给移民以文化方面的关心和理解,而是阻止移民正常的文化建设活动,这种情况不但未能给移民适应新环境提供帮助,反而导致了移民对政府的怨言,人为增加了移民工程的难度和风险。在格尔木曲麻莱移民点,移民筹集资金修建了两座寺院,但目前两座寺院均未得到政府的承认,政府要求一个建成博物馆,一个建成藏医院。但由于没有资金和相关条件,博物馆和藏医院都没有发展起来。移民区各级党委政府要深刻认识移民文化调适对移民适应新生活新环境,实现"搬得出,稳得住,能发展"中的重要作用及其深远意义。一是把移民文化调适工作列入政府重要议事日程。把移民的文化建设与经济发展放到同等重要的位置。在工作中,做到统筹谋划、同时推进,坚决防止重经济建设,轻文化建设的现象。二是文化部门在深入调查研究的基础上,根据移民社区的文化特点和需求,制定移民文化发展的中长期规划,协同相关职能部门将移民社区文化建设纳入社区建设的总体规划中,做到社区建设布局上要有所要求、要有得力措施。三是实行移民社区文化建设相关部门干部目标责任制考核制度,增强干部工作

---

① 百乐·司宝才仁、韩昭庆:《试论三江源生态移民的文化变迁》,《复旦学报》(社会科学版)2007年第3期。

责任心，形成良好的工作导向，以保证移民文化建设的有序推进。四是加强移民原住地与安置地文化差异问题的研究，举办移民文化调适论坛，把握移民文化调适的特点、难点以及规律性，为移民文化的适应性提供依据。

二 加强引导、协调、规范和提供各种服务

虽然文化重建要充分尊重生态移民的意愿，尊重文化建设的规律，但是移民自己的建设具有很大的自发性，并且面临着依靠自身无法克服的困难，难以做到既继承优秀的民族传统文化，又能体现时代性，同时形成文化产业的重建要求。因此，在生态移民文化重建中，要注意发挥政府的优势和作用，一是注意引导，使生态移民的文化建设朝着积极健康的方向发展。不可否认，移民自身的文化建设中也良莠不齐，有些文化建设的意向，已缺乏现实根据而失去其存在的必要性，在新的环境里成为制约移民发展的消极因素，影响移民思想文化建设和民主法制建设，影响他们的观念更新，影响他们经济的发展，增加移民的负担。如在环境恶劣，居住条件艰苦，人们自身抗拒自然的能力十分有限的情况下，宗教的强势性存在有其客观必然性，甚至对牧民来说是十分必要的，移民依靠这种宗教建立起来的精神家园，使他们在艰苦的环境中延续诗意般的生活。但是，到新的环境里，一方面所面临的自然环境发生了巨大的变化，牧民搬到了气候温和，海拔较低，适宜人居住的地方；另一方面人们的生活条件有了很大的改善，特别是医疗等条件大为改善，极大增强了自身的能力。因此在新的环境里，虽然我们也要照顾牧民对重建自己宗教系统的较强烈的愿望，但是作为政府一定要清醒地认识到，这种愿望在很大程度上是一种惯性使然，也是牧民刚刚进入城镇后所不适应的短暂性的心理表现，随着牧民生活的进一步改善，适应性逐步增强，牧民对宗教的依赖就会逐渐减弱。因此，在移民文化重建中，要从发展的角度，有所选择，有所取舍，注意引导。当然，在具体的引导工作中，要坚决避免简单粗暴的做法，要以改善移民的生活生产条件为基础，以丰富移民的文化生活内容为突破口，以耐心细致、以人为本的工作方法为重

要保障，尊重规律、尊重移民的感受和意愿，把引导移民文化重建作为一项大事来抓。二是组织有关专家，加强对移民文化建设的指导工作。在移民文化建设中，专家、学者有着不可忽视的作用。有关部门要聘请一些事业心强的专家、学者，不定期深入移民社区指导，帮助移民了解和熟悉本民族的文化历史，尽可能利用现有条件，以各种形式展示本民族的历史、文化，并对民族文化生态村的发展进行不断的探索和研究。三是帮助移民做好文化市场的开拓。移民由于自身的原因，很难准确把握市场需求的变化，也很难把文化产品成功地推向市场。要发展文化产业，政府帮助移民分析市场需求、开发特色产品、做好产品宣传和推介，必要时政府有关部门，从扶持移民文化的角度，将移民开发的文化产品作为接待礼品，解决移民文化产品的销售难问题。如格尔木市政府从移民点订购10000件玛尼石刻作品，作为政府对外赠送的礼品，给移民带来很大的收益，有效地推动了移民文化产业的发展。四是制定并落实生态移民文化事业发展的特殊政策和措施。由于自然、历史和经济等原因，生态移民的文化事业发展相对滞后，困难较多，必须采取特殊政策和措施，加快这些地区文化事业的发展。要对生态移民落实"四优先"的政策（对少数民族地区实行的文化设施建设优先、文艺人才培养优先、对外文化交流优先、文物保护优先），加大扶持力度。同时，要根据中央关于文化建设的要求和少数民族农村、牧区的实际，研究制定藏区生态移民文化事业发展的特殊政策和措施。五是消除文化分歧，创建良好的文化适应外部环境。政府及移民都要正确对待地域文化的差异性、多样性。同时政府部门要积极实施有效的文化保障措施，加强对移民过程中各方文化权益的尊重和保护。通过吸收移民参与文化交流活动等方式，加强对外迁移民文化的尊重和建设，促进两地文化的共同发展与融合，实现生态移民良好的文化适应。尽量减少、化解文化差异造成的文化冲突，增加文化差异创造的文化价值。只有这样，才能创造良好的文化适应的外部环境，使移民的文化适应有实现的可能。

三 加大资金投入

对移民文化建设的投入是政府义不容辞的责任，是确保移民文化重建的基本条件。生态移民的文化建设，无论是复原性建设、创新性建设、发展性建设、长远性建设都需要一定的基础性建设，特别是发展移民文化产业、发展移民的教育必须要有外部的资金投入，移民自身不具备自我发展的条件。目前，移民文化建设的滞后性，其中一个主要原因就是资金投入不足。在移民文化建设中，除了教育，其他方面都没有资金保障。生态移民文化重建是公益性为主的基层群众文化，其设施建设、活动经费等方面主要依靠政府的支持和提供。一是应将生态移民文化纳入公共文化服务体系建设的范畴，在文化事业发展专项经费中划拨一定比例专门用于移民文化建设，以保障社区文化硬件软件建设的资金来源。二是将支持移民文化建设的资金纳入移民工程资金的总预算中，改变目前移民文化建设没有专项资金支持的状况。三是争取国外抱有良好愿望的基金会的支持。

四 培养牧民文化人才及文化经营管理人才

移民文化重建亟须一支业务强、素质高的文化人才队伍，指导文化重建活动的健康发展。一是充分发挥文化能人的作用。在移民中，不乏擅长歌舞、擅长说唱艺术、擅长雕塑绘画的民间艺术人才。应该说，这些人是移民文化重建中的重要资源，通过他们不仅可以带动移民社区的文化活动，丰富移民的文化生活，而且更重要的是可以发展民族特色文化产业，增加移民收入。因此，在移民文化重建中，要注意发挥他们的作用，给他们更多关心，给予他们必要的补贴和工资收入，使他们在移民文化建设中成为重要的力量。二是要培育熟悉市场规律、懂科学管理的人才队伍。文化产业本身就是按照市场规律来运营的。移民的文化产业开发，人才方面的制约因素非常明显。如果不懂现代市场理论，不懂管理，根本不能在激烈的市场竞争中保持优势。所以，要逐步培育有经验、善于学习的文化经营人才，不断探索文化产业的形式，培育文化产业的生长点，使新农村的文化优势得以充分发挥。

五 建立社会支持系统

目前，仅靠政府的投入还远远无法满足移民文化重建的需求，更新文化体制，吸引更多的社会力量来参与移民文化重建就显得十分重要。一是积极引导社会力量捐助移民文化事业。重点捐助文化站（室）、图书室等移民文化基础设施建设以及公益性文化实体和文化活动。动员城市单位和居民以各种方式捐赠电视机、收音机、计算机和移民群众需要的图书杂志、音像电子出版物等，可由捐助者直接交付移民，也可由民政部门、人民团体和有关民间组织负责组织发送。鼓励权利人许可基层文化单位无偿使用其作品或录音录像制品。社会力量通过依法成立的非营利公益性组织或国家机关向移民文化事业的捐赠，纳入公益性捐赠范围，按税法的有关规定税前扣除。对贡献突出的单位和个人，给予表彰和奖励。二是积极组织开展移民文化服务活动。在"大学生志愿服务西部计划"和"高校毕业生到农村服务计划"中增加移民文化服务的内容，鼓励应届大学毕业生深入到广大藏区生态移民社区从事文化信息传播、活动组织、人员培训等活动。有关部门应根据实际情况及时研究解决因增加移民文化服务内容而需要扩大人员规模和经费等问题，确保移民文化服务活动的顺利开展。

第四章　藏区生态移民社会适应性研究

　　社会适应是移民研究中非常重要的方面，而对藏区生态移民研究来说更是十分重要的方面。因为藏区生态移民的主体是藏族，他们搬迁后面临着生产、生活方式的根本性改变，有人说生态移民是牧区继新中国成立、改革开放后的第三次革命。这种转变不仅对生态移民自己有非常重大的意义，对整个社会来说也意义非凡。如果转变成功将会对生态区的生态恢复和移民自身产生直接的好处，如果转变出现问题，就会产生不良的社会后果：移民回迁、定居点的社会不稳定以至于影响当地治安，甚至更为严重的社会后果都可能发生。所以科学地研究藏区生态移民的社会适应问题，了解移民搬迁后的社会适应状况，研究影响移民社会适应的因素，找到合理可行的提高移民社会适应能力的途径，是本书的目的。

　　因为社会适应研究的特征，本书采用问卷调查的方式研究移民社会适应状况。"适应"概念有三个层次：一是生理和环境的适应，这是适应过程最基础的；二是日常生活和生产及其人际风俗习惯的适应；三是心理适应，这是适应过程要达到的最终目标。本书所谓的社会适应是指个体和群体逐步改变原来的生产、生活方式，接受和习惯迁入地的生活方式、生产方式，从而能够在新的地方稳定地生活下去的过程。在问卷调查的过程中，我们把社会适应具体为：环境和生理适应；日常生活适应；生产适应；人际和风俗习惯适应；心理适应五个方面，本章将围绕这五个方面对藏区生态移民的适应状况、影响适应的因素等作出分析和解释。

环境和生理适应是指移民身体能够适应迁入地的自然环境，状态良好，与迁移前相比，没有发生严重的身体不适现象；日常生活适应是指移民对当地的日常生活主要包括衣、食、住、行等方面的适应；生产劳动适应是指劳动者通过社会化，调整劳动行为模式和心理状态，使之适合于新劳动环境的过程；人际和风俗习惯适应是指移民能够和周围人顺利地交往，适应当地的风俗习惯；心理适应是指移民对自己是否属于当地人和当地社区的认同。

研究过程中调查的移民点有四个，其中格尔木市两个——长江源村和曲麻莱县昆仑民族文化村，这两个移民点是三江源地区生态移民从牧区到城市的唯一安置地点。果洛州玛沁县大武镇两个移民点——玛沁县的沁源新村和玛多县的河源新村，这两个村代表了从牧区到州府所在地小城镇的安置方式。四个移民点都采用系统抽样的方式，共调查问卷179份，获有效问卷163份。

第一节 藏区生态移民社会适应状况

一 生理和环境适应

生理和环境适应是生态移民最初遇到的问题，也是适应的最基本问题，移民迁移到一个新的地方之后，会和自然环境，比如山川地形、植被、气候、水质等方面有直接的接触，并且就生活在这样的自然环境之下。所以自然环境是移民首先要适应的，外在的、客观的、物质的条件。同时自然环境也决定当地的生产生活方式，影响到移民将来的生产和生活，进而影响移民的社会适应。

本书所调查的移民点都是从海拔4200米以上的地区搬迁而来，这一地区的气候属青藏高原气候系统，为典型的高原大陆性气候，表现为冷热两季交替，干湿两季分明，年温差小，日温差大，日照时间长，辐射强烈，无四季区分的气候特征。冷季长达七个月，冷季热量低，降水少，风沙大；暖季水气丰富，降水量多。由于海拔高，绝大部分地区空气稀薄，含氧量只有海平面的60%—80%，植物生长期短。全年平均气温为 -5.6—3.8℃。沙暴日数一般19天左右，最多达 40 天（曲麻莱）。而本次调查的移民点格尔木市是青海省第二大城市，海拔 2780 米，大武镇，海拔 3780 米，移民点的气候环境和迁出地有明显的差别。

移民身体状态的变化可以直接反映出移民对自然环境的适应还是不适应。

表 12　　　　　　　搬迁前健康状况和搬迁后健康状况交叉表

		搬迁后健康状况			合计
		健康	患病但有劳动能力	患病丧失劳动能力	
搬迁前健康状况	健康	115	7	1	123
	患病但有劳动能力	0	35	0	35
	患病丧失劳动能力	0	0	5	5
	合计	115	42	6	163

从搬迁前后的身体健康状况的交叉表可以看出，搬迁前健康，搬迁后身体状况没变的 115 人，占健康人群的 93.5%；搬迁前健康，搬迁后患病但有劳动能力的为 7 人，占搬迁前健康人群的 5.7%；患病丧失劳动能力的为 1 人，占 0.8%。搬迁前患病但有劳动能力的 35 人搬迁后身体状态没有变化，搬迁前患病丧失劳动能力的 5 人身体状态也没发生变化。总共 155 人的身体状况在移民搬迁前后没有发生变化，占总调查对象的 95.1%。可以说移民在搬迁后生理的适应度还是比较高的。

对迁移后的生态环境的评价 2.5% 的人认为非常好，15.3% 的人认为比较好，38.0% 的人认为一般，36.2% 的人认为比较不好，8.0% 的人认为不好。

表 13　　迁移前总体自然环境和迁移后总体自然环境交叉表

		迁移后的总体自然环境					合计
		非常好	比较好	一般	比较不好	不好	
迁移前的总体自然环境	比较好	1	8	24	19	1	53
	一般	1	15	35	31	6	88
	比较不好	2	0	2	9	2	15
	不好	0	2	1	0	4	7
合计		4	25	62	59	13	163

在迁移前后的总体自然环境的交叉表中可以看出，众值都是一般，即迁移前后的生态环境都一般，没有多大的改善。认为迁移前环境比较好的 53 人，占 32.5%；认为迁移后生态环境比较好和非常好的 29 人，累计占 17.8%；认为迁移前生态环境一般的 88 人，占 54%；认为迁移后一般的 62 人，占 38%；认为迁移前比较不好和不好的 22 人，占 13.5%；认为迁移后比较不好和不好的 72 人，占 44.2%，所以从总体来看，移民认为迁移前的生态环境比迁移后的生态环境好一些。

生态移民安置地点的选择是非常重要的，考虑到藏区生态移民主体是全民信教的藏族，搬迁的安置方式基本上是就地安置，也就是说在藏区选择条件相对好一些的地方进行安置，但这样的安置因为基本上没有离开藏区，生态环境的改变不是很大，所以移民的环境和生理的适应程度是比较高的。

二　日常生活适应

日常生活适应也是移民最初要遇到的问题，我们这里把日常生活适应操作化为衣、食、住、行的适应。

研究发现，因为现代化的影响，牧民们也很少穿传统的民族服装。调查时发现，男性着民族服装的比例远远低于女性；年龄越大着民族服装的越多，孩子们几乎都不穿民族服装。搬迁前后在着装方面几乎没什么变化，所以衣着方面几乎没有遇到适应问题。

而移民后因为生产生活条件的变化，引起了移民饮食结构的变化，调查显示：搬迁前55.2%的家庭是"以牛羊肉及其制品为主没有其他"的饮食结构；44.8%的家庭是"以牛羊肉及其制品为主，少量的米面和蔬菜为辅"。而搬迁后的饮食结构是5.5%的人"以牛羊肉及其制品为主，没有其他"；26.4%的家庭是"以牛羊肉及其制品为主，少量的米面和蔬菜为辅"；68.1%的家庭是"以米面和蔬菜为主，牛羊肉及其制品为辅"。可以看出，移民们的饮食结构发生了根本性的变化，主副食几乎完全颠倒。对这种饮食习惯，1.2%的移民反映很适应，14.7%的人反映比较适应，40.5%的人一般，38.0%的人不太适应，5.5%的人不适应，不太适应和不适应合计为43.5%，可以说移民还是不太适应目前的饮食结构。研究发现，饮食的适应状况有明显的年龄差异，对年龄和饮食情况的适应状况的交互分析显示，两者呈现明显的负相关，kendall's tau_b 系数为0.372，假设两者不相关的概率几乎为0，p=0.000，说明年龄越大，越不适应目前的饮食状况。

居住和交通适应显示，藏区生态移民目前的安置地点基本上选择在交通相对较为发达的乡镇、县、州府所在地附近，交通较搬迁前居住在草场来说方便多了，但移民反映，虽然交通方便了，但出门要坐车就要花钱，而对藏区生态移民来说家庭收入的大部分是靠国家补贴，这些钱只能满足最基本的家庭开销，别的方面就不敢奢望了。

藏区生态移民主体是藏族，在迁移前都生活在牧区，居住的主要是帐篷和临时定居点，在进行生态移民以后，国家按照不同的标准给移民建立住房，基本都是砖混结构，相对以前来说，住房方面有很大提高。调查显示16.0%的人对目前住房很满意，50.9%的人比较满意，13.5%的人一般，12.9%的人不太满意，6.7%的人不满意。

牧民在牧区时，没有使用厕所的习惯。迁移到移民点之后，移民们不适应使用厕所。虽然每个移民点都建了公共厕所，但只在移民迁来之初有人使用，后来移民们因闻不惯厕所的味道，几乎又都回到了草原的生活状态，移民村周围都成了移民们天然的厕所。这是四个移民点都存在的问题。这直接导致了移民村环境的恶化，环境污染增加，还可能导致传染性疾病的发生。

总体来说，目前藏区移民的日常生活适应程度比较低，移民对目前的饮食状况抱怨最多，卫生习惯的适应最差。

三 生产适应

移民搬迁后，生产劳动条件、劳动对象和劳动资料都发生了或多或少的变化，从而引起劳动内容、劳动方式、劳动收入和劳动人际关系的相应变化。移民通过一定途径完成对搬迁后的劳动环境的适应，是其得以融入安置地区社会生活的重要基础，也是"稳得住"的前提。

生态移民的环境生理适应和日常生活的适应是层次较低的适应，而要使移民真的能"稳得住，能致富"，从"异乡人"变为"本地人"，最根本的是移民能够适应当地的生产劳动。

通过调查发现，共有71.8%的被访者认为自己的生产技术条件不能或不太能适应目前的生产状况。牧民们在牧区靠放牧为生，有人说，他们除了放羊、挤奶和打酥油别的几乎什么都不会干。

为了移民能够就业，各级政府也花了很大气力去给移民做技能培训，被访者中有59.5%的人参加过各类技术培训，包括各类维修、电焊、开车、种菜、民族服饰加工、民族地毯加工、民族舞蹈培训、玛尼石加工、以及服务员和厨师的培训，但有78.5%的移民认为技术培训对自己和家庭没帮助，或没太大帮助。移民们认为，各种技术培训都是好事，但问题是，即使培训完了也没法就业。目前整个三江源地区的生态移民的后续产业发展极为缓慢，几乎没有一个移民点有成熟的产业可以让移民就业，曲麻莱县昆仑民族文化村花了很大气力建立了玛尼石加工厂，就业的人数是8个，月工资每人600元也很难维持下去。

因此，总体来说，三江源地区生态移民的生产适应很低，还不具备能够在移民地生活下去的生产能力。

四 人际适应

移民们从牧区搬迁而来，以前交往的人际圈子是本村里的人，并且由于居住分散，村民们之间的交往频率也不是很高。而城市（镇）是一个陌生人指向的社会，牧民和市民的一个显著区别就是能否和陌生人自如地交往。

调查显示，68.1%的人搬迁后和原来的亲戚朋友的联系变化不大。而目前的主要交往对象是本移民村内部的人员，有60.1%的人和陌生人没有交往，13.5%的人交往不太多，可见移民交往对象的指向还是熟悉的人群，陌生人指向很弱。调查时还发现，格尔木市的两个移民点就在公路的两侧，并且两个村共同使用一个学校，一个"转经轮"，一个汽车站，但是两个村里人之间的交往很少。而大武镇的河源新村和沁源新村两个村民之间的交往也很少。可以说移民们还无法真正的和市民一样自如地和陌生人交往，人际适应程度比较低。

五　心理适应

心理适应是移民要达到社会适应的最高层面，移民只有从心里对自己是否属于当地人产生认同，才能达到真正意义上的社会适应。

1. 社区认同

研究显示，移民对当地社区的认同度和移民安置的行政地点有明显的关系，长江源村100%的人认为自己就是格尔木市的，这是因为唐古拉山镇在没搬迁前就属于格尔木市，目前也由格尔木市相关单位进行管理。而曲麻莱县昆仑民族文化村的情况就大为不同，只有14.8%的人认为自己是格尔木市的人，54%的人认为自己不是格尔木市的人，而31.2%的人说不上。曲麻莱县昆仑民族文化村的管理还是由曲麻莱县成立的"三江源生态移民驻格尔木管理委员会"负责。果洛州的两个移民点的情况也不同，其中沁源新村认为自己是大武镇的人的比例为46.9%，高于河源新村25.9%的比例。这也和两个村所属的行政区不同有关，沁源新村是从玛沁县昌麻河乡搬迁而来，大武镇是玛沁县的县政府所在地，沁园新村的管理目前由大武镇直接管理。而河源新村是从玛多县扎陵湖乡搬迁而来，目前还是由玛多县进行管理的。

这说明移民安置地点的选择会直接导致移民对安置地的社区认同。就地（行政区）安置的社区认同高于异地安置的社区认同。

2. 身份认同

职业身份是现代社会个体最主要的身份,调查问卷中问道:"您认为您是牧民、市民、农民还是不确定?"有82.2%的人对自己目前的身份不确定。15.3%的人认为自己目前是牧民,但这些认为自己是牧民的移民都是果洛州的,格尔木市移民目前没有一位还认为自己是牧民。显然,这和移民点的地理位置有很大关系。果洛州的移民居住在牧区小城镇,周围都是草场,使得他们虽然没有草场、没有牲畜但还认为自己是牧民。格尔木市的移民居住在市郊,即使没多少人认为自己是市民,但也不再认同自己的牧民身份了。

三江源地区生态移民目前处于身份的模糊期,移民的社区认同也直接跟移民迁移的方式是否是就地(本行政区内)迁移相关,心理适应程度较低。

总体来说,三江源地区生态移民环境和生理适应度较高;日常生活适应程度比较低;生产适应程度很低,还不具备能够在移民地生活下去的生产能力;人际交往的主要对象是本村里的人,陌生人指向较低,不容易和陌生人交流;社区和身份认同较低;心理适应程度差。

第二节　影响藏区生态移民社会适应的因素分析

一　生产技术的不适应

生产技术的不适应对移民的社会适应影响最大。从20世纪80年代中国第一批生态移民产生以来,藏区的生态移民遇到的问题是最根本和最复杂的,比如宁夏生态移民之所以成功就在移民是本自治区内的迁移,是从农区移到农区,遇到的问题是土地耕种方式和种植作物种类的不同,不是根本的生产技术无法适应新的生产条件的问题。但藏区生态移民遇到的问题根本不同,移民们是"放下羊鞭进城",而他们之前的生产技术全部是与"羊鞭"有关的,是较原始和粗放的生产方式,基本不具备其他生产所需要的技术。

前面我们看到71.8%的被访者认为自己的生产技术条件不能或不

太能适应目前的生产状况,他们中的一些人又不得不回牧区打工,调查"您回迁出地的目的是什么"时,显示回牧区打工、挖虫草、做生意,这三者的累计百分率是56.7%,这三种方式也是目前移民获得收入的最主要途径。可以说,虽然生态移民已经迁出原来的地方了,但他们因为无法很快地学习到新的生产技术,不能在当地就业,很多人还是得回到牧区去就业,移民们对牧区的生计依赖没有完全脱离。

生产技术的不适应,使得移民很难在当地就业,就是打工,还是得回到牧区才能找到工作,对迁出地的生计依赖增加了移民适应迁入地生产的难度。

二 职业身份的变迁

现代社会职业身份扮演的角色越来越重要,一个人一生中重要的变化几乎都是伴随着职业身份的变化发生的,可以说,职业变化对个人的影响是最为重要的。而三江源地区生态移民的职业身份的变化尤其明显。

表 14　　搬迁前职业和搬迁后职业交叉表

		搬迁后职业									合计
		牧民	做生意	运输	企事业职工	学生	离退休	家务	无业	打工者	
搬迁前职业	牧民	3	3	3	0	0	0	9	64	28	110
	做生意	0	2	0	0	0	0	0	0	0	2
	运输	0	0	2	0	0	0	0	0	0	2
	企事业职工	0	0	0	1	0	1	0	0	0	2
	学生	0	0	0	0	1	0	0	0	0	1
	离退休	0	0	0	0	0	4	0	0	0	4
	家务	0	0	0	0	0	0	2	0	0	2
	无业	1	0	0	0	0	0	0	7	0	8
	打工者	0	0	0	0	0	0	2	13	17	32
合计		4	5	5	1	1	5	13	84	45	163

从表 14 我们可以清楚地看到，生态移民的职业发生了很大变化，生态移民前，职业分布是 110 人是牧民，占 67.5%，职业分布的众值是牧民，即移民前大多数人的职业是牧民。但生态移民后其他的职业形态比如做生意、运输、企事业职工、离退休、学生等变化不大，但以家务作为职业的人从搬迁前的 2 个增加到了 13 个，无业人口从搬迁前的 8 个增加到 84 个，且无业是搬迁后职业分布的众值，也即移民后大多数人是无业人员。而打工者的人口也从原来的 32 个增加到 45 个，可见，生态移民在移民之后没法找到固定的工作，其中 64 人从原来的牧民成为现在的无业者，而有 28 人从原来的牧民转变为现在的打工者，9 人从牧民转变为纯粹的家务劳动者。还可以看到，搬迁前在牧区打工的 13 人转变为无业者，2 人从打工者转变为家务劳动者，这是因为生态移民的生产技能无法在当地找到合适的职业，只有失业或只从事家务劳动。

移民目前从事最多的职业就是"打工"，但打工的移民大多从事一些季节性较强的、体力性的劳动，并且收入不稳定。严格来说，三江源地区生态移民区的"打工"并不能说是一种职业，而只是移民增加收入的一条途径。所以在这种意义上讲，三江源地区生态移民没有一个确定的职业身份，有人说，他们的身份就是"移民"，但移民也不是"职业身份"。

全国范围内进行的广泛的生态移民，很少有移民在移民点没有固定的"职业"，三峡移民和宁夏移民几乎都分到了土地，他们的身份是农民；内蒙古生态移民在进行奶牛圈养，他们的身份为转变养殖方式的牧民。就目前的藏区生态移民，目前牲畜圈养还没实施，其他产业几乎没有发展，他们只能是"生态移民"，再没别的名称可以替代。

稳定的职业可以增加移民的认同，藏区生态移民职业的不确定性就增加了他们适应的难度。

三 移民指向

这里所谓移民指向是指移民的原因或目的是什么。一般的移民研究，移民的指向也分为两种：一种是为了移民的发展，比如"三西"移民，目的是让一部分人离开生态恶劣的地方，迁移到条件较好的地方，使他们能够脱贫致富。另一种不纯粹是为了移民自身的发展，比如"工程移民"，是为了某项工程的实施而进行的移民。这两种指向的移民对移民自己来说，前一种是"利己"大于"利他"，称为"利己型"移民，后一种是"利他"大于"利己"，称为"利他型"移民。严格来说，没有完全的"利己"和完全的"利他"，每种移民都是兼顾两种目的的，只是侧重点不同而已，"利己"和"利他"只是两种"理想类型"。

问卷的迁移状况里有这样的问题：您认为政府让您搬出原来居住地的原因是？98.8%的人选择"为了保护迁出地的生态环境"，0.6%的人选择"为了迁移的移民的发展"。0.6%的人说不上。这是三江源生态移民对自己移民指向的判断：认为自己移民的"利他"指向是大于"利己"指向的。这种"利他"指向的判断导致了移民在社会适应过程中，主观能动性的发挥和移民对克服困难的选择：

表15　　　　　　　　　您家目前的生活困难吗？

	频次	百分比	有效百分比	累积百分比
很困难	44	27.0	27.0	27.0
有点困难	101	62.0	62.0	89.0
没困难	18	11.0	11.0	100.0
合计	163	100.0	100.0	

家庭有困难和很困难的累积比例为89.0%，但他们克服困难的主观能动性前后不同。

表16　　　　　　　搬迁前您遇到了困难找谁帮忙及
　　　　　　　　　搬迁后您遇到了困难找谁帮忙交叉

<table>
<tr><th rowspan="2"></th><th colspan="10">搬迁后您遇到了困难找谁帮忙</th><th rowspan="2">合计</th></tr>
<tr><th>父母</th><th>兄弟姐妹</th><th>其他亲戚</th><th>朋友</th><th>子女</th><th>村干部</th><th>村民</th><th>政府</th><th>自己解决</th><th>其他人</th></tr>
<tr><td>父母</td><td>5</td><td>0</td><td>0</td><td>1</td><td>0</td><td>4</td><td>0</td><td>4</td><td>0</td><td>0</td><td>14</td></tr>
<tr><td>兄弟姐妹</td><td>0</td><td>12</td><td>0</td><td>0</td><td>0</td><td>5</td><td>0</td><td>12</td><td>0</td><td>0</td><td>29</td></tr>
<tr><td>其他亲戚</td><td>0</td><td>0</td><td>4</td><td>2</td><td>0</td><td>2</td><td>1</td><td>8</td><td>0</td><td>0</td><td>17</td></tr>
<tr><td>朋友</td><td>0</td><td>0</td><td>0</td><td>4</td><td>0</td><td>0</td><td>0</td><td>0</td><td>0</td><td>0</td><td>4</td></tr>
<tr><td>子女</td><td>0</td><td>0</td><td>0</td><td>0</td><td>5</td><td>1</td><td>0</td><td>1</td><td>0</td><td>0</td><td>7</td></tr>
<tr><td>村干部</td><td>0</td><td>0</td><td>2</td><td>0</td><td>0</td><td>1</td><td>0</td><td>1</td><td>0</td><td>0</td><td>4</td></tr>
<tr><td>政府</td><td>0</td><td>0</td><td>0</td><td>0</td><td>0</td><td>1</td><td>1</td><td>0</td><td>0</td><td>0</td><td>2</td></tr>
<tr><td>自己解决</td><td>1</td><td>2</td><td>15</td><td>3</td><td>3</td><td>7</td><td>0</td><td>38</td><td>13</td><td>2</td><td>84</td></tr>
<tr><td>其他人</td><td>0</td><td>0</td><td>0</td><td>0</td><td>0</td><td>0</td><td>0</td><td>2</td><td>0</td><td>0</td><td>2</td></tr>
<tr><td>合计</td><td>6</td><td>14</td><td>21</td><td>10</td><td>8</td><td>21</td><td>2</td><td>66</td><td>13</td><td>2</td><td>163</td></tr>
</table>

搬迁前遇到困难找谁帮忙的众值（84人）是自己解决，即大部分人能够自己解决困难，搬迁后遇到困难找谁帮忙的众值（66人）是政府，还有21人选择村干部，在移民村，村干部就是政府的代言人，所以我们把这两项合并为"政府"，合计87人，53.4%的人在搬迁后遇到困难会找"政府"帮忙解决。搬迁前自己解决困难的45人在搬迁后寻求"政府"的帮助，占搬迁后寻求"政府"帮助总人数的51.7%。在搬迁前自己解决问题的人中，搬迁后有1人寻求父母的帮助，2人寻求兄弟姐妹的帮助，15人寻求其他亲戚的帮助，3人寻求朋友的帮助，3人寻求子女的帮助，7人寻求村干部的帮助，38人寻求政府的帮助，2人寻求其他人的帮助，自己仍能够解决的13人。解决困难的"他者"指向非常突出，更为明显的是搬迁前寻求"政府"帮助的为6人，而搬迁后为87人。采访时移民们说，移

民前家里有牛羊，有困难了卖掉一些牛羊就成，可搬迁后，遇到困难的时候，亲戚朋友和自己情况差不多，谁也帮不了谁，只有向政府寻求帮助了。

很显然，移民在移民前后对政府的依赖程度完全不同，这跟他们对自己移民的价值指向的判断非常一致。在这里，政府成了整个"利他"指向的代言人，移民们从自己负责到国家负责的想法顺应而生，而这样的认识也影响到了移民的社会适应，移民们适应的主观能动性相应地降低了。

四 语言交流的困难

本书的调查点中格尔木市长江源村搬迁到移民点已经四年多了，曲麻莱县昆仑民族文化村搬迁到移民点两年多，果洛州玛沁县大武镇沁源新村搬迁到移民点五年多，才河源新村搬迁到移民点四年多。移民的主体都是藏族，日常生活中98.8%的人是用藏语交流，1.2%的人用汉藏双语，而用双语的是两位汉族移民。移民汉语的交流能力和年龄、文化程度等因素相关。据对汉语听说的能力的研究显示，有63.2%的人基本听不懂，有24.5%的人能听懂大部分，12.3%的人都能听懂，说的能力和听的能力相同，甚至比听的能力更差，在调查期间，我们发现很多移民的汉语说的能力仅局限在"坐""喝茶""再见"等少数日常用语。汉语听的能力和年龄呈负相关，kendall's tau _ b系数为0.242，假设两者不相关的概率几乎为0，$p = 0.000$，说明年龄越大，汉语听的能力越差。文化程度和汉语听的能力高度相关，pearson correlation系数为0.586，假设两者不相关的概率几乎为0，$p = 0.000$，说明文化程度越高，汉语听的能力越高，但移民总体的文化程度较低，文盲人口占72.4%，所以移民汉语的能力相对也很低。

汉语水平低使得移民和当地说汉语的人交往很少，而交往少又导致移民的汉语水平很难提高，这是一个恶性循环，更导致了移民在别的方面的问题，比如技术培训，移民反映老师用汉语讲，基本听不懂，就不去听，也没有学习的积极性，学习新的生产技术的积极性不高，生产技术无法提高，而且不懂汉语，就业范围又小了一些。可以说，移民的语言不适应也是导致其无法适应的主要原因之一。

五 城市化的影响

据新华社报道，三江源地区生态移民催生了 20 多个草原城镇。这似乎符合人口向城市集中的城市化过程，但藏区的生态移民的城市化过程是被动的、突发的过程，不是自然的城市化的过程。正常的城市化是城市产业不断地向非农产业过渡，非农就业人口不断增加而自然地形成了城市。但藏区生态移民是为了保护生态环境，把牧民搬迁出草地，建立移民定居点，建设城市的基础设施，使人口集中，人口分布发生了变化。而使移民成为市民的前提条件就是移民能够在非农产业就业，这一根本问题还没有得到解决。

1. 生活方式的城市化

城市化和商品经济、商品交换是必然联系在一起的。据三江源地区生态移民普遍反映，目前的生活是"啥都要用钱买"，而移民目前的主要收入来源是国家的生活补助，正如有人所说："移民对城市生活都有不同的猜测，但却没有实质的兴趣。"[1] 调查显示，与搬迁前相比，53.4%的人认为现在的生活水平有所降低。移民主要反映是政府的补助除了维持简单生活，根本吃不上肉，生活水平就下降了。生活水平的下降可以说是城市生活方式对移民产生的最直接影响。

2. 生产方式跟不上城市化的步伐

藏区生态移民目前遇到的主要矛盾是城市化的生活方式和仍旧传统的生产方式之间的矛盾。要使移民真正地能够在城市生活下去，在非农产业就业是解决问题的根本办法。但藏区生态移民目前的就业和增加收入的主要途径是虫草采挖，给牧区的人家打工（放牧牛羊）和季节性劳务输出，这些就业方式还没有脱离原来的牧业生产，极大地限制了移民在当地的发展和适应。

---

[1] 张娟：《对三江源区藏族生态移民适应困境的思考——以果洛州扎陵湖乡生态移民为例》，载《西北民族大学学报》2007 年第 3 期。

3. 城市化程度不同，适应程度不同

现代化和城市化对每个人的影响都是非常深刻的，对生态移民来说也一样，移民点城市化程度不同，移民适应的程度也不同。

格尔木市的移民认为自己能和比较能适应这里生活的比例高达96%，不能适应的比例仅为4%，而果洛州移民不能适应的比例则高达49.2%，比较能适应的比例为36.5%，非常适应的比例为14.3%。这与我们研究之初的假设是不同的。一般认为迁出地和迁入地的差别越小，移民的适应会越好，但三江源地区生态移民似乎不能证明这种预判。这反映出，城市对每一个人的吸引力是非常巨大的，现代化的潮流是任何国家、民族和个人都无法抗拒的，城市化程度越高，移民越无法抗拒城市的吸引，不想再回迁。

4. 城市化程度不同，移民回迁的愿望不同

格尔木市的移民中71%的不想再回原来的地方，而果洛州的移民不想回去的比例为41.26%。反映出城市化程度对移民回迁愿望的不同影响，城市化程度越高，移民的回迁愿望越小。

三江源地区生态移民加速了城市化的过程，是"突发式"的，而这样的一个非正常的过程在生态移民生产条件没有发生改变，移民区的后续产业发展缓慢的情况下，导致了移民对城市生活的不适应。而城市的巨大吸引力和对城市生活的向往并没有根本消退，不适应和向往的矛盾状态，导致移民社会适应时的困惑。

六 其他原因

在影响移民社会适应的原因中还包括：移民期待，期待越低，适应速度越快；移民点的生态环境，生态环境的好坏和移民适应的程度是呈正相关的，环境越好，适应程度越高；移民时期长短，移民时间越长，适应程度越高；移民自身的特征，包括年龄、文化程度，语言能力等，一般是年龄越小，适应时间越少速度越快，文化程度越高适应程度越好，和当地人交流的语言能力越好，适应程度越好。这些影响移民适应的原因对三江源地区生态移民也是适用的，而以上所有这些影响移民社会适应性的因素都是相互作用的。移民最终的适应程度

是所有的影响因素综合作用的结果。

在影响藏区生态移民社会适应的因素中,有移民自身的原因,也有国家政策方面的原因,而这两方面的原因在具体的表现中交织不清,移民认为国家在移民时考虑不周,国家应该对现在的状况负主要责任,而有关的国家公职人员认为,移民自己的主动性不高,抵触心理严重。"管委会与格尔木铁路保安公司联系协商,商定由我村选送保安人员80人,(包吃包穿包住)每人每月1000元,有些人员已经体检过关,但由于我村的青年思想认识不到位,就业意识不强,使这一计划落空。管委会积极与青藏铁路公司协商签订100人的劳务输出合同,包吃住外每人月工资1500元。由于怕承担风险,大部分群众恋家思想严重,不愿意离家走入社会,进行就业,经管委会多次动员做思想工作,没有结果,使这一合同计划又落空了。今后我们将会有针对性地加强这方面的培训,使他们获得更多就业机会。"[1] 这些矛盾和纠结其实都说明三江源地区生态移民社会适应中面对的问题和困难的复杂性。

第三节　提高藏区生态移民社会适应的对策建议

一　对移民进行心理辅导

藏区生态移民对国家的依赖表现在方方面面,有移民说:"让我们搬迁出来是为了保护生态环境,而生态环境保护好了,全中国人都受益,那我们搬出来了全国人民就该养着我们。"藏区生态移民为了保护生态环境而放弃了自身的发展机会,这从全世界生态补偿机制补偿对象方面来说也是可行的,但却不是"全国人民养着"就能解决生态移民的所有问题的。

近些年的实践在证明,藏区生态移民适应的自觉性随着时间在降

---

[1] 曲麻莱县三江源生态移民驻格尔木管理委员会:《2008年工作总结及2009年工作计划》,2008年12月。

低。刚搬到移民点的时候，移民们会主动自觉地参加各种技术培训，但随着时间的推移，技术培训带来的实际效果不大，挫败感的增加，使得移民对参加技术培训的兴趣也逐渐降低，适应的主动性降低。生态移民的这种状态不是个别的，这就需要从心理进行引导，使他们摆脱"移民心态"，摆脱主动边缘化的思想，树立自立自强的人生态度，使藏民族独立、自尊、自信、吃苦耐劳、艰苦奋斗的精神传统得以发扬，才可能提高移民对现有条件适应的主观能动性。

二 提高移民语言交流和文化水平

藏区生态移民的主体是藏族，在搬迁前使用藏语作为交流的基本语言，而搬迁后，由于移民点都是选择在相对开放的乡镇、县城、州府所在地附近，各种文化交流频繁，汉语的使用率较高，需要移民能够用汉语进行交流，但生态移民整体的文化水平较低，汉语的能力较低。同时，移民的文化水平低，限制了对汉语学习的主动性和自觉性，这就需要各相关部门，通过各种方式提高移民语言交流的水平和文化水平。

格尔木市的两个移民点目前正在做这项工作，让没上过学的年轻人都去长江源村的"格尔木市长江源民族学校"学习，以提高他们的文化水平和语言交流的能力，这就出现了十八九岁的小学生很多的特殊现象。

三 重视移民社会关系网的重建

George 和 Paul 通过对因工业化而涌入城市的移民进行研究发现，迁移割裂了原有的提供相互沟通、情感支持和自我认同的社会网络，丧失了许多朋友间非正式的互动机会，进而减少了信息和情感的交流。

对藏区的生态移民来说，移民前居住在世世代代居住的土地上，交往对象和社会支持网络是建立在血缘和地缘基础上的初级群体，包括家人、亲戚朋友、邻里、乡亲等。但生态移民后，原来的初级群体不复存在，新的生活需要建立新的人际关系网络和社会支持网络，但因为语言等方面的限制，移民目前的主要交往对象是本村里的人，人际交往半径很小，社会关系应该起到的信息交流和社会支持的作用没有起到。而移民村内部的人际交流，往往使移民对生态移民工程面临的问题，生活中面临的困难、问题和压力交流过多，又无法得到有效的疏解，容易传导移民的不满情绪。研究显示，移民与当地居民之间的交往状况对他们的社会适应具有重要的影响，移民和当地居民的交往范围越广，频率越高，越有利于移民的适应。

因为藏区生态移民的特殊性，移民的社会关系网的重建就不仅仅是移民个人的问题，更是需要外力去解决的问题。比如，各级单位要有意识地创造条件，增加移民和本地居民的互动，采用结对帮扶或"交朋友"的方式，使移民能够先建立"朋友圈"，进而逐渐扩大人际关系网络。这既有利于当地居民对移民的接纳，也有利于移民逐渐摆脱"边缘"和"异乡人"心理，建立新的社会支持网络。

四 重视个体适应对群体适应的重要示范和带动作用

研究显示，藏区生态移民的社会适应程度和移民自身条件高度相关，那些文化程度高，迁移前在当地属于"精英"阶层的，适应速度较快，但这些个体的示范作用基本没有得到发挥。原因是，移民们认为，即使这些"精英"们在当地很快地适应了，并且能够获得较好的发展，他们的模式也无法复制。比如格尔木市长江源村一户移民，迁移前是做运输的，迁移后仍旧搞运输，但迁移后，发现格尔木市的牛羊肉质量比牧区的差，就萌发了做牛羊肉生意的念头，几年下来，生意做得相当好。移民们提到他家，只是羡慕，似乎连模仿的想法也没有。对移民来说，万事开头难，而同时存在的畏难心理也使移民宁可什么也不干，也不去冒险。这就要求在各级政府做移民工作的时候，一定要看到先适应的个体对整个移民群体的示范作用，并且充分发挥个体的示范作用，进而带动整个移民群体顺利地、快速地适应。

第五章 藏区生态移民社会保障研究

社会保障，也称社会安全，它起着社会安全的基本作用，即主要从经济角度对社会公民提供一种安全性保护，对由于经济发展而造成的各种矛盾和后遗症起到一种缓冲缓解的作用，为经济的顺利发展及社会稳定提供保证。移民社会保障是国家、地方及社会对工程建设引起的非自愿移民，特别是暂时或永久丧失劳动能力、失去工作机会、或遭受灾祸的移民，在经济和社会生活方面提供帮助、照顾、保护和保证，以调节社会关系、促进社会公平和稳定的社会制度。建立藏区生态移民社会保障，是促进移民尽快融入安置区社会，实现民稳致富目标的必要配套措施，对于藏区生态环境的保护和建设以及经济社会可持续发展，有着重要的意义。

第一节 建立藏区生态移民社会保障制度的必要性

一 保障生态移民基本生活的需要

藏区生态移民区既是我国重要的生态功能区，同时也是贫困人口最为集中的地区之一，如在三江源地区的17个县市中，有14个贫困县，财政自给率均不到20%，三江源地区的贫困人口占三江源地区牧民人口的75.5%，而且与其他地区的差距仍在不断拉大。在藏区生态移民家庭中，有相当一部分在搬迁之前属于无畜户、少畜户，没有收入来源，没有家庭积蓄，生活很困难，长期靠政府救助维持生活。如玉树家吉娘生态移民社区229户移民家庭中，中低收入的有

138户，贫困户66户。在长江源村的移民社区128户，420人中，贫困家庭和贫困人口就占了一半多。而他们搬迁下来后，贫困状况非但没有改变，反而由于补偿不足等原因有所加剧。课题组在青海同德县巴滩移民区入户访谈时了解到，一户人家因为家中有病人，政府本年度补贴的6000元全部花完了，剩下五个月全家的生活费没有着落，非常着急。更为严重的问题是，在移民工程实施前十分看好的后续产业，目前发展不但非常缓慢，而且在有些地区面临重重困难，已陷入困境。可以肯定，在相当长一段时间内生态移民不可能从发展后续产业中获得较多的收入。为了保障藏区生态移民的基本生活需要，避免他们来到城镇后成为比以前更贫困的群体，就必须建立生态移民社会保障制度。以法律形式，保障藏区广大生态移民的生存权利和大力促进移民的全面发展。

二 规避社会风险的需要

美国经济学家保罗·萨缪尔森、威廉、诺德豪斯的社会保障风险理论认为：生活充满了不确定性和风险……无论你是开车、拥有住房、储存玉米、进行投资，或者从事冒险职业，你都是在冒生命、财产或危难的风险。面对风险，人们会采取何种态度呢？一般来说，人们总是想要避免消费和收入的不确定性。当人们想要避开风险和不确定性时，就是在风险规避。根据世界银行MichaelM. Cernea（2002年）的研究，移民搬迁后将面临八个方面的风险：丧失土地；失业；无家可归；边缘化；食品不安全；发病率增加；失去享有公共财产和服务的权利；社会解体。藏区生态移民响应国家号召，从牧区来到城镇，由于移民失去了草场这个最后一个也是最重要的保障，因此存在着极大的贫困风险。移民进入城镇以后，不能继续从事传统畜牧业，并且由于自身条件的制约和激烈的市场竞争，很难进入第二、三产业就业。目前许多移民没有工作，实际上处于失业状态。另外，移民进入城镇后，存在着较为明显的边缘化倾向，即他们既不是真正意义上的城里人，也不是以前草原上的牧民，是一个很尴尬的群体。他们在享受政策、发展产业等方面处于游离地带。并且，迁入区的居民对他们存在着一定的排斥性甚至是歧视。而这些问题，在一定的条件下必然会引发移民同本地居民、移民与政府之间的摩擦和冲突，影响社会稳定。目前，在有些移民地区，已经出现了移民和当地居民之间关系比较紧张的局面，特别是个别移民进入城镇偷盗、滋事，直接影响区域内社会治安。建立社会保障制度，可以通过再分配的手段为生态移民提供物质和社会服务，保证生态移民幼有所护，老有所养，病有所医；保证失业者基本生活和重新就业，保证暂时或永久失去劳动能力者得到物质帮助和社会服务，保证贫困者得到社会救济或补贴，从而有效地缓解移民的收入压力，增强同本地居民的融合能力，进而达到减轻移民嫉妒心理、规避社会风险和促进开发性移民目标的实现。因此非常有必要为移民提供一个循序渐进的、层次合理的社会保障，以缓解移民与社会各方之间的冲突，化解社会风险，进而实现社会稳定。

三　移民经济发展的需要

移民固然需要国家的各种补偿，但是最终的出路在于发展后续产业，提高自我发展能力。但是，与一般的移民相比，藏区生态移民在后续产业发展方面面临着更为严峻的挑战和困难。从自然环境看，自然条件严酷，发展后续产业受到自然制约性很大。从区位条件看，远离中心城市和省内大市场，发展的成本很高。从区域经济状况看，对外依赖性强，自我发展能力弱。从移民自身看，缺乏转产发展的必要素质和技能。受这些因素的制约，移民的后续产业发展之路必然会极其艰难，必然存在着失败的风险。首先，建立移民社会保障制度可以利用风险共担原理，增强移民抗风险能力，为移民解决后顾之忧，让移民专心于工作和生产劳动，促进劳动生产率的提高，进而提高移民经济持续发展的能力。其次，社会保障可以解决单个移民靠自身或家庭力量所无法克服的困难，使移民劳动力得以生息和发展。这是移民家庭经济再发展的基础，也是社会扩大再生产的基础。最后，社会保障通过社会福利事业、职业教育和再就业培训等手段，提高生态移民发展经济的能力。所以，为移民提供社会保障制度是增强移民抵御风险,提高经济适应力,扩大经济再发展的需要。

第二节 藏区生态移民社会保障现状和存在的问题

藏区生态移民社会保障制度的建立基本同步于我国农村的社会保障制度的建立和完善。从调查中了解到,目前开展的社会保障项目主要为最低生活保障制度、五保户制度、医疗保险,有的地区在此基础上开始着手建立养老保险制度。

一 最低生活保障

随着藏区农牧区最低生活保障制度的建立,生态移民先后纳入此项制度的覆盖范围内。如在青海省,从2007年1月1日起实施了对农村牧区生活水平低于最低保障标准的农牧民实行最低生活保障,具体政策是,凡具有青海省农牧业户口、家庭年人均纯收入低于当年本地区农村居民最低生活保障线标准的农村居民(包括原享受农村特困人口救助政策的人员)。根据青海省各地维持农村居民基本生活所必需的衣、食、住等费用,并适当考虑其他日常生活支出,将农村居民最低生活保障线标准确定为:西宁市、海东地区650元,海南藏族自治州、海北藏族自治州、海西蒙古族藏族自治州700元,玉树藏族自治州、果洛藏族自治州、黄南藏族自治州750元。补助标准为:西宁市、海东地区对年人均纯收入(下同)低于400元的,每人每年(下同)补助300元,400—499元的补助250元,500—599元的补助150元,600—649元的补助50元;海南州、海北州、海西州对年人均纯收入低于400元的,每人每年补助350元,400—499元的补助300元,500—599元的补助200元,600—649元的补助100元,650—699元的补助50元;玉树州、果洛州、黄南州对年人均纯收入低于400元的,每人每年补助400元,400—499元的补助350元,500—599元的补助250元,600—649元的补助150元,650—699元的补助100元,700—749元的补助50元。2008年农村居民最低生活保障线标准也由上半年的人均纯收入 670 元提高到 844 元。根据对格尔木移民点的调查,该村 128 户中,属于低保对象的 89 户,2009 年时已起步纳入低保范围,享受低保政策。

二 五保户制度实行状况

五保户是指无法定抚养义务人,或者虽有法定抚养义务人,但抚养义务人无抚养能力的、无劳动能力的、无生活来源的。目前对生态移民中符合以上条件的人员政府给予吃、穿、住、医、葬(未成年人提供教育)等方面的生活照顾和物质帮助。具体供养标准是,五保对象年最低供养标准 = 食品费(县上年度农牧民人均纯收入 × 当地恩格尔系数) + 穿衣费(县上年度农牧民人均纯收入 × 10%) + 医疗费(县上年度农牧民人均纯收入 × 10%),供养资金每年分两次发放。五保户供养工作实行分级负责,以县为主的原则。供养所需资金列入县级财政预算,由各级财政分级负担。调查中了解到,目前对生态移民中凡符合五保户供养条件的人员已经做到了应保尽保。三江源地区生态移民五保户人均供养标准为 1316 元。

三 医疗保险

目前藏区生态移民基本上都参加了农村新型合作医疗,享受相关政策,一定程度上解决了生态移民的看病贵问题。具体政策是,以青海藏区生态移民为例,从 2010 年起,新农合年人均筹资标准从 2009 年的 104.3 元提高至 154.3 元。其中,中央财政补助 60 元,地方政府补助 64.3 元,个人参合金 30 元。新型合作医疗基金原则上分为家庭账户基金、大病统筹基金和医疗救助基金三部分。第一部分,家庭账户基金。占总基金的 25%。主要用于农牧民门诊医疗费用补偿。以家庭为单位使用,用完为止。结余基金可结转下年使用,也可继承,全家迁出县外时可以转移或领取,但不能抵交下一年度个人缴费。第二部分,大病统筹基金。占总基金的 65%。主要用于农牧民大额或住院医疗费用的补偿。第三部分,医疗救助基金。占总基金的 10%。主要用于封顶线以上大额费用的补助和大病统筹基金超支部分的弥补。医药费报销：住院治疗，省级医院报销45%；州级医院报销55%；县级医院报销65%；乡级医院报销75%。报销封顶线为3万元。特殊疾病封顶线为5万元。门诊费可全部报销。

　　藏区生态移民社会保障，虽然有了一定的发展，但目前水平不高，总体上还处于起步阶段，同时还存在诸多的不合理等问题。一是目前的保障中把生态移民简单等同于一般的农牧区群众，没有考虑移民的特殊困难，缺乏有较强针对性的、能够体现移民特色的内容和项目，因此，在保障生态移民的生活等方面没有起到应有的作用，移民群众对此有一定的不满情绪。如有些移民群众说，我们虽然参加了农村新型合作医疗，但因为没有积蓄，垫付不了医疗费而导致有病进不了医院。二是保障水平较低，不能起到完全保障的作用。首先国家对农牧区总的保障资金投入明显低于城市。资料显示，占总人口近70%的农民的社会保障支出仅仅占全国社会保障费的11%，农村社会保障覆盖率只有3%左右，而占总人口近30%的城镇居民却占了全国社会保障费的89%，城乡社会保障覆盖率之比为24∶1，两者差距悬殊。据全国人大农业与农村委员会的一项最新调查，目前，全国参加农村养老保险共6000万人，其中地方政府补贴的仅有1000万人，中央财政没有补助。全国农村养老保险待遇水平约为月人均80元，不到城镇职工养老保险待遇的1/10。一些中西部地区县级财政困难，缺少开展农村社会保障工作的资金。农村社会保障水平还比较低，在农村低保方面，还没有做到应保尽保。2008年农村低保对象月人均补助只有49元。受此影响，面向藏区生态移民的保障资金也非常有限，导致保障水平不能很好解决移民的困难。如医疗费报销比例偏低，一般在25%—30%。移民群众中因病致贫的现象比较多。三是保障内容不够全面，有些需要尽快建立的项目还没有起色。从生态移民的情况看，目前建立养老保险、失业保险、疾病社会救助也很迫切。但在调查中我们了解到，政府受农牧区社会保障总进展的影响，对生态移民上述社会保障的建立也比较缓慢。

第三节　建立藏区生态移民社会保障的障碍

一　制度障碍

藏区生态移民迁入城镇，他们的社会保障理应进入城镇社会保障体系。但是，在调查中发现民政部门认为，生态移民作为牧区人口，不在城市社会保障的覆盖范围，只能享有农村社会保障的权利。城镇社会保障部门认为，移民作为一个特殊群体，虽然为国家建设做出了巨大牺牲，草场资源的丧失给移民生活带来了极大的不稳定性，但是由于没有专门的移民社会保障法规，生态移民的社会保障很难与城市社会保障衔接。按照现行城乡分割的社会保障制度安排，生态移民的农村社会保障无法与城镇社会保障衔接，其社会保障权利难以体现。

二　资金障碍

从目前的情况看，建立藏区生态移民的社会保障体系，最大的困难就是资金不足。藏区移民区大多经济社会发展滞后，地方财力拮据，人民生活困难，贫困面还很大。现青海全省15个国家级贫困县中，11个分别在藏族自治州，全省10个省级贫困县全部分布在藏区青南，在青南生态移民区8个国定贫困县中，贫困人口25.4万，占当地农牧民总人口的63%。[①] 在这种经济条件下，一方面建立生态移民社会保障体系的资金缺口很大，另一方面地方财政和农牧民的收入极其微薄，依靠中央财政吃饭，地方财政和农牧民个人根本没有支付社会保障资金的能力。以养老保险为例，根据规定，个人养老保险金缴纳年限必须满15年，才能在到达法定退休年龄时领取养老金。生态移民如果转入城镇保险体系，原有的农村保险要进行折算，不足15年的需要进行补缴。据测算，一个人的养老保险金如果补缴15年需6万元，补缴10年也需27000元。目前藏区生态移民每户一年除了有6000元的饲料补助费，基本没有收入，在生活都难以为继的情

---

① 杨虎德：《经济发展与青海藏区社会稳定》，载《青海社会科学》2008年第6期。

况下，无力补缴养老经费。

三 观念障碍

国际研究社会保障问题的专家在进行了世界性的调查研究以后指出："社会保障的进展，不仅取决于经济发展，还取决于公众对社会保障的觉悟。"[①] 中国经济发展水平低下，并长期处于"社会主义计划经济"体制下，即未能很好地建立社会保障制度，而且"统制经济"的大包大揽反而使广大居民心目中产生了对社会保障制度的许多误解。对于藏区生态移民来说，他们觉得自己为生态环境保护做出了牺牲和贡献，因此认为政府应该解决自己所有的问题。认为社会保障金应该由政府承担和缴纳，存在"等、靠、要"思想，不积极寻找就业机会，这就为社会保障工作增加了难度。有些人认为缴纳保险金的做法是"摊派"，是不合理的负担。也有些人担心到期能否兑现，投保的资金能否保值。从政府角度看，相关部门和领导对生态移民的社会保障问题还没有引起高度重视，更缺乏系统的调查和研究，从而在某种程度上也成为建立生态移民社会保障的障碍。

四 管理障碍

一个健全和完善的社会保障制度显然应是建立在法制化的科学而严密的管理之下的。生态移民社会保障管理障碍表现在，一是跨区管理障碍，藏区移民中的一部分搬迁到本行政区划之外的地方，如青海玉树州曲麻莱县的移民搬迁到海西州格尔木市，果洛州玛多县的移民搬迁到海南州同德县。由于移民实行原地管理的政策，因此，移民的社会保障与当地社会保障的衔接和统筹带来障碍。二是如前所述，虽然搬迁到了城镇，但由于他们身份还没有转变，仍然作为牧民而存在，因此，他们的社会保障纳入城镇体系存在障碍。三是多头管理形成的障碍。目前民政部门、社保机构、移民办公室等都在管理移民的社会保障，缺乏统一监管。各部门之间存在职责不清、相互推诿等问

---

① 十位国际著名专家：《21世纪社会保障展望》，华夏出版社1989年版。

题。调查显示,移民对各相关部门在工作中的相互推诿现象很不满意,对移民社会保障资金的使用也表示出一定程度的忧虑。这不仅增加了政府与移民的矛盾,对移民社会保障工作的开展也极为不利。

第四节 藏区生态移民社会保障框架和制度设计

一 原则

藏区生态移民社会保障体系的建立和完善是一个庞大的复杂的系统工程,在建立过程中,应遵循以下原则:

1. 保障生态移民整体生活水平不下降原则

移民生活水平不下降是世界银行非自愿移民安置的一个重要原则。在移民开始搬迁到生计得以恢复的阶段,移民原有的、稳定的社会经济系统被破坏,移民开始迁移到陌生环境,经济适应能力弱,生活不稳定。在移民生活水平较低时期,移民家庭经济基础差,经济再发展能力不足。这个时期移民最需要的是基本生活保障。

2. 区别对待原则

移民社会保障水平要与生产力发展水平相适应,由于移民安置区的经济发展水平有高有低,生产力发展水平有先进和落后之差,这种发展的不平衡性决定了不同地区移民社会保障水平的多层次性。此外,不同年龄段的人对社会保障的需求也不一样,因此,在藏区生态移民社会保障的建立中,还要注意区分年龄和需求的不同。

3. 循序渐进原则

生态移民社会保障制度的建立,涉及如何将农村保险和城镇保险接轨的问题,需要很多的技术操作。另外,一个完整的社会保障机制的建立,需要考虑到政府财力和当地的经济发展水平。因此,应根据实际情况,首先将生态移民纳入最低生活保障制度,使贫困生态移民能够得到社会的救助。积极动员移民参加农村新型合作医疗保险,同时落实五保户等政策,解决移民中的孤寡老人的生活问题。其次,根据生态移民的特点,有计划、有步骤地为50周岁以上的生态移民办理养老保险。再次,将生态移民纳入城镇医疗保险范围。最后,完整的社会保障体系还应包括对生态移民的就业援助和培训机制等内容。

4. 公平与效率兼顾原则

生态移民保障制度是否具有生命力,是否有利于经济发展和社会稳定,非常重要的一点就是处理好公平和效率的关系。公平和效率是一对矛盾,但并非不可协调。一个良好的社会保障制度既要符合全面发展的社会目标,又要符合以提高经济效益为中心的经济目标。一方面,生态移民社会保障制度应发挥其稳定的保障功能,起到逐步提高社会福利和共同富裕的作用;另一方面,又要促使其对经济社会发展的推动作用。构建生态移民社会保障制度,切忌由国家和集体包揽的做法,应合理确定国家、集体和个人承担的比例,要求生态移民缴纳一定的保障费用,履行缴费义务后,才能享受社会保障。社会保障给付标准要与个人缴费水平挂钩。正确处理公平和效率的关系,既要切实保障生态移民的基本生活水平,又要有利于激励广大生态移民参与就业的积极性。

5. 个人责任与社会责任并重原则

虽然藏区生态移民是非自愿的,但这并不意味着将由国家承担全部责任。因为支持国家工程建设是公民的义务,改造生存环境显然符合居住在周围的群众利益,因此,建立生态移民专项社会保障制度也要强调移民个人应承担的责任,这样既可以使移民在国家扶持基础上自力更生,又可以减轻国家财政负担。

二 框架结构

建立藏区生态移民社会保障的总体思路是:打破传统城乡二元社会保障结构,将生态移民纳入城镇社会保障系统,同时给予特殊政策。在内容上,以社会保险为主,辅以社会救助和社会福利,重点实施养老保险、就业保险、医疗保险和最低生活保障,同时加强移民就业培训,为移民就业创造条件,构建一个与移民安稳致富和草原生态环境保护配套的多层次的保障平台。使移民老有所养、病有所医、贫有所济、劳有所业、增收有门。对不同类型、不同年龄的移民采取不同的保障措施，对尚未享受农村和城镇各项社会保障政策的移民，适当补助社会保障资金。

我国现行的社会保障主要由社会救助、社会保险、社会福利、优抚安置四个部分构成，每个部分满足不同层次的生活需要。它们在保障对象、保障目的、保障方式、保障主体、管理水平上既有联系又有区别。其中社会救助是最低层次的社会保障，它保证人们最基本的生存需要，是维持公民最低生活水平的制度，亦称社会保障"最后一道防线"；社会保险是社会保障的核心内容，它保证人们继续享有基本的生活水平；社会福利是社会保障的最高层次，其目的在于改善和提高人们的生活质量；优抚安置因其保障对象的特殊性，决定了它在所有社会保障项目中的独特地位，是国家优先安排的保障项目，其内容涵盖了社会保障的各个方面，是一种综合性的社会保障制度，有特殊的运行机制，保障标准也高于一般的社会成员。

藏区生态移民是一个特殊的群体，因此在建立针对他们的社会保障制度时，一方面要遵循国家现行社会保障特别是农村社会保障的制度框架；另一方面，还要照顾藏区生态移民的实际和特殊性，体现自己的特色。本课题组经过广泛深入的调研，结合国家的规划、发展目标和有关政策动态，认为应该以特殊保障、普遍保障、发展保障三个方面为支柱，搭建藏区生态移民社会保障制度框架，制定有关政策。

特殊保障，是指针对移民中特殊群体的保障，它以解决在贫困、灾害等袭击下，生活在最低生活标准边缘的移民的基本生存保障问题。主要包括最低生活保障制度、"五保户"救济、移民灾害救助、移民贫困救助等。具体来说，对遭受自然灾害的移民进行紧急生活救济，一次性发放救济金以及各种救灾物品；对收入难以维持最基本生活的移民贫困人口实行最低生活保障制度；对无劳动能力、无经济收入和无法定抚养人或赡养人的孤寡老弱病残移民实施"五保"救助。虽然从总体上看，需要特殊保障的移民只占一小部分，但因为它体现了国家赋予公民的一种权利，因此，必须高度重视。

普遍保障，是藏区生态移民社会保障体系的基础和核心。它是国家和社会依照法律，通过国民收入再分配，形成专门的生态移民社会保险基金，对因非自愿原因造成暂时或永久丧失劳动能力的生态移民，提供社会性的物质帮助，以满足其基本的生活需求、医疗需求的社会保障制度。主要包括养老保险、合作医疗、失业保险等，它具有普遍性、互济性和公平性的特点。

发展保障，即以发展为目的的保障，是对移民较高层次的保障，主要包括生态移民职业技能培训、基础设施建设、移民生产扶持等保障。因为发展保障关系到移民的可持续发展问题，因此，在移民保障体系中此项保障不但不可或缺，而且要逐步得到加强。

三 制度设计

1. 最低生活保障制度

最低生活保障制度是对家庭成员人均收入低于当地最低生活标准的农村居民，由国家和集体给予差额补助的社会救助制度。其最大目的在于克服现实中存在的贫困问题。它是整个社会保障体系中最基础、最重要的最后一道社会"安全网"，对整个国家的长治久安和全社会的稳定繁荣有着任何制度都不可替代的重要作用。广大藏区生态移民既不享有土地的保障，也不享有同城镇居民一样的社会保障，而成为既有别于草原上的牧民，又不同于城镇居民的边缘群体。最低生活保障是国民应该享有的基本权利，面对生态移民生活较困难的状况，必须尽可能创造条件，因地制宜，建立生态移民最低生活保障制度。

在建立最低生活保障制度中有两点必须加以注意：一是关于最低生活保障对象的确定问题；二是最低生活保障线标准确定问题。当前在有的农村中，不同程度地存在着最低生活保障对象模糊、随意性很大等问题，出现真正需要救助的对象不能得到救助，救助资金落入一些家境好、会拉关系的人手中。在建立藏区生态移民的最低生活保障中，一定要注意这个问题。最低生活保障的对象不是全体生态移民，而是生态移民基本生活没有保障的那部分人，大体上包括：因缺少劳动力的低收入家庭；因灾难、大病及残疾等致贫的家庭；无劳动能力、无法定抚养的老年人、未成年人和残疾人以及大中专院校毕业但尚未找到工作的毕业生。凡持生态移民户口，且居住地与户口登记相一致的移民家庭，其家庭成员年人均收入低于本区最低生活保障标准，除参加赌博等违法行为的，经社保机构确认，可获取农村最低生活保障待遇。具体保障对象的落实，须经移民代表大会讨论，经移民管理机构核准后确定。最低生活保障标准的确定也要谨慎，因为标准过低，不能保障贫困人口的最低生活保障；标准过高，又容易出现少数不劳而获的懒汉。因此，需要从维持生态移民的基本物质需要、当地人均国内生产总值和农民人均纯收入、地方财政收入等多方面来考虑，在此基础上，确定一个较为科学的标准。当然。最低生活保障在不同地区可以存在差异。

国际上用于确定最低生活保障标准的方法通常有四种：恩格尔系数法、生活形态法、国际贫困线法和菜篮子法，其中恩格尔定律是确定最低生活保障线的重要依据。按照恩格尔定律，一个国家或地区越穷，每个国民的平均收入中用于购买食物的支出所占比例就越大，表明家庭生活水准越低。每个家庭是否生活在贫困线以下，取决于该家庭的恩格尔系数是否大于同社会划定的"贫困线"标准。联合国提出的划分贫富的标准为：恩格尔系数大于59%为绝对贫困，50%—59%为勉强度日，40%—50%为小康水平，30%—40%为富裕，30%以下为最富裕。

但是，由于目前我国大多数农民的食物消费随收入增加而增长，采用恩格尔系数法会导致夸大贫困范围，因此，我国采用"菜篮子法"，即选择若干生活必需品，依据其最低消费作为确定最低生活水平的标准。藏区生态移民最低生活保障的建立，总体上也适合采用"菜篮子法"。目前，考虑藏区生态移民的实际，最低保障标准可定为每人每年2000元，并随着生态移民收入的增加和物价指数的上涨而提高；同时要完善农村最低生活保障金的发放制度，减少中间环节，提高发放工作透明度和工作效率。采取财政将资金划拨到指定账号，由银行统一发放的形式。另外，各级有关部门要加大监督力度，杜绝资金挪用等腐败行为的发生。

2. 养老保障制度

养老问题是生态移民最关心的问题之一。祖祖辈辈在草场上放牧为谋生手段的藏区生态移民,基本上是以草地为基础、依靠子女进行养老,国家几乎不承担对牧民的养老保障责任。而这种养老方式,在移民离开草地后,其原有保障功能也随之失去了。因此,建立生态移民养老保障制度显得特别重要。

(1) 保障范围和对象

参照各地经验和做法,凡年满16周岁的藏区生态移民都应参加养老保险。

(2) 资金筹集和缴纳标准

资金筹集是建立藏区生态移民养老保障制度的关键。根据国家财力和移民生活水平,必须建立以个人缴费、集体补助、政府补贴相结合等多种渠道筹集资金模式,实行社会统筹与个人账户相结合,与家庭养老、社会救助等其他社会保障政策措施相配套,保障移民老年基本生活。

在确定资金缴纳标准上,一方面要参照国家农村养老保险试点中的有关规定;另一方面还要考虑藏区生态移民的实际情况,确定相对合理的缴纳标准。

个人缴费。可设为每年100元、200元、300元、400元、500元五个档次。有的地区可以根据实际情况增设缴费档次。参保人自主选择档次缴费,多缴多得。

集体补助。有条件的移民村集体应当对参保人缴费给予补助,补助标准由村民委员会召开村民会议民主确定。鼓励其他经济组织、社会公益组织、个人为参保人缴费提供资助。

政府补贴。政府对符合领取条件的移民全额支付生态移民养老保险的基础养老金,并给予每人每年不低于50元的补贴。对选择较高档次标准缴费的,可给予适当鼓励。对移民重度残疾人等缴费困难群体,政府为其代缴部分或全部最低标准的养老保险费。

生态移民男55岁、女50岁的参保缴费由国家一次性给予解决。距领取年龄不足15年的,应按年缴费,也允许补缴,累计缴费不超过 15 年；距领取年龄超过 15 年的，应按年缴费，累计缴费不少于 15 年。

享受生态移民养老金的年龄：男性年满 55 周岁、女性年满 50 周岁。已享受五保金的老人不再享受养老金。

3. 医疗保障制度

（1）医疗救助制度

面对越来越多因病致贫的移民户，必须建立医疗救助制度。在藏区生态移民中，有些家庭本来就是无畜户，没有积蓄，属于贫困户，加之移民补偿少，没有新收入，因此他们面对重大疾病的能力十分微弱，一般性的特别是现行的医疗保险制度和政策还不能有效解决他们的问题，他们需要国家和社会的救助。因此，生态移民因患大病、重病，经合作医疗补助后个人负担费用仍然过高，导致家庭生活难以维持的，给予救助。实施该制度，可以借助生态移民最低生活保障标准，确定实施医疗救助的对象范围。这样既可以使贫困者得到救助，又方便可行，减少组织成本。在救助标准上，对核减移民救助对象报销农村新型合作医疗之后剩余的医疗费用按适当比例进行补助：一次住院发生费用 100 元起报，100—500 元（含 500 元）的补助 50%；500—1000 元（含 1000 元）的补助 55%；1000—1500 元（含 1500 元）的补助 60%；1500—2000 元（含 2000 元）的补助 65%；2000 元以上的按 70% 补助。生态移民医疗救助基金的筹集可以通过政府与民间相结合的渠道，除政府承担相应责任并直接主导外，引导企业、慈善机构及个人等方面的捐助。

（2）新型农村合作医疗制度

新型合作医疗制度是政府引导农民建立的以大病统筹为主和个人账户相结合的制度，它遵循合作组织的基本原则和发展规律。这一制度所实行的契约性经济补偿，其实质是分散风险，将少数人的风险由多数人来分担，充分发挥互助共济的功能。对那些尚未成为城镇居民，并且没有固定收入的生态移民，引导他们增强风险意识和共济意识，积极参加农村新型合作医疗制度。在报销比例上，考虑到生态移民的实际困难，应当高于未搬迁的牧民 10%—20%。

(3) 纳入城镇医疗保险制度体系

对成为城镇居民,并且已经就业的生态移民,应该将其纳入城镇居民医疗保障体系中。实行个人缴费、政府补助和社会多方筹资相结合的筹资机制。个人缴费按不同的年龄段实行不同的标准。政府补助资金实行分级按比例分担,充分发挥政府补助资金的引导和激励作用。应该说,将藏区生态移民纳入城镇居民医疗保障体系,这是藏区生态移民医疗保障发展的方向。

4. 技术培训、就业和生产保障制度

要从根本上解决藏区生态移民面临的各种问题,不断提高移民的生活水平,使他们安居乐业,就必须建立以发展为目的的社会保障机制。一是建立生态移民的技术培训保障制度。对藏区生态移民进行科技补偿无疑就像授之以渔,比之单纯的经济补偿更能促进移民的发展。在社会主义市场经济体制下,以科技补偿为导向,提高移民的科技素质,是生态移民适应市场经济、脱贫致富的关键。切实可行的办法是对移民进行职业培训,使有一定文化素质的移民能掌握一两门实用技术,增强自身的造血功能。实际经验表明,这种保障方式投入成本低、见效快,既可广泛地开发经济资源,又可开发移民人力资源,有利于开发性移民目标的实现。对于移民技术培训所需的经费政府每年要纳入财政预算,给予保障,并且政府针对移民后续产业发展和生计重建的需要,每年有计划组织好移民的培训工作。目前,在藏区生态移民地区的干部都认为加强牧民的培训让他们受到教育是最为紧迫的问题和具有战略意义的任务。许多干部担心如果牧民不能参与经济活动,一味地依靠政府救助,就可能养成他们的依赖心理,最终对移民自身以及整个社会产生严重的社会后果。二是实现移民就业。在就业市场化的今天,原则上生态移民应该通过各地劳动力市场,通过竞争实现就业。但由于生态移民是群体性的失业,许多人由于文化素质和知识技能低下,就业竞争能力十分有限。因此,政府对失地农民的就业负有更大的责任,有必要结合他们自身的特点,在劳动就业的具体政策上,比照失业人员的就业政策,作一些特殊的规定,拓宽就业门路,多形式、多渠道安置生态移民,制定适合生态移民特点的就业制度。具体地说,在强化就业技能培训的基础上,鼓励通过非全日制、非固定单位、临时性、季节性弹性工作等多种形式实现就业,在城市的绿化、环保、卫生、交通、社区便民服务等多个部门实现就业。这样,既解决了生态移民的就业问题,又使城市发展受益,方便了社区居民的生活。同时,积极扶持生态移民后续产业的发展,实现生态移民的稳定性就业。劳动和社会保障部门要对生态移民实行免费的职业介绍和职业服务指导,不断拓展就业服务功能。三是有条件的地方,对移民划拨土地或草场,保证必要的生产用地,至少应保证"口粮地",保证移民有自我生产、自我生活的能力。四是保障移民子女上学。子女上学是在移民搬迁和重建过程中必须首先解决的问题,不能因此而造成儿童失学,因为百年大计,教育为本,搞好教育是走开发性移民的先决条件。目前,最需要解决的是生态移民子女上高中、大学的补助问题。五是保障基础设施建设。在移民建房、建厂、用水、用电、交通、医疗等基本建设方面提供优先服务。六是扶持生产。在移民恢复阶段所应得到的有关生产方面的各项扶持,以增加其收入,改善其生活,缩短恢复阶段的时间。

第五节 建立藏区生态移民社会保障的对策

藏区移民社会保障体系必须是完整的、齐全的、可行的,但这还不够,最关键、最重要的一点是落实,使广大生态移民真正享受到社会保障的各项内容。

第一,遵循以政府为主导,多方出资的原则,为藏区生态移民社会保障提供充足的资金。

资金问题是建立社会保障的关键问题,在藏区生态移民社会保障中必须高度重视和解决资金筹集问题。目前,农村社会保障资金筹集的原则是,个人缴费为主、集体为辅、政府给予适当补贴。这种原则不符合藏区生态移民的实际,因为藏区生态移民的生活状况和收入水平,不可能成为缴费的主体。如在青海三江源地区,大多数移民没有生产收入,主要靠补助生活,在此情况下,让移民拿出更多的资金用于社会保障是不现实的。另外，水库移民中把业主、政府、移民自身作为供款方的做法，也不适合藏区生态移民。因为藏区生态移民工程提供的是社会公共产品，具有明显的外部性特征，无法确定具体的可以用货币计量的收益方法。因此，在选择藏区生态移民社会保障资金筹集模式，必须从实际出发，要坚持以政府为主导，多方出资原则。一方面，国家财政专项拨款，保证移民社会保障资金的主要部分；另一方面，根据藏区生态移民工程收益地区的情况，长江、黄河等流域的补偿中拿出一部分用于社会保障。同时，按照社会保障缴费共担的原则，生态移民也要相应承担一部分资金。总之，要形成"政府出大头，下游直接受益区出小头，移民承担一小部分"的多方筹集生态移民社会保障基金的格局。此外，借助社会力量，通过发行彩票，组织捐赠，义演活动以及建立互助基金、扶贫基金等途径拓宽藏区生态移民社会保障资金的筹措渠道。

第二，应逐步把藏区生态移民社会保障基金管理纳入移入区城镇社会保障体系，加强管理和监督，使移民社会保障基金健康运行。

为促进生态移民与当地社会的融和，藏区生态移民社会保障要纳入当地城镇社会保障体系。这样既可以减少生态移民社会保障制度运行成本，减轻财政负担，又能够保证规范化的管理和安全的资金运作。此外，生态移民社会保障资金进入当地社会保障资金统筹范围，可以充分发挥社会保障风险共担作用，保证生态移民社会保障机制的真正落实。

政府作为移民工作的组织者和实施者，应担负起移民社会保障的监管责任。劳动和社会保障部设立生态移民社会保障处，对全国生态移民社会保障统一领导。在统一领导的前提下实行分散管理，由地方政府社会保障部门会同移民安置实施机构具体管理，建立合理的管理体制，保证工作高效灵活。生态移民相关各地方应设立专门的机构和工作人员从事包括受保人资格的审查、保险费标准的确定、调整和征收以及为移民提供社会保障咨询等工作。同时，设立专门的监督机构，对移民社会保障的各项工作进行监督，尤其是对保险基金的管理和营运进行严格的监督。在确保资金安全的前提下，依法通过购买国债或金融债券等方式实现资金的增值。

第三，制定各项支撑生态移民社会保障制度的政策。

要将藏区生态移民真正纳入城镇就业和社会保障体系，不仅需要突破现行制度框架，更要解决就业机会短缺和财力有限等现实困难。因此，在统筹考虑生态移民就业和社会保险的前提下，从实际出发，制定符合实际的政策措施。一是制定"就业优先"政策。就业是民生之本。根据藏区生态移民对青藏高原生态环境保护的贡献以及他们目前或将要面临的生活困难，对他们在迁入区的就业要实行"优先"政策。二是积极的财政政策。如对为藏区社会保障提供资金的各类企业实行财政扶植和减免税政策等。三是信贷政策。在有条件的地方大力兴办社区群众性的互助储金会，将其作为发展农村社会保障事业的一项重大政策措施；开放社会保障基金的专项有偿贷款；对社会保障基金的储蓄给予优惠利率，对社会保障企业给予无息或低息的贷款扶持等。四是"草场换保障"。在搬迁前，移民社会保障都是以草场为依托的。搬迁后，随着草场的失去，以前草场的社会保障功能也就随之消失了。从社会公平的角度考虑，应该制定有关政策，为生态移民提供相应的社会保障。五是户籍政策。生态移民虽然大多已搬迁到城市和城镇附近，但是他们在户籍上还不是城市或城镇居民，他们的身份依然是牧区牧民，这种状况严重制约着生态移民纳入城镇社会保障体系。因此，必须改革牧区现有的户籍制度，改变生态移民身份，为生态移民的社会保障和城镇居民的社会保障制度的衔接创造条件。

第四，建立和完善社会保障法律体系，使生态移民社会保障有法可依。

社会保障是一种运用经济手段来解决社会问题的社会制度，以法律为依据强制性地实施是其最基本的特征之一。法律制度的欠缺会给藏区生态移民社会保障带来一系列问题，如保障对象不明确、保障资金来源不稳定、保障标准不一致、保障管理的随意性和盲目性，等等。对生态移民社会保障进行立法，就是通过法律规范来调整因生态移民社会保障而引起的各种社会关系。因此要尽快制定适合藏区的地方性的生态移民社会保障法规。从法制上确认移民社会保障在藏区经济和社会发展中的地位和作用，明确社会转型期移民社会保障的性质、对象、内容和标准；规范移民社会保障执行者的职责和参保者的权利和义务。使移民社会保障的基金来源、管理体制等问题有法可依，保证制度运行的合法性和规范性。同时建立一套项目齐全、内容完整、可持续发展的开放的移民社会保障指标体系，以保证所有享有保障权利的移民都能够充分保障自己的权益，解决一切需要利用社会保障手段来解决的生产生活问题。进行生态移民社会保障立法时，既要考虑到全国统一的社会保障制度的长远需要，更要考虑到生态移民失去草场以后生产生活的严峻性，而这些主要体现在生态移民社会保障立法的原则上。从理论上讲，这些原则包括普遍性保障和生态移民重点保障相结合、满足藏区生态移民基本生活需求、移民权利与义务相一致以及政府统一管理与移民自我管理相结合等原则。

第五，加强对生态移民社会保障建设的领导。

生态移民社会保障工作是一项社会系统工程，涉及千家万户和社会的许多方面。政府要牵头，协调方方面面关系，进行有效的组织和引导。一是改革现有的多头管理格局，设立藏区生态移民社会保障统筹办公室，将生态移民社会保障和救济工作纳入其统筹范围，统一组织、统一协调本地区包括农村社会养老保险在内的移民社会保障和救助工作；二是整合资源，统筹规划，协调发展，生态移民区政府要根据移民人口分布、经济和自然的条件、工业化程度等情况，制定符合本区特点的社区保障事业总体规划及相关保障项目的具体规划，并将其纳入当地社会经济发展规划中，使各相关部门组织实施生态移民社会保障项目有据可依。三是加强对生态移民的宣传教育，提高其参加相应社区保障项目的积极性。一种制度的确立必须得到移民的认同，否则就难以长久，而移民认同的内在基础是意识的接受或心理认同；生态移民社会保障制度尤其是社会保险制度的建立意味着移民必须从世代相传的传统保障意识转化为现代保障意识，意味着移民的心理、生活习惯及价值取向等方面都要发生深刻的变化。因此广泛而深入的宣传是引导、促成这种观念转化、接受这项新事物最强有力的不可或缺的手段。

此外，应建立一套项目齐全、内容完整、可持续发展的开放的生态移民社会保障指标体系，以保证所有享有保障权利的移民都能够解决一切需要利用社会保障手段来解决的生产生活问题，充分保障自己的权益。这一体系是开放的，随着经济的发展和社会的进步，会进一步完善，使它真正成为一个移民的"安全网"。

参考文献

1. 蒲文成主编:《甘青藏传佛教寺院》,青海人民出版社1990年版。
2. [英] 安东尼·吉登斯:《社会学》(第4版),北京大学出版社2003年版。
3. [美] 史蒂文·瓦戈:《社会变迁》(第5版),北京大学出版社2007年版。
4. 周晓虹:《现代社会心理学——多维视野中的社会行为研究》,上海人民出版社1997年版。
5. 吕大吉:《宗教学通论新编》,中国社会科学出版社1998年版。
6. 聂华林、高新才、杨建国编著:《发展生态经济学导论》,中国社会科学出版社2006年版。
7. [美] 杰弗里·希尔:《自然与市场》,中信出版社2006年版。
8. [美] 莱斯特·R. 布朗:《生态经济:有利于地球的经济构想》,东方出版社2002年版。
9. 凤笑天等:《落地生根:三峡农村移民的社会适应》,华中科技大学出版社2006年版。
10. 林耀华主编:《民族学通论》,中央民族大学出版社1997年版。
11. 曹文虎、李勇主编:《青海省实施生态立省战略研究》,青海人民出版社2009年版。
12. 陈晓毅、马建钊主编:《中国少数民族的移动与适应——基于广东的研究》,民族出版社2007年版。
13. 赵宗福主编:《2008—2009年青海经济社会形势分析与预测》,青海人民出版社2009年版。

14. 青海省政府：《青海三江源自然保护区生态保护和建设总体规划》（内部资料），2004年。
15. 马戎编著：《民族社会学导论》，北京大学出版社2005年版。
16. 高昭平等：《三江源生态经济研究》，青海人民出版社2003年版。
17. 周天勇主笔：《发展经济学教程》，中国财政经济学出版社2002年版。
18. 王朝良：《吊庄式移民开发：回族地区生态移民基地创建与发展研究》，中国社会科学出版社2005年版。
19. 李星星、冯敏、李锦等：《长江上游四川横断山区生态移民研究》，民族出版社2007年版。
20. 孟庆红主编：《区域经济学概论》，经济科学出版社2003年版。
21. 陈桂琛主编：《三江源自然保护区生态保护与建设》，青海人民出版社2007年版。
22. 钟祥浩：《西藏高原生态安全》，科学出版社2008年版。
23. 曾建生等：《广东水库移民理论与实践》，华南理工大学出版社2006年版。
24. 世行/亚行有关移民社会评价的重要文件报告：《移民安置与开发》、《中国非自愿移民》、《OD4.30非自愿移民》、《参与式评估》、亚行《移民手册》等。
25. 安东尼·哈尔、詹姆斯·梅志里：《发展型社会政策》，社会科学文献出版社2006年版。
26. 弗朗索瓦·布吉尼翁、路易斯·A.佩雷拉·达席尔瓦编著：《经济政策对贫困和收入分配的影响》，中国人民大学出版社2007年版。
27. 李小云主编：《参与式发展概论》，中国农业大学出版社2001年版。
28. 迈克尔·M.塞尼：《移民·重建·发展》，河海大学出版社1998年版。
29. 迈克尔·M.塞尼：《移民与发展——世界银行移民政策与经验研究》，河海大学出版社1996年版。
30. 《治多县索加乡生态移民工程实施方案（内部资料）》，2006年。

31. 沈虎生：《对海南州实施生态移民工程的理性思考》，《民族经济与社会发展》2009年第4期。
32. 陈文玲：《三江源生态恢复保护和建设应上升为国家战略》，《中国经济时报》2008年6月13日、16日。
33. 国家发展改革委课题组：《三江源地区生态补偿的现状、问题及建议》，《宏观经济研究》2008年第1期。
34. 杜青华：《青海生态环境损失分析与补偿措施初探》，《青海社会科学》2003年第4期。
35. 包智明：《关于生态移民的定义、分类及若干问题》，《中央民族大学学报》（哲学社会科学版）2006年第1期。
36. 卿向阳：《川西北民族地区保护区建设与生态移民问题研究》，《长江流域资源与环境》2006年第6期。
37. 景晖、苏海红：《三江源生态移民后续生产生活问题研究》，青海研究报告（内部资料），2005年。
38. 索端智：《三江源生态移民的城镇化安置及其适应性研究》，《青海民族学院学报》2009年第2期。
39. 课题组：《关于三江源生态移民工程存在的问题与对策建议》，《青海党校研究报告》（内部资料）2009年第12期。
40. 百乐·司宝才仁、韩昭庆：《试论三江源生态移民的文化变迁》《复旦学报》（社会科学版）2007年第3期。
41. 李东：《中国生态移民的研究——一个文献综述》，《西北人口》2009年第1期。
42. 赵成章：《生态移民与西藏生态环境保护》，《西部论丛》2006年第5期。
43. 课题组：《青海三江源地区生态补偿的现状、问题及建议》，《宏观经济研究》2008年第1期。
44. 吴天荣：《建立生态补偿机制的战略思考和政策建议》，《民族经济与社会发展》2008年第11期。
45. 王涪宁：《民族地区生态补偿及保障制度探析》，《中央民族大学学报》2007年第2期。

46. 青海省生态文明建设研讨班第四小组:《关于完善青海生态补偿机制的政策建议》(内部资料),2008年。
47. 赵宏利等:《生态移民后续产业发展模式研究——以三江源国家级自然保护区为例》,《生态经济》2009年第7期。

后　　记

　　本书是 2010 年结项的国家社科基金一般项目——《中国藏区生态移民问题研究》（批准号为 07BMZ038）的成果。由于受知识结构、学术水平的限制，本成果的不足之处仍在所难免，敬请广大读者批评指正。

　　本书中的"藏区生态移民社会适应性研究"由青海省委党校副教授谢彩霞执笔，其余部分均由桑才让完成。本书的调研得到了藏区从事相关工作有关领导和同志的大力帮助，本书的出版得到了青海省委党校、青海省行政学院、青海省社会主义学院的资助，在此一并表示诚挚的感谢！

桑才让

2016 年 3 月